교사는 무엇으로 사는가

학교 혁신과 교육 민주주의에 관한 단상

교사는
무엇으로
사는가
학교 혁신과 교육 민주주의에 관한 단상

초판 1쇄 발행 2016년 1월 22일
초판 3쇄 발행 2019년 12월 12일

글쓴이 정은균
펴낸이 김승희
펴낸곳 도서출판 살림터

기획 정광일
편집 조현주
북디자인 꼬리별

인쇄·제본 (주)현문
종이 월드페이퍼(주)

주소 서울시 양천구 목동동로 293, 22층 2215-1호
전화 02-3141-6553
팩스 02-3141-6555
출판등록 2008년 3월 18일 제313-1990-12호
이메일 gwang80@hanmail.net
블로그 http://blog.naver.com/dkffk1020

ISBN 979-11-5930-006-6 03370

교사는 무엇으로 사는가

학교 혁신과 교육 민주주의에 관한 단상

정은균 씀

살림터

학교 민주주의, 방전된 민주주의의 충전기지

근자에 이만큼 마음 졸이며 뛰는 가슴으로 읽은 책이 없었다. 지금의 공교육이 길러 내는 권위 맹종형 인간상이 바람직한 민주 시민상과 얼마나 거리가 먼지를 고발하는 제1부에서 특히 그랬다. 틀림없이 더욱 가슴 꺼지게 만들 통찰이 기다리고 있을 터라 때로는 다음 꼭지로 나아가는 게 겁이 날 정도였다. 정은균의 비판정신은 그만큼 통렬하고 그만큼 정곡을 찌른다. 그의 글에선 행간마다 오래 곰삭혀 정제된 언어로 터져 나오는 탄탄한 지성이 꿈틀거린다.

정은균의 책은 민주주의를 염두에 둔 학교교육 에세이지만 학교교육을 염두에 둔 민주주의 교과서로 읽어도 무방하다. 이 책은 민주 시민성을 길러 내지 못한 지금의 공교육이 어떻게 민주주의의 심리적·인격적 토대를 파괴하고 있는지, 그 결과 권위에 맹종하는 '작은 아이히만'들이 우리 사회를 어떻게 죄수의 딜레마로 몰아가는지, 여기에서 벗어나기 위해 학교를 어떻게 교육 공화국으로 탈바꿈해야 하는지를 명징한 언어와 적실한 자료로 드러내 보인다. 한국의 교육 현상을 설명하기 위해 이만큼 비판적 사회과학의 정수를 통섭하고 솜씨 좋게 버무려 내놓은 책을 나는 보지 못했다. 이 책은 민주주의 강화를 근본적으로 고민하는 사람들에게 가뭄의 단비 같은 역할을 할 것으로 기대한다.

내가 특히 정은균의 책에 끌린 이유 중 하나는 요즘 들어 부쩍 민주주의가 동원하고 기댈 수 있는 수단이 얼마나 보잘것없는지를 절감하기 때문이다. 그래서인지 한국 민주주의의 초라한 성적표를 만날 때마다 놀랍기보다는 당연하다는 생각이 든다. 민주 시민성으로 충전되지 못한 민주주의란 것에 과연 어떤 희망을 둘 수 있을지 모르겠다. 민주주의가 투표와 선거, 정당과 정쟁, 삼권분립과 자유언론만으로 달성할 수 있는 것이라면 우리나라는 물론 세계 각국에서 민주주의가 지금처럼 조롱받진 않을 것이다. 지금처럼 양극화에 속수무책인 허약한 민주주의가 전 세계적으로 행세하고 있진 않을 것이다.

한번 생각해보라. 보통 사람을 위한, 보통 사람에 의한, 보통 사람의 국가와 정부를 구성하여 보통 사람을 위한, 보통 사람에 의한, 보통 사람의 정치와 경제를 만들어 낸다는 민주주의의 이상이 도대체 어떤 유효 수단을 갖고 있는지를. 민주주의가 만들어 내는 권력은 오직 선출직에 국한된다. 모든 권력자 중 선출직만이 보통 사람의 표로 결정되며 선출직만이 보통 사람의 눈치를 본다. 경제 권력이나 사회 권력, 문화 권력이나 종교 권력은 보통 사람의 표를 구걸하지 않기 때문에 보통 사람의 뜻과 무관하게 성립하며 보통 사람의 눈치를 보지 않는다.

민주주의 체제에서 보통 사람들의 욕구와 필요, 열망과 가치는 오직 선출직의 정치권력을 통해서만 정치적·경제적·사회적으로 관철될 수 있다. 그럼에도 우리나라에서 보통 사람의 투표 기권율은 대통령 선거에선 20퍼센트, 총선에선 40퍼센트, 지방 선거에선 50퍼센트에 육박한다. 그나마 투표권을 행사한 보통 사람도 선거와 선거 사이에는 가사와 생업에 치여 선출직과 기타 공공의 일에 관심을 갖지 못한다. 기업과 산업과 경제의 세계에서 보통 사람의 권익을 대변하는 노동조합은 조직률이 10퍼센트에 지나지 않는다. 시민단체 활동을 통해서 민주 시민성을 체험하는 시민의 비율은 그보다 훨씬 낮다. 실질적인 정당 활동을 하는 시민의 수는 더욱 적다. 이런 상황이라면 보통 사람들의 대표 기관인 선출직이 다른 파워 엘리트들과 손잡고 부자와 유착하며 관료와 함께 춤추는 것이 전혀 이상하지 않다. 대다수 보통 사람이 주권자적 시민으로 자각하고 그에 걸맞게 행동하지 않는 이상 민주주의의 배반은 필연적이다. 민주주의는 적극적이고 능동적으로 공공의 일에 참여하는 민주 시민으로 뒷받침되는 만큼만 그에 비례해서 작동한다. 이렇게 볼 때 우리가 목격하는 민주주의의 위기는 사실 민주 시민 없는 민주주의의 위기이자 민주 시민을 길러 내지 못한 공교육의 위기가 아닐 수 없다.

정은균의 책은 이런 나의 생각과 큰 틀에서 100퍼센트 일치한다. 그도 한국 민주주의가 실패한 근본 원인을 공교육에서 찾아내고 과감한 학교 민주주의의 실천으로 한국 민주주의를 살려 내자고 외친다. 무사유와 무책임과 무기력에 빠진 오늘날의 민주주의가 어떻게 학교에서 잉태되었는지를 이 책보다 더 잘 설명할 수는 없을 것이다. 힘 있는 소수의 이익에 복무하는 가짜 민주주의를 절대다수 보통 사람들의 이익에 복무하는 진짜 민주주의로 바꾸기 위해 분투하는 모든 이들에게 정은균의 책은 민주주의에 필요한 마음의 습관을 함양하기 위해서 학교교육을 근본적으로 바꾸자고 역설한다.

끝으로 요즘 내가 품고 사는 작은 꿈을 나누고 싶다. 민주주의가 맹렬하게 뒷걸음질치고 있는 작금의 상황에서 무슨 꿈 타령이냐고 지레 냉소하진 말자. 아이러니하게도 지독한 보수 정권 속에서 꽃피고 있는 진보 교육감 시대가 내 꿈의 진원이다. 자세히 살펴보면 민주주의의 후퇴만큼이나 맹렬한 속도와 강도로 진보 교육감들에 의해 새 희망의 씨앗이 전국 곳곳에서 뿌려지고 있다. 나는 이분들의 집요한 노력으로 모든 학교에서 학부모 교육을 활성화시켜 학부모들이 학교와 지역사회의 민주 시민으로 성장하는 꿈을 꾼다. 한 학급에 1, 2명씩만 생겨나도 1천만 학부모 중 최소한 100만이 민주 시민으로 깨어나는 셈이다. 나는 또한 진보 교육감들이 앞장서서 40만 교사가 적극적인 민주주의의 교사로 거듭나는 꿈을 꾼다. 나아가서 나는 진보 교육감 시대의 세례를 받은 학생들이 민주 시민정신과 인권의식으로 충만한 채 사회로 진출하는 꿈을 꾼다. 만약 이런 꿈이 실현되면 빈사 상태에 빠진 한국의 민주주의가 조만간 새로운 활력을 얻게 될 것이다. 이때 비로소 한국 민주주의는 엘리트주의와 시장주의, 국가주의와 관료주의에 의해 방전된 껍데기 민주주의에서 벗어나 보통 사람을 위한, 보통 사람에 의한, 보통 사람의 민주주의로 거듭날 것이다. 정은균의 책은 이 꿈의 길로 함께 초대하는 감동적인 안내서다.

곽노현_전 서울시교육감

머리말

1

『피로 사회Müdigkeitsgesellschaft』는 재독 철학자 한병철이 쓴 화제작이다.
그는 이 책에서 어떤 온전한 휴식도 없이 몸 안의 모든 에너지가 소진될
때까지 일하는 현대인에 대한 비유로 '무젤만Muselmann'이라는 말을 썼다.
무젤만은 제2차 세계대전 당시 독일 나치수용소에서 영양실조로 피골이
상접한 수감자들을 가리킬 때 쓴 단어였다.

무젤만은 영어 단어 '무슬림Muslim'의 독일어식 표현으로 '이슬람교도'
를 뜻한다. '죽음의 공장'에 수감된 그들은 아사餓死 지경에 이르러 있었
다. 움직이는 시체이자 껍데기만 남은 인간이었다. 그들 앞에는 죽음의 가
스실이 기다리고 있었다. 몸을 제대로 가누지 못한 채 흔들거리며 걷는
그들의 모습은 마치 기도하는 무슬림과 같았다.

> 무젤만은 탈진하여 완전히 무력해진 수감자들로서, 극심한 우울증 환자
> 와 마찬가지로 완전한 무감각 상태에 빠져 심지어 육체적인 추위와 감독관
> 의 명령조차 분간할 수 없는 지경에 이른다.
>
> 『피로 사회』, 44쪽.

우리 시대 아이들과 교사를 무젤만에 빗대면 지나칠까. 성적의 '노예'가 된 아이들은 교과서와 문제집과 책상에 묶인 채 시름시름 앓는다. 성과 시스템 한가운데 내던져진 '기계' 교사들은 질주하는 아이들과 영혼을 잃은 수업으로 탈진한다. 집과 학교를 시계추처럼 오가는 그들은 울창한 숲에서 막 들판으로 나와 두 발로 걷기 시작한 오스트랄로피테쿠스와 흡사하다. 그들의 구부정한 등이 중얼거린다. "저 앞엔 무엇이 있을까." 두려움과 불안이 그들을 감싼다.

인간은 기계가 아니다. 미국의 철학자이자 시인인 헨리 데이비드 소로 (Henry David Thoreau, 1817~1862)는 명저 『시민의 불복종』에서 기계처럼 살아가는 인간들을 비판했다. 기계 인간들은 육신을 바쳐 국가를 섬긴다. 판단력을 버린 그들은 도덕 감각을 자율적으로 사용하는 일이 없다. 스스로를 나무나 흙이나 돌 같은 위치에 놓는다. 소로는 그들이 짚으로 만든 사람이나 흙덩이 이상의 존경을 받을 자격이 없다고 꼬집었다. 그런데도 그들은 선량한 시민으로 대접받는다.

소로는 그들과 다른 극소수 사람들에 주목했다. 이들은 필연적으로 국가에 저항한다. 국가는, 인간으로서의 양심을 가지고 세상에 이바지하는 이들을 '적'으로 취급한다. 소로는 이들만이 참다운 의미의 영웅이자 애국자이며 순교자이자 개혁가라고 단언했다. 전체를 발효시킬 효모 구실을 "절대적으로 선한" 사람들인 바로 이들이 한다고 보았다.

학교를 민주주의의 산 교육장이라고 생각한 사람은 미국의 교육학자 존 듀이(John Dewey, 1859~1952)였다. 교사와 아이들이 무젤만이 되어서는 안 되는 이유다. 아이들 각자는 이미 한 명의 민주주의 시민이다. 교사는 그런 아이들을 돕는 또 다른 민주주의 시민이다. 그들이 구부정한 등을 꼿꼿이 세웠으면 좋겠다. 서로 어깨를 걸고 앞으로 힘차게 나아갔으면 좋겠다. 그들 모두 소로가 말한 효모였으면 좋겠다.

2

교육은 조각이다. 이 말에 푹 빠진 적이 있었다. 아이들에게서 가능성을 찾아내고, 그들의 숨은 능력을 드러내 주는 교육의 한 본질을 잘 드러내는 말 같아서였다. 이제는 다른 말을 찾고 있다. 이 책은 그 과정에서 나온 조그만 결과물이다. 책을 읽으며 스스로를 돌아보았다. 사람들을 만나면서 인간과 세상을 공부했다. '조각'만으로 다 드러내지 못하는 교육의 참된 얼굴을 그려 보고 싶었다.

교육은 시스템이다. 교육 주체들을 둘러싼 구조와 그 심층을 살핀 1부에서 다루는 주제다. 평범하고 성실하며 모범적으로 살아가는 교사들의 침묵, 그들을 그렇게 만드는 교육 시스템의 이면을 드러내고 싶었다. 교사가 시스템의 노예 상태에서 벗어나 진정한 교육자로 거듭나기 위해 어떻게 해야 하는지 짚어 보았다.

교육은 만남이다. 교육 주체들 사이의 관계 문제를 다룬 2부에서 말하고 싶은 명제다. 관계가 사라진 학교를 지배하고 있는 것은 무관심과 냉소다. 아이들을 무시하는 교사, 내일을 꿈꾸지 않는 아이들을 두루 살폈다. 죽어 가는 우리 교육이 협력과 소통 속에서 되살아나기를 바라는 마음을 담았다.

교육은 미래다. 속악한 현실주의가 지배하는 우리 교육의 자화상을 짚어 본 3부의 열쇳말이다. 학교는 성적, 경쟁, 입시에 묶여 있다. 바로 앞에 놓인 이익을 놓고 무한경쟁과 각자도생을 펼치는 경기장이 되어 있다. 모두가 미래를 말하지만 아무도 미래를 준비하지 않는 역설의 공간이 학교다. 그 견고한 벽에 가는 실금 하나 긋고 싶었다.

교육은 다양성이다. 생물학자들은 생태 다양성이 모든 생명체의 본원적인 생존 조건이라고 말한다. 교육 생태계 역시 마찬가지 아닐까. 4부에서 살펴본 화두다. 교단을 편 가르기 하고 획일화한 주범이라고 해도 과언이 아닌 교원 승진 시스템과 교장제도 문제를 눈여겨보았으면 한다. 학교교육에 관한 새로운 상상력을 키워 가고 있는 혁신학교와 학교 밖 교육 문제도 짚어 보았다.

3

지난 2년간 인터넷 신문 『오마이뉴스』에 꾸준히 글을 써 올렸다. '시민기자'라는 이름으로 교육계 안팎의 일들에 목소리를 내고 싶었다. 좀 더 많은 이들과 두루 소통하기 위해 다양한 분야의 책을 읽으며 공부하고 그 결과를 기록으로 남겼다. 지금 돌아보면 선뜻 내놓기 부끄러운 글들이었다. 인터넷 지면 한구석을 차지할 수 있게 해 준 『오마이뉴스』 편집부에 감사 인사를 전한다. 이 책은 그 글들을 깁거나 더한 것이다.

조금 특별하게 언급하고 싶은 분들이 계시다. 김승환 전라북도 교육감님은 평소 왕성한 독서력을 보여 주시는 분으로 알려져 있다. 필자의 재직 학교가 있는 지역의 교육 수장이기도 하다. 그런 '인연'을 빌미로, 의견과 도움말이 듣고 싶다며 무작정 원고를 건넸다. 얼마 지나지 않아 초고에 깨알 같은 글씨로 다양한 의견들을 적어 보내 주셨다. 조그만 용어 하나도 허투루 보지 않는 꼼꼼함에 솔직히 깜짝 놀라고 감동했다. '관료 교육감'이 아니라 후배를 아끼는 따뜻한 선배 교사의 조언을 듣는 듯했다.

곽노현 전 서울시 교육감님은 거시적인 교육 시스템 문제를 고민하는 데 두루 실마리를 주셨다. 재임 시절 펼친 교육정책과 교육행정의 경험을 전해 들으면서 우리 교육이 나아갈 방향을 좀 더 구체적으로 고민할 수 있었다. 작년에 낸 저서 『징검다리 교육감』도 글 전체 내용을 다시 돌아보는 데 큰 도움이 되었다. 부족한 책에 추천의 글까지 흔쾌히 써 주신 것에 대해 뭐라 감사의 말씀을 드려야 할지 모르겠다. 두 분께 진심 어린 감사의 마음을 전한다.

지역의 '교육 동지'인 이항근 군산남고등학교 교장 선생님과 양은희 군산회현중학교 선생님이 베풀어 준 배려 또한 잊지 못한다. 두 분은 전북 혁신교육의 명실상부한 '선봉장'들이다. 나날이 바쁘시다. 그런 중에도 귀한 시간을 쪼개 허심탄회하게 이야기 나눌 수 있는 시간을 허락해 주셨다. 두 분이 없으셨다면 학교 혁신이나 혁신학교에 관한 고민거리를 푸는 데 큰 어려움을 겪었을 것이다. 다시 한 번 깊이 머리 숙여 감사드린다.

살림터 정광일 선생님은 최초의 거친 글을 좋게 봐 주시고, 책의 전체 기조와 방향에 대해 귀한 조언을 아끼지 않으셨다. 정 선생님이 아니었다면 아마 이 책은 당분간 세상에 나오지 못했을 것이다. 진심으로 감사드린다.

진정한 교사로서 갖춰야 할 역량이나 자질이 필자에게 있을까. 조금이라도 있다면 필자는 그것을 키워 준 힘의 대부분이 지난 15년간 교실에서 만난 아이들 모두에게 있었다고 고백하고 싶다. 대학 시절 이래 접한 교육학 교과서에는 살아 꿈틀거리는 아이들이 없었다. 이런저런 책과 글들에 나오는 교육적 관계와 소통의 사례들은 박제된 언어로만 존재했다. 필자가 직접 마주친 아이들이 아니었기 때문일 것이다.

교실에서 마주치는 아이들은 달랐다. 저마다 고유한 색깔을 지닌 아이들은, 부족하고 편협한 필자로 하여금 늘 스스로를 돌아보게 했다. 그 아이들이 없었다면 지금의 필자는 결코 존재하지 못했을 것이다. 아이들을 통해 배우며 성장했고, 아이들이 있어 마음껏 가르칠 수 있었다. 교실에서 만나는 아이들 한 명 한 명이야말로 진정한 '스승'임을 믿는다.

여전히 부족하다. 두렵고 떨린다. 무엇보다 이 책에 실린 글들이 전국의 학교와 교실에서 묵묵히 헌신적으로 살아가는 선생님들께 누를 끼치지 않을까 걱정이다. 어떤 대목에서는 거친 말과 생각 때문에 마음이 상하실 수도 있겠다. 우리 교육을 지나치게 걱정하는 마음이 그렇게 나온 것으로 이해해 주셨으면 좋겠다. 그럼에도 나오는 오류와 실수와 편견은 모두 필자의 탓이다. 아끼는 마음으로 두루 꾸짖어 주시기 바란다.

2015년 겨울
무리뫼에서

차례

들어가며

1

나는 '불량' 교사다. 2014년 11월 말 전·현직 동료 교사 18명과 함께 전
주지방법원 항소심 재판정에 섰다. 수년 전, 옛 민주노동당에 당우회원으
로 가입해 매달 5천~1만 원가량씩 수십만 원 안팎의 소액 후원금을 '불
법적으로' 기부했다는 혐의였다.

검찰은 교사의 정치 중립 의무 규정을 내세웠다. 민주노동당에 당우회
원으로 가입해 소액의 후원금을 낸 것이 〈국가공무원법〉에서 규정하고
있는 정당 가입 금지와 정치자금 기부 금지 조항에 위배된다는 논리였다.

전국적으로 교사와 공무원 2000여 명이 기소되었다. 단군 이래 최대
규모라는 말이 돌았다. 당시 후원은 법의 테두리 안에서 이루어진 합법적
인 활동이었다. 후원금은 연말정산 과정에서 세금공제 대상 항목으로 처
리되었다. 검찰의 기소권 남용과 교원·공무원 노동조합을 향한 표적 수
사 등 정치적 논란이 격렬하게 일어났다.

2심 재판 결과는 선고유예로 나왔다. 다른 교사들 역시 모두 비슷했다.
햇수로 5년을 끌어 온 결과치고는 허무(?)했다. 후원 활동은 구조적으로
위법성 인지認知 여부를 놓고 다툴 대상이 아니었다. 비록 무죄가 아니었

지만 항소심 판결 결과는 상식으로부터 크게 벗어나지 않은 것이었다.

평범한 교사에게 형사재판은 흔치 않은 경험이었다. 재판 과정에서 겪은 소회가 적지 않았다. 항소심 검사가 항소 요지를 설명하는 자리는 아직까지 기억에 생생하다. 그는 준비해 온 원고를 꺼내 읽기 시작했다. 검사가 원고를 준비해 낭독하는 장면은 영화에서도 보기 힘든 낯선 풍경이었다.

그는 교사가 교육에 전념하지 않고 법으로 엄금한 정치 활동에 관여한 점을 비판했다. "국법 문란"이라는 살벌한 말까지 토해 냈다. 고교 시절 교육에 전념하는 자세로 자신을 가르쳤다는 '스승' 이야기도 들려주었다. "닥치고 가만히 있으라"라는 겁박으로 들렸다. "너희 따위가 교사냐"라는 비난처럼 다가왔다. 모멸감이 느껴졌다.

재판정에 선 동료 교사들은 연령대가 다양했다. 30대 초반부터 50대 후반까지 있었다. 검사는 많아야 30대 중반을 넘지 않아 보였다. 평교사가 50대 중·후반을 넘어가면 학교에서 '원로' 대접을 받는다. 교장, 교감 직위를 달고 있지 않지만 30년 가까이 교단에서 평교사로 헌신한 점을 존중해 주기 위해서다. 그들은 자신들을 매섭게 꾸짖는 '새파란' 검사를 보며 무슨 생각을 했을까.

중·고교에서 국어를 가르치는 교사로 살고 있다. 전문 연구직을 꿈꾸었었다. 책과 논문에 파묻혀 글 쓰는 일을 업 삼아 살아가고 싶었다. 조용한 도서관이나 연구실에 들어앉아 묵은 종이 냄새를 맡으며 책을 뒤적이고 글을 쓰는 일이 행복할 것 같았다.

때마침 조용히 연구하고 글쓰기 좋은 곳에서 대학원 박사 과정을 밟게 되었다. 박정희 전 대통령이 유명 풍수가와 함께 헬기에서 터를 둘러보고 선정했다는 이야기가 '전설'처럼 전해오는 '유토피아' 같은 곳이었다. 남향의 넉넉한 산자락을 타고 고풍스러운 한옥 연구동들이 규모 있게 들어서 있었다. 넓은 잔디밭과 고목들이 어우러진 교정에는 시나브로 걸으며 사색에 빠진 연구자들이 있었다. 밤새 책을 읽고 동료들과 토론했다.

서른 즈음이었다. 연로하신 부모님은 가난했다. '돈도 안 되는' 인문학 연구자가 되겠다며 대학원 공부를 하는 아들자식이 당신들에게는 위태로웠을 것이다. 외면하기 힘들었다. 직업적으로 안정적인 연구자가 되는 길이 확실치 않았다. 학계에서 인정받을 만한 실력이 검증되기 전이었고, 명문 학벌 출신이 아니었다. 많은 것이 불투명했다. 더는 버틸 재간과 의지와 능력이 없었다.

얄궂은 운명의 예언을 따르듯 교사가 되었다. 그렇다. 운명 같은 것이었다. 초·중·고교를 다니면서 좋은 선생님들을 만났다. 교사로 보기 힘든 '이상한' 분들이 많은 시절이었다. 그러나 나만의 스승들 덕분에 교사로 살아가는 길이 그다지 나쁘지 않겠다고 생각했다.

훗날을 예비하는 하느님의 섭리였을까. 1980년대 후반, 시위대 뒤꽁무니를 쫓아다니면서도 영악하게 학점을 '관리'했다. 직업인으로서의 교사에 대한 인기가 아직은 그다지 높지 않았을 때였다. 교원자격증을 땄다. 2000년에 교사가 되었다. 나는 스스로를 교직에 운 좋게 입문한 마지막 세대라고 생각했다.

2

교사로 살아온 지 15년이 지났다. 기대감이 컸다. 교실에서 무엇이든 할 수 있을 것 같았다. 교육철학을 성실히 실천하다 보면 아이들로부터 스승

대접을 받을 수 있으리라 여겼다. 입술을 감쳐문 채 뜻이 맞는 선생님들과 이런저런 일을 해 보겠다고 다짐했다.

교직 사회는 내가 꿈꾸던 곳과 달랐다. 교사들은 각자의 세계에 빠져 있었다. 동료 교사와 일을 함께하기가 어려웠다. 연대와 협력은 언감생심이었다. 조그만 교무실에 승진을 갈구하는 야심만만한 교사들이 차고 넘친다는 사실이야말로 큰 충격으로 다가왔다. '학교 정치'에 빠져 있는 그들을 보면서 의문이 들 때가 많았다. '저 사람들은 왜 교사가 되었을까.'

우리는 모두 거대한 교육 시스템의 부품이었다. 교육과정, 교과서, 교사용 지도서라는 '합법적인' 삼중 압박 장치와 입시 지도 명목의 문제집 풀기라는 '비합법적인' 교육 활동 사이에 낀 채 살았다. 권한은 미약했고 책무는 컸다.

시스템은 교사들의 입과 손발을 묶는 장치들을 정교하게 마련해 놓고 있었다. 정치 중립 의무, 직무 전념 의무, 성실과 복종 의무가 교사가 '불온'의 길에 빠지는 것을 막고 있었다. 국민이므로 모든 것을 할 수 있었지만 교사로서 할 수 있는 게 거의 없었다. 그렇게 살려고 교사가 되지 않았다.

교사 되기 힘든 세상이다. 초·중·고교 교원을 양성하는 고등교육기관인 교육대학교와 사범대학의 입시 성적은 매해 상위권에 있다. 교원자격증을 주는 일반대학의 교직과정 역시 학과 내에서 최상위권 성적을 유지해야 들어갈 수 있다. 교육청이 주관하는 교원임용시험에는 '고시'라는 말이 붙어 있다. 대학들은 자교 출신 학생들의 교원임용시험 합격률을 높이기 위해 시험 준비반을 만든다. 외부 유명 강사를 초빙해 특강을 제공하는 곳도 있다.

교사는 중·고등학생들의 장래 희망 조사에서 수년간 최상 순위를 유지하고 있다. 2014년 7월, 한국직업능력개발원이 전국의 초·중·고교생 18만여 명에게 물어본 결과 교사가 가장 인기 있는 직업으로 나타났다고 한다. 특별한 사정이 생기지 않는 한 교사는 정년이 보장되는 몇 안 되는 '철밥통' 직업군 중 하나다. 사회적 평판이나 급여 수준이 나쁘지 않다. 교사들은 교직 생활을 만족스럽게 해 나가고 있을까.

2014년 2월, 양정호 성균관대 교육학과 교수가 오이시디(OECD, 경제협력개발기구) 34개 회원국 중학교 교사 10만 5000여 명을 조사한 결과를 분석했다. 이에 따르면 우리나라 교사 20.1퍼센트가 "교사가 된 걸 후회한다"라고 답했다고 한다. 오이시디 평균이 9.5퍼센트이니 두 배가 넘는 수치다. 전체 34개 회원국 중 만족도가 가장 낮았다.

"다시 직업을 택한다면 교사가 되고 싶지 않다"라는 답은 36.6퍼센트로 나왔다. 10명 가운데 4명꼴이었다. 오이시디 평균은 22.4퍼센트였는데, 우리나라는 오이시디 전체 국가 중 3위를 차지했다. 교직 생활에 만족하지 못하는 교사들이 그만큼 많다는 이야기다.

교사가 된 것을 후회하지 않는다. 저마다 고유의 색깔을 지닌 아이들과 지지고 볶으며 사는 일이 즐겁다. 다시 태어나거나 직업을 새로 골라야 한다고 해도 교사가 될 것이다. 안타까운 점은 교사로 살아가는 일에서 얻는 보람을 갈수록 찾기 힘들다는 점이다.

교사 개개인의 열정과 능력 부족 탓이 크겠다. 더 큰 요인은 제도와 시스템이다. 오늘날 교사들은 교원성과급제, 학교성과급제, 교원평가제 등 정량적 성과 평정 시스템에 속박되어 있다. 질주하는 아이들은 유례없이 교사들을 압박한다. 그렇다고 마음 놓고 하소연할 장이 제대로 갖춰진 것도 아니다. 교사들은 극심한 감정노동 속에서 시들어 가고 있다.

학교는 엄격한 규율이 지배하는 공간이다. 규율은 관리와 통제, 감시 시스템을 낳는다. 감옥과 비슷하다. 아이들은 잠재적인 '범법자'처럼 취급된다. 일상적인 수업이 이루어지는 교실 공간을 그려 보라. 아이들은 교도관의 훈시를 듣는 '죄수'들처럼 단정한 자세로 앉아 있어야 한다. 훌륭한 교사는 죄수들을 자유자재로 다스리는 엄격한 교도관의 이미지를 갖는다. 아이들을 제대로 통제하지 못하는 교사는 때때로 능력을 의심받는다.

이런 학교에서 아이들이 민주주의 시민으로 성장하기란 여간 어려운 일이 아니다. 자기 생각의 진정한 주인이 되고, 자신만의 언어로 그 생각을 표현할 줄 아는 아이들은 교실에서 찾아보기 힘들다. 교실에서는 교사가 "질문 있니"라고 물었을 때 손을 드는 아이들이 거의 없다. 교사의 그 말은 의례적인 수사로 받아들여진다.

좋은 사람이 좋은 제도를 만드는 것이 아니라 좋은 제도가 좋은 사람을 만든다. 철학자 임마누엘 칸트(Immanuel Kant, 1724~1804)가 한 말이다. 사람은 비슷하게 태어난다. 갓 태어난 아기들의 초롱초롱한 눈망울에서 악을 읽어 내기는 어렵다. 그들의 부드러운 살 속 유전자에 편견과 광기가 숨어 있다고 상상하기 힘들다. 그들이 자라 민주 시민이 되거나 광포한 독재자가 되는 데는 환경과 제도의 몫이 크다. 교육 시스템이 중요함은 두말할 나위가 없다.

불행하게도 세상은 요지부동이다. 어두운 과거로 거슬러가는 퇴행의 흐름이 보인다. 교육이 불가능의 수레바퀴를 달고 목표 없이 질주한다고 걱정하는 사람들이 많다. 거대한 변화가 있어야 한다고 말하지만 먼저 변하려 하는 이는 별로 많지 않은 것 같다. 희망이어야 하는 교육이 절망의 대명사처럼 돼 버렸다.

3

"아버지, 노무현 씨가 대통령이 되면 분명 많은 게 바뀔 거예요."

"정말 그럴까?"

"그렇다니까요. 한번 두고 보세요."

"잘은 모르겠다만, 아마 별다른 게 없을 거야."

2002년, 16대 대선 전야였다. 아버지 앞에서 '열변'을 토해 냈다. 그즈음 '노랑 풍선'에 빠져 있었다. 대통령 후보 노무현이 가져올 새바람에 대한 기대가 컸다. 일종의 '의무감'으로 아버지를 설득했다.

아버지께서는 결국 노 후보에게 표를 던지셨다. 애초 '투표 따위 뭐 하러 하느냐'고 하셨다. 그즈음 몸이 안 좋으셨다. 오랜 세월 살아오면서 깨달으신 것도 있었을 것이다. 세상은 변하기 힘들다! 그런 상황에서 노 후보를 찍으셨다. 내 노력은 성공한 듯 보였다.

오산이었다. 아버지는 변하지 않으셨다. 뉴스를 보시다가 대통령과 관련된 보도가 나오면 기다렸다는 듯이 "저거 봐라, 그럴 줄 알았다"라고 하시며 혀를 찼다.

사람 생각이 바뀌는 건 쉬운 일이 아니다. 굳어진 생각을 고집하며 살아가는 이들이 얼마나 많은가. 그렇다고 변화가 불가능한 것은 아니다. 사람들은 이른바 '극적' 경험을 할 때 생각이 바뀐다. 작년에 읽은 책『행동하는 교황 파파 프란치스코』(아래『파파 프란치스코』)에서 생생한 사례를 만났다.

오스카르 아르눌포 로메로(Oscar Arnulfo Romero, 1917~1980) 대주교는 "교회는 목소리 없는 자의 목소리가 되어야 한다"라고 하면서 가난한 이들을 대변하던 분이었다. 그는 2013년 4월 파파 프란치스코가 숱한 정치적 우려를 무릅쓰고 시성諡聖 절차를 재개해 다시 한 번 전 세계로부터 뜨거운 관심을 받게 된 순교 성인이다.

로메로 대주교는 엘살바도르 내전이 한창이던 1980년 3월 24일 말기 암 환자들을 위해 미사를 집전하던 중 극우 군부독재 세력에 의해 암살되었다. 평소 군부독재 정권의 위협을 받았다. 그때마다 "만일 그들이 나를 죽이면 나는 다시 엘살바도르 민중 속에서 솟아오를 것이다"라고 말했다.

원래 그런 사람은 아니었다. 1962~1965년 사이에 열린 제2차 바티칸 공의회는 가톨릭 개혁의 단초로 평가된다. 『파파 프란치스코』를 쓴 가톨릭 평신도 신학자 한상봉은 로메로 대주교가 제2차 바티칸 공의회의 개혁적인 방침들을 염려한 전통주의자였다고 소개한다. 한마디로 그는 보수주의자였다.

로메로 대주교는 1968년 메데인 주교회의에서 선언한 "민중의 교회로 가자"라는 슬로건에 반대했다고 한다. 해방신학은 "증오에 찬 그리스도론"일 뿐이라며 비난했다. 한상봉은 로메로 대주교의 착좌식(주교가 교구장에 취임하는 의식)이 엘살바도르 민중에게 '치명적인 사건'으로, 독재정권과 부자들에게 '평화의 도래'로 다가왔다고 말했다.

3주 뒤, 로메로 대주교에게 '극적'인 사건이 터지면서 상황이 반전되었다. 루틸리오 그란데 신부가 아길라레스 성당에 미사를 봉헌하러 가다가 암살단에 죽임을 당했다. 그런데 신부와 로메로 대주교는 서로 생각이 다르면서도 오랜 시간 우정을 나눠 온 사이였다.

그날 밤 10시, 로메로 대주교는 그란데 신부의 추모 미사를 집전했다. 수백 명의 아길라레스 농민들이 침묵했다. 그들의 눈길은 일제히 로메로 신부를 향했다.

이들이 침묵 속에 던진 질문은 "그란데 신부처럼 당신도 우리 편에 서 주실 건가요?"였다. 이날 밤 로메로 대주교는 친구인 그란데 신부가 목숨을 바친 농민들의 얼굴 안에서 하느님을 알아보았다. (중략) 산살바도르에서 장례 미사가 열리는 날에는 교구에서 단 한 대의 미사만 봉헌되었고, 로메로는 모든 교구민을 초대하여 탄압 위기에 놓인 모든 사제들을 도와주겠다고 공표했다. "이 사제 가운데 한 명이라도 건드리는 것은 곧 나를 건드리는 것입니다."

한상봉, 『행동하는 교황 파파 프란치스코』, 119~120쪽.

그란데 신부가 암살당한 아길라레스 성당은 그 뒤로 군용 막사가 되었다. 1980년부터 1981년 중반까지 게릴라 소탕 명분으로 군부 독재가 학살한 사람이 2만 5000여 명에 이르렀다. 로메로 대주교는 그런 야만적인 현실 속에서도 끝까지 약속을 지켰다. 군부독재로부터 고문과 살해, 투옥을 당하는 모든 이들의 고통을 말씀으로 증언했다. 어떤 타협도 하지 않았다. 민중과 함께하는 해방신학을 '증오의 그리스도론'으로 몰아붙였던 강경 보수주의자는 마침내 민중을 위해 순교하는 진정한 '예언자'가 되었다.

로메로 대주교의 변화에 벗의 죽음이라는 극단적인 경험만 작용했을까. 그에게는 독재자의 압제에 시달리는 당대 민중들을 넓게 품을 줄 아는 품성이 있었을 것이다. 정의를 향한 신념과 의지도 있었으리라. 그런데 의문이다. 왜 그런 자질과 태도가 그란데 신부의 암살 사건 이전에 제대로 작동하지 않았을까.

로메로 대주교의 사례를 읽으면서 우울해졌다. 예기치 못한 '극적' 경험이 있어야 굳어진 생각이 바뀐다면 평범한 일상을 살아가는 대다수 사람들이 바뀔 가능성은 낮을 수밖에 없다. 변화의 계기를 어디서 찾아야 할까.

4

『파파 프란치스코』를 읽기 두어 달 전쯤『밀양을 살다』(밀양구술프로젝트팀 지음)라는 책을 읽었다. 대도시의 '전기 식민지'가 된 밀양 주민들과 나눈 구술 대화를 기록한 책이었다. 그 책에서 올해 연세가 86살인 김말해 할머니를 만났다. 100여 미터나 되는 '괴물' 송전탑이 들어서는 밀양의 여러 마을 중 한 곳에 사시는 평범한 노인이었다.

김 할머니는 일제강점기와 대동아전쟁, 한국전쟁 등 격동의 현대사를 온몸으로 살아 내셨다. 그 일들은 지금 김 할머니가 겪고 있는 송전탑 싸움에 비할 바가 아니었다. 송전탑에 맞서는 반대 운동이 김 할머니 인생에서 "제일 큰 전쟁"이 되었기 때문이다.

김 할머니는 박근혜 대통령을 향해 대놓고 "박근혜 가시나, 더러븐 놈의 가시나"라고 욕을 하신다. 2012년에는 달랐다. 당시 김 할머니는 박 대통령 지지자였다. "지 애미 지 애비 그래 죽었다고 불쌍타코 한 번 돼야 될 낀데" 하는 바람을 가슴에 품고 계셨다. 그해 대선 투표에서 박 대통령에게 표를 던지지 않았을까.

작가 공지영은 2009년 쌍용차 사태와 노동자들의 자살을 다룬 르포르타주『의자놀이』에서 해고로 절망의 나락에 빠진 쌍용차 노동자들이 지난날 평택 시내에서 '중산층'으로 평범한 삶을 살았다고 말했다. 이상했다. 당시 쌍용차 노동자들이 정말 자신들을 중산층으로 여겼을까. 그들은 잔업과 특근을 밥 먹듯이 하며 힘겨운 노동 조건 아래서 산 사람들이었다.

이렇게 볼 수 있을지 모른다. '중산층'이라는 말이, 그렇게 열악한 조건에서 벌어들인 월급액을 근거로 사람들의 삿된 관심을 통해 생겨났을 것임을 전제로 조심스럽게 말해 본다면, 그들 중 일부 가슴에 "나는 중산층"이라는 생각이 가끔 떠오르지 않았을까. 그렇게 존재를 배반하는 의식의 결과로 새누리당 같은 특권층을 대변하는 정당에 표를 던지고 지지하는 이들도 없지 않았으리라. 최소한 부당한 강제 해고의 순간에 이르기 전까지는 말이다.

주변에서 자신의 존재를 배반하는 평범한 이들을 무수히 만난다. 평교사이면서 교장과 같은 '관리자' 의식을 갖고 살아가는 교사들이 있다. 교장의 편의와 이익이 학교 전체에 도움이 되는 것처럼 여긴다. 많은 노동자가 노동을 불온시하고, 심지어 자신들을 억압하는 보수 정당에 표를 준다. 상당수의 국민들이 편법적인 경영권 세습으로 세상을 시끄럽게 하는 거대기업을 일관되게 관대한 눈으로 바라본다. 대기업이 잘못되기라도 한다면 우리나라 경제가 어떻게 되겠느냐면서 걱정한다. 정작 대기업은 눈 하나 깜짝하지 않는데 말이다.

연말연시 불우이웃돕기 행사나 고아원 봉사활동에 나선 재벌들의 선행을 어떻게 보아야 할까. 그들에게서 가난한 이들이나 사회적 약자의 고통에 '진심으로' 귀를 기울이겠다는 마음을 찾기는 어려워 보인다. 흔히 신자유주의의 모토를 '이익의 사유화, 손해의 사회화'로 규정한다. 이와 같은 모순을 성찰하고 그에 맞서 싸우려는 '상위 20퍼센트'는 별로 없다. 그들은 존재와 의식 모두에 충실하다. 단언컨대 의식이 존재를 배반하는 '하위 80퍼센트'가 변하지 않는 한 우리나라에 미래는 없다.

그러나 변화를 위한 성찰을 하기에는 다들 여유가 없다. 생존을 위한 하루하루의 삶이 너무나 버겁다. 우리나라는 멕시코에 이어 세계에서 두 번째로 일을 많이 한다.[1] 직장인 10명 중 8명이 번아웃증후군에 시달린다는 조사 결과도 있다. 말 그대로 '피로 사회'다.

안타깝게도 현재로서는 변화의 가능성이 거의 없어 보인다. 어디에서 희망을 찾아야 할까. 살아가면서 부닥칠 수 있는 예의 '극적' 경험의 확률이 근거다. 박 대통령을 철석같이 믿은 김 할머니는 지금 "제일 큰 전쟁"을 치르고 있다. 불과 몇 년 전 박 대통령이 불쌍하다며 동정하던 분이셨는데 말이다.

비극적인 세월호 참사의 희생자가 된 안산 단원고등학교 학생들은 어떤가. 평범한 수학여행이 허구의 영화 속 장면보다 '비현실적인' 모습으로 끝났다. 이해할 수 없는 국가의 '방기' 속에 생때같은 단원고 학생 295명이 눈앞에서 죽어갔다. 그들 모두 "가만히 있으라"라는 말에 순종한 '착하고 평범한' 아이들이었다.

백주에 참혹한 시신이 돼 버린 윤 일병[2]은 어떻게 보아야 할까. 그가 죽은 곳은 전쟁터가 아니었다. 공평무사한 규율이 강물처럼 흘러야 하는 군대 내 막사였다. 그를 죽인 것은 '주적'인 북한 인민군이 아니었다. 유사시 적에 맞서 함께 싸워야 할 목숨보다 소중한 전우들이었다.

우리가 살아가는 대한민국 곳곳이 '밀양'이자 '세월호'이다. '안산'은 한때 '용산 남일당'이거나 '평택 대추리'였는지 모른다. '28사단'은 전방에만 있지 않다. 그 모든 곳에서 일어나는 '극적'인 경험을, 우리는 이미 할 만큼 했다.

---

1. 오이시디의 연평균 근무시간은 1770시간이다. 우리나라는 2163시간이다. 멕시코는 2237시간을 일한다.
2. 육군 제28사단에서 일어난 일명 '윤 일병 사건'의 주인공이다. 윤 일병은 2014년 3월 초부터 같은 부대 소속 이 모 병장 등 동료 부대원들로부터 잔인한 가혹 행위와 집단 폭행을 당하다 한 달여 만인 4월 6일 숨을 거두었다. 주 가해자인 이 모 병장은 군 법원에서 45년의 징역형을 선고받았다.

5

교사가 변하지 않고 교육이 바뀔 수 없다. 교육이 그대로인 한 대한민국에 미래는 없다. 교사가 변하고 교육이 바뀌어야 하는 이유다.

현실은 절망적이다. 사회학자 노명우는 『세상물정의 사회학』에서 우리나라의 지하철 풍경이, 배움이 사람을 바꾸어 놓을 것이라는 믿음을 접도록 만든다고 한탄했다. 노명우가 묘사하는 지하철 풍경은 "배운 괴물들의 사회"의 축소판이다. "싸가지 없는 애들"과 "추잡스러운 중년"과 "나잇값 못하는 늙은이들"이 뒤섞여 있다. 이른바 '헬조선'과 '불지옥반도'[3]를 만드는 이들이리라.

"한국 사회는 전쟁터"라는 문구는 단순한 비유가 아니다. 2015년 10월 4일 보건복지부가 발표한 자료에 따르면 2007년부터 2011년까지 5년간 우리나라 자살 사망자 수는 7만 1916명이었다. 이는 최근 전 세계에서 발생한 주요 전쟁 사망자(민간인+연합군) 숫자의 2~5배에 이르는 수치라고 한다. 2003년부터 2011년까지 8년 동안 이어진 이라크 전쟁 사망자 수(3만 8625명)와 비교하면 거의 두 배 수준이다.

한국인이 배우지 않는 건 아니다. 우리나라에서 읽고 쓰는 능력이 없는 사람은 1.7퍼센트에 불과하다. 최근 70퍼센트 중후반대를 오르내리고 있는 대학 진학률은 오이시디 국가 중 최고 수준이다. 2010년에는 1만 322명이 박사학위를 받았다. 인구 1만 명당 박사학위 취득자 수는 1985년 0.3명이었다가 2009년 2.1명으로 크게 증가했다. 2014년 기준으로 발행된

---

3. '헬지옥'은 '지옥'이라는 뜻의 '헬(hell)'과 '조선'을 합성해 만든 말이다. '불지옥반도'는 '불지옥'에 '한반도'의 '반도'가 합쳐져 만들어졌다. 희망을 잃은 2030세대가 우리나라 현실을 비관해 만들어낸 자학적인 신조어들이다.

도서 종수는 4만 7589종이었다.

교육이 불가능한 시대라는데 오히려 교육이 불필요한 시대처럼 보인다. 노명우가 '지식사회'의 증표로 열거한 위의 수치들만 놓고 보면 우리가 배울 만큼 배운 사람들의 나라에 살고 있다는 확신을 가져도 될 것 같다. 그런데 교육이라는 이름으로 이루어진 행위들의 거대한 결과는 "배운 괴물들의 사회"다. 어떻게 해야 할까.

"키 큰 사람 일어서 봐."

왜 일어섰을까. 원래 '튀는' 걸 좋아하지 않는다. 다른 사람보다 먼저 나서는 것도 나와 거리가 멀다. 일어서지 말았어야 했다. 그랬다면 그냥 일반 보병 부대에 들어가 평범하게(?) 군 생활을 마칠 수 있었을 것이다. 키가 조금 큰 편이긴 하다. 하지만 일어서지 않았다고 치도곤을 당했을 리없다.

그런데 '벌떡' 일어섰다. 혹독한 신병 훈련으로 판단력이 마비되어 있었는지 모른다. 다짜고짜 말하는 그가 누구인지도 모른 채 온화하고 점잖은 인상에 순간적으로 끌렸던 것 같다. 조금 '특별한' 곳으로 나를 데려갈 것 같았다. 불과 몇 분 뒤 그가 최전방 보병연대 수색대원을 차출하러 온 연대 정보과 부관이라는 걸 알기 전까지 말이다. 놀랄 틈도 없이 시린 손 불어 가며 신원조회 서류를 작성하던 20살의 '89번 훈병 정은균'이 손에 잡힐 듯 선연하다.

자리에서 '벌떡' 일어날 때가 있다. 흔한 일, 쉬운 일이 아니다. 용기가 필요하다. 학교에는 소수의 '벌떡 교사'가 있다. 교무회의 같은 데서 '벌떡' 일어나 나름대로 입바른 소리를 하는 교사들이다. 그들은 학교에서 '따돌림'을 당하기로 작정한(?) 사람 같다. 학교 관리자들이 싫어하는 말을 따따부따 내놓는다. 조직 논리를 모르는 사람으로 몰려 뒷담화의 표적이 된다. 그들은 정녕 세상 물정 모르는 반편일까.

포효하는 호랑이 마크가 새겨진 군복 상의를 입고 수색대원이 되었다. 많은 일을 겪었다. 남북 분단의 최전선인 비무장지대에서 전쟁의 두려움과 고통을 실감했다. 민통선 안, 금강산 가는 옛 31번 국도변의 마을터 무너진 담벼락 뒤에 서 있던 살구나무를 보며 '민족'과 '통일'을 생각했다. '벌떡' 덕분이었다고 말할 수 있을까. 군대가 내게 준 몇 가지 혜택들(?)이었다.

학교에서 '벌떡 교사'가 되려고 애썼다. 여전히 애송이 '벌떡 교사'다. '벌떡' 일어날 때는 가슴이 두방망이질을 친다. 원래 많은 땀이 더 배어 나온다. 그래도 '벌떡' 일어선다. 뒷담화도 있지만 힘을 주는 앞담화가 훨씬 많기 때문이다.

이 야만적인 시대가 훼손한 존엄감을 '벌떡'의 방식으로 조금이나마 회복할 수 있다 여긴다. 교사가 '벌떡' 일어서지 않는 사회는 변하지 않는다. '벌떡' 일어서지 않는 교사 아래서 "배운 괴물들"이 나온다. 두려움을 떨치고 '벌떡' 일어서는 교사가 되고 싶다.

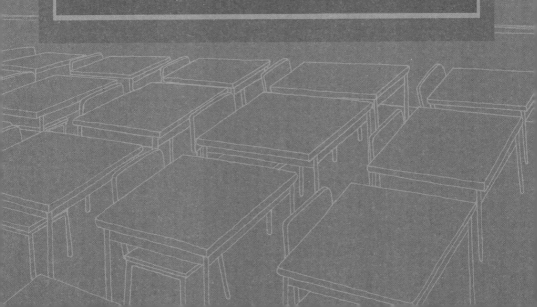

1부

시스템에 갇힌 교사

1장
평범과 성실과 모범에 관한 단상

교무실에 떠 있는 '천 개의 섬'

교사는 조용하다. 교무실은 침묵의 바다 같다. 사회학자 엄기호는 『교사도 학교가 두렵다』에서 "교무실에는 천 개의 섬이 떠 있다"라고 말했다. 서늘하지만 정확한 비유다. 교사는 '침묵의 바다'인 교무실 한가운데 '섬'처럼 떠 있다. 교사는 말이 없다. 말을 할 수 없다. 교사는 스스로에게 말을 걸지 않는다. 다른 섬과 나누는 대화는 멈추었다. 또 다른 섬에게 가려 하지 않는다. 침묵의 바다 너머에 있는 넓은 세상은 관심 밖이다.

교사가 움직이지 않는 사회는 죽은 사회라고 한다. 교사가 움직이지 않는 학교에서 아이들이 행복할 수 있을까. 아이들이 없으면 학교가 있을 수 없다. 교사 없이는 교육을 할 수 없다. 교육 없는 미래는 상상하기 힘들다. 교사가 중요한 이유다. 그런데 오늘날 우리 교사들은 입을 다물고 있다. 움직이지 않는다. 묵시록적인 풍경이다.

교사가 침묵하기만 하는 것은 아니다. 프랑스의 다니엘 페낙Daniel Pennac은 알파벳 'a'를 익히는 데 꼬박 1년이 걸린 형편없는 열등생이었다가 교사이자 세계적인 작가가 된 사람이다. 그가 『학교의 슬픔』이라는 책에서 묘사한 한 대목을 보자. 교사들은 자신만의 독특한 유전자를 갖고 태어나는 것일까. 언어와 화법이 만국 공통어처럼 비슷하다.

오락기 위의 구슬들처럼 부산한 애들을 앞에 두고 초등학교 선생님들이 묻는다.

"그러니까 유치원에서는 가만히 서 있는 걸 가르치지 않았나요?"

새로 입학한 중1 학생들이 문맹이라고 판단한 중학교 선생이 비난을 퍼붓는다.

"대체 초등학교에서는 뭘 하는 거죠?"

자신을 표현할 줄도 모르는 어휘 결핍의 고1 학생들을 보고 고등학교 선생이 한탄한다.

"중학교 때까지 애들이 도대체 뭘 배운 겁니까?"

첫 과제를 면밀히 검토한 대학교수가 놀라며 묻는다.

"애들이 진짜로 고등학교를 나오긴 한 건가요?"

젊은 신입사원을 마주한 산업체 간부가 목청을 높인다.

"설명해 봐요. 대학에서는 대체 뭘 한 겁니까?"

다니엘 페낙, 『학교의 슬픔』, 223~224쪽.

페낙의 풍자적 서술이 꼬집는 대상이 무엇일까. 페낙의 글에는 오늘날 학교교육이 갖는 문제의 본질이 담겨 있다. 그 중심에 교사가 있다. 페낙이 정확하게 묘사한 그대로 교사들은 남 탓을 잘한다. 그들에게 세상은 '나만 빼고' 무책임하고 불성실한 사람들로 가득 차 있다. 이 놀랍도록 '무책임한' 태도의 뿌리는 어디에 있을까.

민주화 이후 펼쳐진 교육 현장의 변화에서 원인을 찾고 있는 엄기호의 분석을 따라가 보자. 1980년대 이후의 민주화는 획일주의적이고 관료주의적인 학교 문화에 큰 변화를 가져왔다. 교사 개개인의 전문성을 중시하면서 책무성을 강조하는 정책이 등장한 것도 그중 하나다. 교사들은 그동안 불가능했던 '자기 스타일'을 어느 정도 펼쳐 보일 수 있는 외적 배경을 갖게 되었다.

역설적인 상황이 펼쳐졌다. 엄기호는 책무성의 강조가 교사의 다양성과 창조성을 보장하는 방식이 아니라 획일성을 강요하는 방식으로 전개되었다고 지적한다. 책무성이 평가와 연결되어 책임 추궁을 의미하게 되자 교사들은 움츠러들었다. 책임질 일을 안 하려는 경향을 보이기 시작했다. 엄기호는 교무실이 무한책임과 무책임으로 나뉘었다고 보았다.

평범하고 성실한 교사는 무죄?

교사들의 선택지는 하나다. 몸을 사리는 것이다. 무한책임과 무책임의 이중 구조 속에서 살아가기 위한 불가피한 선택이다. 교사들은 평범과 성실과 모범의 길을 걷는다. 책임질 일을 피하면서 주어진 일을 착실하게 묵묵히 해 나가는 존재가 된다.

튀는 교사는 별로 좋지 않은 평가를 받는다. 학부모는 자녀가 개성 넘치는 교사 아래 있기를 그다지 바라지 않는다. 교육철학이 뚜렷하고 소신이 넘치는 교사는 '불온' 딱지를 얻는다. 학부모와 학교는 그들을 말없이 받아 줄 만큼 유연하지 못하다. 그럴수록 학교나 교무실은 점점 더 정적인 공간이 되어 간다.

평범과 성실과 모범은 교사를 정의하는 핵심적인 열쇳말처럼 보인다. 평범과 성실과 모범을 중시하는 교사는 일상에서 벗어나는 것을 두려워

한다. 변화는 번거롭다. 교사는 보수주의의 수문장이다. 학교는 기존 질서를 유지하는 전초 기지다. 세상이 급변할 때조차 학교는 그 대열에 가장 뒤늦게 합류하는 조직들 중 하나다.

19세기 학교에서 20세기 교사가 21세기 아이들을 가르친다는 세간의 말은 우연히 나온 게 아니다. 우리는 평범한 일상인이 모범적인 삶을 살아가는 데 필요한 미덕이 성실이라고 배운다. 나날의 삶을 지탱해 마침내 성취를 이뤄 내는 데 필요한 주춧돌이라고 믿는다. 현실적인 근거들이 있다. 프랑스 그르노블 대학의 사회심리학 교수인 로랑 베그Laurent Begue는 『도덕적 인간은 왜 나쁜 사회를 만드는가』에서 성실한 인격이 학업 성적과 직업적 성공에서부터 직장에서의 근무 태도에 이르기까지 아주 다양한 행동 지표들과 관련이 있다고 밝혔다. 성실한 인격은 건강에도 도움을 주는 것 같다. 베그는 성실함을 인격적·심리적 특성으로 지닌 사람들이 다소 높은 평균수명을 갖는다는 연구 결과를 인용한다.

평범과 성실과 모범이 '선'하기만 할까. 베그는 성실한 인격이 가져오는 이점을 소개한 뒤 다음과 같이 말했다.

> 그러나 성실한 인격의 소유자들이 부당한 명령을 내리는 권위에 잘 저항하지 못한다는 사실을 간과해서는 안 된다.
>
> 로랑 베그, 『도덕적 인간은 왜 나쁜 사회를 만드는가』, 299쪽.

베그는 그 근거로 자신의 연구 결과를 들었다. 그는 성격이 권위에 대한 복종에 미치는 영향을 평가하는 실험을 실시했다. 대인 관계에 유리한 긍정적인 경향들, 예컨대 양심 있고 상냥하며 호감을 주는 성격이나 태도들이 일종의 사회적 순응의 형태로 악행을 유도할 가능성이 있지 않을까라는 의문에서였다.

베그는 다양한 직업군에 속해 있는 남녀 참가자들을 모집했다. 오늘날 다양한 문화권에서 통용되고 있는 5대 유형 성격검사와 배우자를 통한 성격 조사를 실시했다. 그 결과를 바탕으로 참가자들의 성격을 객관적으로 파악했다.

실험 결과는 놀라웠다. 참가자가 양심적일수록 권위에 쉽게 복종하는 경향을 보였다고 한다. 친절하고 순리대로 움직일 줄 아는 사람들, 사회에 나무랄 데 없이 편입되어 있는 사람일수록 권위에 대한 불복종을 꺼려 했다는 것이다. 그는 성격의 특정한 측면들이 사람들로 하여금 권위에 쉽게 복종하게 만든다는 결론을 내렸다.

지나침은 모자람만 못하다. 인간사가 대체로 그렇다. 교사 역시 마찬가지다. 평범한 교사는 튀는 아이를 쉽게 받아들이지 못한다. 깊은 통찰에서 얻는 비범을 꺼려 한다. 책을 읽고, 세상에 눈길을 돌리며, 스스로를 성찰하는 일에 인색하다.

성실한 교사는 게으르고 꾀를 부리는 아이를 가만히 놔두지 않는다. 게으름이 가져다주는 일상의 여백을 인정하려 들지 않는다. 권태 속에서 떠오르는 재치는 그와 거리가 멀다.

모범적인 교사는 문제아를 제대로 안아 주지 않는다. 그들을 이해하고 받아 주는 능력이 부족하다. 아이들 위에 군림하는 교사가 될 가능성이 높다. 성적으로 아이들을 가르고, 문제아와 모범생을 차별적으로 대우한다. 이 나라와 사회가 그렇게 평범하고 성실하며 모범적인 교사를 원한다.

그런데 의문이다. 그렇게 자신만의 평범과 성실과 모범의 길을 걷는 교사 아래서 아이들이 진정한 민주주의 시민으로 성장할 수 있을까.

"중요한 문제에 대해 비슷하게 생각하는 사람들"

근대 학교교육 시스템은 19세기 초 프러시아[4](현재의 독일)에서 출발했다. 밑돌을 놓은 사람은 보수주의 철학자 피히테(Johann Gottlieb Fichte, 1762~1814)였다. 1807년 베를린 아카데미 강당에 선 그는 청중을 향해 우국충정을 토해 냈다. 훗날 '독일 국민에게 고함Reden an die Deutsche Nation, Address to the German Nation'이라는 제목으로 알려지는 연설[5]을 통해서였다.

당시 독일 베를린은 적 프랑스군이 점령하고 있었다. 피히테가 행한 연설의 주된 메시지는 뚜렷했다. 국민정신을 개조하여 무너진 독일을 다시 세우자는 것이었다. 피히테는 독일 국민 모두가 '전체를 위한 자주성'을 발휘해야 한다는 시대적 요청을 강조했다.

피히테는 새로운 교육을 통해 투철한 국가관과 희생정신을 길러야 한다고 주장했다. 교육 혁신을 통한 일종의 '정신혁명'을 강조한 것이다. 오늘날 역사가들은 피히테의 연설이 근대 학교 제도를 정립하는 데 중요한 계기가 되었다고 평가한다.

피히테가 연설을 할 즈음 독일은 백척간두의 처지에 놓여 있었다. 독일 정예군은 프랑스의 나폴레옹이 이끄는 20만 대군의 총칼 앞에 추풍낙엽처럼 쓰러졌다. 역사적으로 널리 알려진 예나Jena 전투에서였다. 승기를 잡은 나폴레옹 군대는 여세를 몰아 수도인 베를린까지 입성해 점령했다.

제국의 위신은 바닥으로 떨어졌다. 독일인들은 큰 충격을 받았다. 피히테의 글은 바로 그러한 역사적 배경 속에서 탄생했다. 그는 전쟁 패배의

---

4. 1701년 브란덴부르크 선제후(選帝侯) 프리드리히(Friedrich) 3세가 지금의 독일 북부 지역과 폴란드 서부 지역 일대를 중심으로 세운 왕국이었다. 1871년에 독일을 통일했다.
5. 피히테의 강연은 1807년 12월 13일부터 1808년 4월 20일까지 매주 일요일마다 총 14회에 걸쳐 이루어졌다고 한다.

원인을 허술한 국가 조직과 모래알처럼 흩어진 국민들에게서 찾았다. 교육을 통해 국민을 개조하고 국가를 재건해야 한다고 판단한 이유였다.

피히테가 '독일 국민에게 고함'에서 밝혀 놓은 논점은 아주 단순하고 명료했다. 크게 두 가지였다. 첫째, 국가는 의무교육 체제를 만들어야 한다. 둘째, 이를 통해 국민들로 하여금 정부의 명령에 복종하는 법을 배우게 해야 한다.

1819년 독일은 의무교육 체제를 갖추었다. 중앙집권 체제를 기반으로 현대적인 시스템에 따라 작동되는 효율적인 제도였다. 학교는 민족적·국가적 차원에서 모든 사람의 생각을 하나로 묶어 주는 구실을 해야 했다. 피히테는 학교 의무교육 시스템이 길러 내는 인간상을 다음과 같이 규정했다.

1) 명령에 복종하는 군인

2) 고분고분한 광산 노동자

3) 정부 지침에 순종하는 공무원

4) 기업이 요구하는 대로 일하는 사무원

5) 중요한 문제에 대해 비슷하게 생각하는 시민들

존 테일러 개토, 『바보 만들기』, 51쪽에서 재인용.

피히테가 독일 사회에 불러일으킨 반향은 컸다. 미국의 교육운동가 존 테일러 개토(John Taylor Gatto)[6]는 『바보 만들기』에서 프러시아의 국민학교Volksschule에서 교육을 받은 아이들이 92퍼센트에 달했다고 적고 있다.

6. 미국 뉴욕의 공립학교 교사였다. 특유의 게릴라 학습법으로 철옹성 같은 미국 학교 제도에 찬물을 끼얹은 것으로 유명하다. 『바보 만들기』는 그만의 전복적인 교육철학이 담겨 있는 명저다.

국가에 복무하는 국민을 만들어 내는 학교 의무교육 체제가 정착된 것이다.

자기 고유의 방식으로 생각하고 고민하는 일은 6년제 학교인 레알슐레 Realschule에서 담당했다. 이곳에는 나머지 8퍼센트의 아이들만이 입학했다. 레알슐레에서는 중급 기술자나 공무원을 양성했다. 하층계급을 다스리는 소수의 중간계급에게만 주체적으로 사고하는 교육을 시킨 것이다.

개토는 당시 프러시아의 국민학교에서 내세운 목표가 지성 발달이 아니라 복종과 순종의 사회화였다고 말한다. 복종과 순종은 피히테의 다섯 가지 인간상이 공통적으로 갖춰야 하는 자질이었다. 그가 주창한 학교 시스템이 길러 내는 국민은 국가 권력의 부속품이었다. 좀 더 훗날 나치의 국가사회주의가 득세하게 된 배경이 여기에 있지 않았을까.

개토에 따르면 독일 의무교육 시스템이 복종과 순종의 사회화를 이루기 위해 쓴 방법은 '분열'이었다. 하나의 생각을 쪼개 여러 개의 교과목에 담고, 그렇게 나뉜 교과목을 각각 더 작은 부분으로 쪼개 가르치는 식이었다. 국어 교과를 문학, 독서, 문법, 화법 따위로 가르는 것처럼 말이다. 수업 시간도 쪼개졌다. 수업 끝을 알리는 종소리가 나면 교사와 아이들은 모든 움직임을 멈추었다.

국기에 대한 맹세와 민주 시민

독일의 의무 학교교육 시스템이 미국과 일본을 거쳐 우리나라에 들어온 때는 20세기 초 일제강점기였다. 일제는 "충량한 황국민을 양성한다"라는 교육 목표를 내세우면서 곳곳에 보통학교, 중학교[7]를 세웠다. '충량한 황국민'은 "천황에게 충성스럽게 복종하는 국민"을 뜻했다.

일제는 지금의 교육대학교 전신인 사범학교를 세워 교원들을 충원했다. 야심 있고 똑똑한 조선 청년들이 사범학교에 들어가고 싶어 했다. 높은 성적만으로는 부족했다. '검증된 인성'이 필요했다. 일왕을 위한 충성 서약과 이를 뒷받침하는 철저한 사상이 그것이었다.

일제는 보통학교 교장의 비밀 추천서인 '내신(內申, secret letter)' 제도를 도입했다. '충량한 황국민'을 길러 내야 하는 예비 교원의 사상과 인성을 검증하기 위해서였다. 우리가 일상적으로 쓰는 '내신'이라는 게 사실은 "이 학생은 조선 독립 사상을 가르칠 염려가 없는 학생"임을 밝히는 사상 검증서였던 것이다.

일제 시대 교사들은 일왕에 대한 충성심이 보증된 사람들이었다. 식민지 조선의 학생들은 일본인이 아니라 동족 출신 교사로부터 황국신민화 교육을 받았다. 일제가 세운 사범학교 출신의, 일본인보다 더 일본인 같은 조선인 교사들이 아이들에게 일장기를 우러르게 하고 '황국신민의 서사誓詞'와 같은 맹목적인 충성 서약문을 외우게 했다.

권력에 대한 무조건적인 복종이 학교 시스템을 지배하기 시작했다. 교사와 아이들은 규율에 순종하는 태도를 자연스럽게 내면화했다. 박정희 유신 독재가 '국기에 대한 맹세'를 만들고 '국민교육헌장'을 만들어 퍼뜨릴 수 있었던 배경일 것이다.

   (가) 황국신민의 서사(아동용)

   우리들은 대일본 제국의 신민臣民입니다.

---

7. 보통학교는 지금의 초등학교다. 5년제였던 중학교는 지금의 중학교와 고등학교를 아우르는 학교 유형이었다. 일제강점기 학교 시스템과 관련된 구체적인 내용은 전성은(2011)을 참조하였다.

우리들은 마음을 합하여 천황 폐하에게 충의를 다합니다.

우리들은 인고단련忍苦鍛鍊하고 훌륭하고 강한 국민이 되겠습니다.

(나) 국기에 대한 맹세

① 나는 자랑스런 태극기 앞에 조국과 민족의 무궁한 영광을 위하여 몸과 마음을 바쳐 충성을 다할 것을 굳게 다짐합니다.

② 나는 자랑스런 태극기 앞에 자유롭고 정의로운 대한민국의 무궁한 영광을 위하여 몸과 마음을 바쳐 충성을 다할 것을 굳게 다짐합니다.

우리나라 국가교육과정은 총론에 민주 시민 양성을 초·중등교육의 핵심 목표로 명시해 놓고 있다. 민주 시민은 스스로 생각하고 자율적으로 판단할 줄 아는 사람이다. 진정한 의미의 '개인'이어야 한다. 다른 사람과 협력하고 공존하려는 자세가 필수적이다. 모든 사람이 평등하다는 전제를 사심 없이 갖고 있어야 한다.

우리는 태극기 앞에서 조국에 대한 충성을 다짐하는 교육 시스템 아래서 살아간다. 복종을 강요하고 순종을 미덕으로 여기는 시스템이다. 민주 시민 양성을 목표로 하는 국가교육과정에 비추어 볼 때 모순이다. 그 모순의 시스템 한가운데 거대한 무리를 이룬 사람들이 있다. 교사다. 그들은 누구인가.

2장
'죽음의 장부'를 다룬 나치는 평범했다

교사 힐데브란트 이야기가 주는 교훈

『그들은 자신들이 자유롭다고 생각했다』는 미국 언론인 밀턴 마이어 (Milton Mayer, 1908~1986)가 1955년에 출간한 문제작이다. 나치 당원이 된 평범한 남자 열 명의 이야기가 실려 있다. 역사상 유례없는 나치 시스템이 평범하고 성실한 독일인들을 통해 움직였다는 관점을 드러낸 최초의 책이었다.

열 명의 주인공 중 하나인 하인리히 힐데브란트는 교사였다. 그는 1937년 국가사회주의자(나치 당원)가 되었다. 재직하던 고등학교의 동료 교사 35명 중 30명이 나치에 가입했다. 처음부터 확고한 나치는 4, 5명이었고, 나치 광신자는 1명이었다.

힐데브란트는 좌파 자유주의 성향의 정당이었던 국가당(1930~1933)에서 활동한 전력이 있었다. 이 때문에 8년 동안 비정규직인 '교원 후보자' 직위로 교직 생활을 해야 했다. 나치가 권력을 잡은 1933년 이후에는 모든 교육 관련 활동에서 쫓겨났다.

그 뒤 헤센으로 옮긴 그는 크로넨베르크 시에서 교사로 임용되었다. 과거 전력에 대한 두려움과 앞으로 얻게 될 현실적인 이득을 이유로 나치에 가입한 결과였다. 한때 나치 반대자였지만 '전향'함으로써 주류 시스템에 합류할 수 있었던 것이다.

힐데브란트가 전하는 나치 교육 시스템은 철저했다. 그들은 교육을 통해 학생들에게 나치즘과 반유대주의 정서, 인종주의를 주입하려고 했다. 수학 문제는 거의 모두 탄도학이나 군사 배치에서 나온 것이었다. 나치의 기념관이나 기념물 같은 건축물이 예시로 활용되었다.

이자율 문제는 "유대인 한 명이 500마르크를 12퍼센트 이자율로 빌려줄 경우"와 같이 서술하여 은근히 반유대인 정서를 조장했다. 유럽의 튜턴, 로마, 슬라브 민족의 인구 그래프를 작성하라면서 "1960년에 이들 민족의 상대적 크기는 얼마가 되겠는가? 거기서 튜턴 민족에게 어떤 위험이 감지되는가?"와 같은 질문으로 공공연히 민족주의 감정을 부추겼다.

마이어에 따르면 당시 독일 교사들은 나치 교육위원회에서 제공한 나치 교과서에 나오는 '나치 문학'을 가르치게 되었다. 그들은 위에서 가르치라는 것을 가르쳐야 했다. 그렇지 않으면 그만두어야 했다.

> 그는 상급학교의 교수법에 관해서 1939년에 간행된 정부의 지침서를 내게 보여 주었다. "당연히 이런 선정작들만이 '새로운 독일'의 핵심적인 방향으로서, 즉 새로운 세계관Weltanschauung을 준비하는 데에 도움이 되고, 그 가장 깊은 의지의 사례를 제공하는 것으로서 선택되어야만 함. 우리가 오로지 강력한 것만을 교육적으로 가치 있다고 간주함에 따라, 남성다움을 약화시키거나 억제시키는 것은 모조리 피해야 함. 인종에 관한 생각은 튜턴주의(독일주의)에 대한 생생한 지식과 아울러 가장 강력하게 두드러질 것임.
>
> 밀턴 마이어, 『그들은 자신들이 자유롭다고 생각했다』, 276쪽.

마이어가 인용하는 나치 교수법은 학생들을 국가의 부속물로 만들기 위한 수단으로서의 교육을 잘 보여 주는 사례다. 교사는 학생들을 충성심 가득한 국민으로 만드는 지도자이자 감독관 구실을 한다. 통제 시스템은 교사를 단순한 교육 기술자나 냉소주의자로 만든다. 주체적인 교육 철학을 실천하는 열정적인 교사들은 시스템에 저항하는 불온분자가 될 수 있다는 전제가 깔려 있다.

마이어는 힐데브란트의 말을 빌려 "정계와 실업계 출신의 무지하지만 '신뢰할 만한 사람들'을 교육자로 삼은 것이야말로, 교육에 굴욕을 선사하는 동시에 대중의 경멸이 쏟아지게 만든 나치의 방법 가운데 일부"였다고 설명한다. 가짜 교육으로 진짜 교육을 대체함으로써 교육 시스템을 통제하는 나치의 교묘한 전략이다.

힐데브란트는 나름대로 지적이고 양심적인 인물이다. 위험을 감수하는 용기를 발휘했다. 전쟁 중에 곤경에 처한 유대인 친척을 도운 적이 있으며, 전쟁이 끝난 뒤에는 그 친척이 남긴 외아들의 후견인 노릇을 했다.

그런 그가 체제에 순응하는 삶을 선택하게 된 이유는 과거의 개인사로 인한 '두려움'과 미래에 얻을 것으로 예상되는 '이득'이었다. 그는 자신의 반교육적인 교육 활동을 인정했다. 나치 식으로 문학을 가르쳤으면서도 별다른 양심의 가책을 느끼지 않았다. 시스템이 요구한 것이었기 때문이다. 그는 전쟁 후에야 유대인의 참상을 알았다고 고백했다.

제2차 세계대전 중 독일 비밀경찰 게슈타포의 수장 하인리히 루이트폴트 힘러(Heinrich Luitpold Himmler, 1900~1945)는 히틀러가 1931년 친위대 앞에서 행한 연설에서 따온 "나의 명예는 나의 충성심"이라는 슬로건을 만들었다. 대중들에게 충성을 요구하는 절대 권력자의 욕망을 실현하기 위해서였다.

절대 권력의 시스템 아래서 평범한 사람들 대다수는 충성을 선택한다. 진심은 필요하지 않다. 생존이라는 현실적인 이익이 있으므로 적당한 명분 정도만 있으면 된다. "나의 명예는 나의 충성심" 따위의 충성 슬로건이 그런 명분을 제공해 준다.

또 다른 슬로건들이 더 나타나 사람들의 머리와 가슴을 휘젓는다. 날카로운 의식이 서서히 무뎌지기 시작한다. 상식이 무시되고 양심은 갈수록 굳어진다. 평범했던 그들이 역사적인 사명이나 사회적인 책무와 같은 거창한 말들을 읊조린다. 스스로의 양심을 속이다가 역사와 사회 앞에 죄인이 된다. 교사 힐데브란트 이야기에서 얻는 교훈이다.

정신과 의사보다 더 '정상'이었던 아이히만

여기 또 다른 '힐데브란트' 아돌프 오토 아이히만(Adolf Otto Eichmann, 1906~1962)이 있다. 쇠락한 중산층 집안 출신으로, 허세와 출세욕이 강한 사람이었다. 이런 몇 가지 사실만 빼고 나면 힐데브란트와 비슷한 평범한 독일인이었다.

아이히만은 제2차 세계대전 중 유대인 대학살을 수행한 주요 나치 전범 중 하나가 되었다. 나치 정보 당국에 속해 있으면서 당대 권력의 중심부 근처에서 살았던 중견 관료 중 하나였다. 제2차 세계대전 후 아르헨티나로 도주해 15년을 숨어 살다 1960년 이스라엘 비밀정보기관 모사드 Mosad에 체포되었다. 예루살렘에서 전범 재판을 받고 1962년에 교수형을 당했다.

아이히만은 경찰 심문에서 자신이 유년 시절 부모로부터 엄격한 기독교 교육을 받으며 자랐다고 진술했다.[8] 20대가 되면서 북오스트리아 전기설비회사 판매부 영업사원으로 일했다. 22살부터는 양어머니 사촌의 주선으로 한 유대인이 경영하던 오스트리아 감압정유회사에서 5년여 일했다. 그때까지 그는 별다른 걱정 없이 생계를 꾸려 가는 평범한 젊은이였다.

아이히만의 삶은 20대 후반부터 크게 바뀌기 시작했다. 1932년 나치당에 가입한 아이히만은 친위대에 들어갔다. 그곳에서 이민과 추방 등으로 유대인을 독일에서 분리시키는 정책들을 성실하게 실행했다. 능력을 인정받은 그는 곧 대위로 진급했다.

1941년 아이히만은 독일제국 중앙보안본부 제IV-B-4부의 실무 책임자로 임명되었다. 친위대 장교로 유대인 분리 정책을 충실하게 수행한 업적을 인정받은 결과였다. 제국중앙보안본부 제IV부는 나치의 악명 높은 비밀경찰인 게슈타포 휘하에 있었다. 아이히만이 맡은 B-4부는 유대인 분파를 다루는 부서였다.

1941년 7월 게슈타포 수장이었던 라인하르트 하이드리히가 아이히만을 자신의 사무실로 불렀다. 아이히만은 라인하르트로부터 "총통께서는 유대인의 신체적 절멸을 명령하셨다"라는 지시를 받았다. 그해 말 이후 1년 사이에 소령에서 중령으로 진급한 아이히만은 유대인 문제에 대한 '최종 해결', 곧 유대인 학살에 적극 관여하기 시작했다.

아이히만은 모든 일을 빈틈없이 꼼꼼하게 처리했다. 나치 전범 추적자이자, '용서'와 '화해'에 관한 문제작 『해바라기』의 저자로 널리 알려진 시몬 비젠탈(Simon Wiesenthal, 1908~2005)은 그를 "죽음의 장부를 담당한

---

8. 독일의 유대계 철학자 한나 아렌트(1906~1975)는 예루살렘에서 진행된 아이히만의 재판을 지켜보았다. 역작 『예루살렘의 아이히만』에 그 과정이 담겨 있다. 아래 아이히만에 관한 내용은 아렌트의 같은 책에서 빌려 왔다.

경리였다"라고 비유했다.

아이히만은 구제받을 길 없는 '악마'였을까. 아렌트가 묘사하는 아이히만은 평범하다. 성실하고 가정적인 사람이었다. 그에게는 유대인에 대한 광적인 증오가 없었다. 아렌트는 그가 유대인을 미워하라는 세뇌교육을 특별히 받지 않았다고 적고 있다. 그는 스스로 "나와 가장 친한 친구 중 일부만이 반유대주의자들이다"라고 말했다. 아이히만은 무시무시한 '괴물'이 아니었다.

사람들은 악행을 저지르는 사람들에게 무언가 특별한 것이 있을 것이라고 여기는 경향이 있다. 유대인과 폴란드인 혼혈로 캐나다에서 태어난 세계적인 팝 가수 레너드 코헨(Leonard Cohen, 1934~현재)은 사람들의 그런 태도를 꼬집었다. 그는 아이히만의 모습을 다음과 같이 묘사했다.

> 눈-보통 / 머리칼-보통 / 체중-보통 / 신장-보통 / 특기사항-없음 / 손가락 개수-열 개 / 발가락 개수-열 개 / 지능-보통 / 여러분은 무엇을 기대했는가? 괴물의 발톱? 기다란 앞니? 초록색 타액? / 광기? / 아돌프 아이히만에 대해서 알아야 할 모든 것
> 로랑 베그, 『도덕적 인간은 왜 나쁜 사회를 말하는가』, 249~250쪽에서 재인용.

'보통' 지능에 '특기사항'이 없는 아이히만이 한 일은 충격적이었다. 아렌트의 말을 빌리면 아이히만은 "수백만 명의 유대인 남녀와 아이들을 상당한 열정과 가장 세심한 주의를 기울여 죽음으로 보내는 일"을 책임감을 갖고 수행했다. 정부와 최고 권력자의 명령에 따라 행해진 일이었다. 아이히만은 충성스럽고 성실한 나치 관료였다. 관료는 국가의 공식적인 명령에 복종한다. 그는 자기 일에 충실했을 뿐이다.

아렌트는 아이히만이 자신의 아버지가 죽게 되는 어떤 일을 하라고 명령을 받았더라도 그대로 수행했으리라는 데 의심의 여지가 없었다고 말했다. 명령 받은 일을 하지 않았다면 오히려 양심의 가책을 받았을 것이라는 점을 그가 분명히 기억하고 있었다고 했다. 이런 의문이 든다. 혹시 그는 평범함으로 가장한 냉혹한 '괴물'이 아니었을까.

여섯 명의 정신과 의사들이 그를 '정상'으로 판정했다. 그들 가운데 한 명은 "적어도 그를 진찰한 후의 내 상태보다도 더 정상이다"라고 탄식했다고 전해지고, 또 다른 한 명은 그의 아내와 아이들, 어머니와 아버지, 형제자매, 그리고 친구들에 대한 그의 태도, 그의 모든 정신적 상태가 '정상일 뿐만 아니라 바람직함'을 발견했다. 그리고 끝으로, 대법원에서 그의 항소를 들은 후 그를 정기적으로 방문한 성직자는 아이히만이 "매우 긍정적인 생각을 가진 사람"이라고 발표함으로써 모든 사람들에게 확인해 주었다. 이 영혼의 희극 뒤로 전문가들은 그의 경우가 법적인 이상 상태는 물론 도덕적인 이상 상태도 아니라는 고통스러운 사실을 내놓고 있다.

한나 아렌트, 『예루살렘의 아이히만』, 79쪽.

악은 평범함과 무사유에 있다

아이히만에 대한 1심 재판 판결은 1961년 12월 15일 금요일 아침 9시에 이루어졌다. 사형이 선고되었다. 항소심 재판은 3개월 뒤인 1962년 3월 22일에 열렸다. 이스라엘 대법원은 1주일간 항소심을 진행했다. 두 달이 지난 5월 29일 판결이 내려졌다. 사형이었다.

판결 이틀 후인 5월 31일 아이히만은 교수형에 처해졌다. 아렌트에 따르면 아이히만은 아주 근엄한 태도로 교수대로 향했다고 한다. 그는 마지막으로 "잠시 후면, 여러분, 우리는 모두 다시 만날 것입니다. 이것이 모든 사람의 운명입니다. 독일 만세, 아르헨티나 만세, 오스트리아 만세. 나는 이들을 잊지 않을 것입니다"라는 말을 남겼다.

아이히만이 최후에 내뱉은 그 몇 마디는 장례 연설에서 흔히 사용되는 상투어라고 한다. 아렌트는 아이히만이 상투어를 떠올림으로써 정신이 의기양양하게 되었고, 그것이 자신의 장례식이라는 것을 잊게 되었다고 분석했다.

아렌트는 아이히만의 최후를 묘사하는 대목에서 그 유명한 "말과 사고를 허용하지 않는 악의 평범성banality of evil"을 언급했다. 아이히만은 자신의 개인적인 발전을 도모하는 데 각별히 근면하고 성실한 것을 제외하고 어떠한 삶의 동기도 갖고 있지 않았다. 그의 삶을 시종일관 관통한 것은 '성공'이었다.

아이히만은 히틀러에 대해 "모든 것이 틀린 것은 아니고, 이 하나만큼은 논쟁의 여지가 없습니다. 그 사람은 노력을 통해 독일 군대의 하사에서 거의 8,000만에 달하는 사람의 총통 자리에까지 도달했습니다. 그의 성공만으로도 제게는 이 사람을 복종해야만 할 충분한 근거가 됩니다"라고 말했다. 아렌트의 말처럼 "'좋은 사회'가 모든 곳에서 열정과 열성을 가지고 반응하는 것을 보았을 때 사실상 그의 양심은 휴식 상태에 있었"던 것이다.

사람들은 성공하기 위해 근면성이나 성실성을 동원한다. 그것 자체는 범죄적이거나 사악한 일이 아니다. 아렌트는 아이히만이 자신의 상관을 죽여 그 자리를 차지하려고 살인을 범하려 하지는 않았을 것이라고 말했다. 그는 단지 자기가 무엇을 하고 있는지 깨닫지 못했을 뿐이다.

아렌트에 따르면 아이히만에게는 세 가지의 무능성이 있었다. 말하기의 무능성, 생각의 무능성, 타인의 입장에서 생각하기의 무능성이었다.

> 그로 하여금 그 시대의 엄청난 범죄자들 가운데 한 사람이 되게 한 것은 (결코 어리석음과 동일한 것이 아닌) 순전한 무사유sheer thoughtlessness였다. 그리고 만일 이것이 '평범한' 것이고 심지어 우스꽝스러운 것이라면, 만일 이 세상의 최고의 의지를 가지고서도 아이히만에게서 어떠한 극악무도하고 악마적인 심연을 끄집어내지 못한다면, 이는 그것이 일반적인 것이라고 부르는 것과 아직 거리가 멀다는 것이다. 죽음을 눈앞에 둔 사람이, 더구나 교수대 아래 서 있는 사람이 자신이 생전에 장례식장에서 들었던 것 외에 생각해 낼 수 없었다는 것은, 그리고 이러한 '고상한 말'이 자기 자신의 죽음이라는 현실을 완전히 모호하게 만들어 버렸다는 것은 분명코 아주 일상적이라고 할 수는 없을 것이다. 이처럼 현실로부터 멀리 떨어져 있다는 것과 이러한 무사유가 인간 속에 아마도 존재하는 모든 악을 합친 것보다도 더 많은 대파멸을 가져올 수 있다는 것, 이것이 사실상 예루살렘에서 배울 수 있는 교훈이었다.

앞의 책, 391~392쪽.

잔인한 학살자가 된 농부와 교사

유대계 이탈리아 화학자이자 작가였던 프리모 레비(Primo Levi, 1919~1987)는 1943년 파시스트 민병대에 체포돼 아우슈비츠 수용소로 끌려갔다. 그를 포함해 모두 650명이 열두 칸의 화물차에 나뉘어 이송되었다. 레비가 탄 화물칸에서는 45명 중 4명만이 살아남았다. 수용소에서 11개월을 보낸 그는 소련의 붉은 군대에 의해 해방되었다. 당시 신입 수감자의 평균 생존 기간은 3개월에 불과했다. 정신적 후유증이 컸을까. 그는 말년에 스스로 목을 매 숨겼다.

레비는 "괴물들은 존재한다. 그러나 실질적인 위협이 되기에는 그들의 수가 너무 적다. 가장 위험한 것은 보통 사람들이다"라는 유명한 말을 남겼다. 아렌트가 간파한 '악의 평범성'을 떠올리게 하는 말이다. '악의 평범성'은 단순한 비유가 아니다. 평범했던 사람들이 악의 전사가 되는 예는 비일비재하다.

스탠퍼드 모의 감옥 실험(Stanford Prison Experiment, SPE)으로 유명한 미국의 사회심리학자 필립 짐바르도(Philip Zimbardo, 1933~현재)가 『루시퍼 이펙트』에서 전하는 르완다 학살의 사례들은 충격적이다.

유엔 보고서는 1994년 중앙아프리카 르완다에서 80만 명에서 100만 명의 르완다 사람들이 살해되었다고 추정한다. 르완다 지배 세력인 후투족이 이웃이었던 소수민족 투치족 인구 4분의 3을 학살하는 데 걸린 시간은 약 석 달에 불과했다. 짐바르도에 따르면 후투족 사람들은 단지 정부의 명령만으로 과거의 친구와 이웃들을 살해했다.

후투족의 한 여성이 증언했다는 이야기는 공포스럽다. 한 공무원이 집으로 찾아왔다. 그는 그녀와 남편에게 투치족은 적이니 그 위협에 대처하라며 몽둥이와 큰 칼을 주었다고 한다. 그들 부부 앞에는 놀라서 동그랗게 뜬 눈으로 자신들을 바라보던, 일생 동안 친구처럼 지내던 투치족 이웃의 아이가 있었다.

부부는 주저하지 않고 아이를 죽였다. 아이의 부모는 모두 살해된 뒤였다. 아이는 오갈 데 없는 고아가 된 상태였다. 그들은 아이를 죽인 것이 오히려 '호의'를 베푼 것이었다며 자신들의 행위를 정당화했다고 한다.

짐바르도는 프랑스의 저널리스트 장 하츠펠트가 수천 명의 투치족 민간인을 학살한 혐의로 복역 중인 후투족 군인을 인터뷰한 결과를 인용한다. 그들은 대부분 농부이고 신실한 신자였다. 교사였던 자도 있었다. 하츠펠트에 따르면 그 평범한 남자들은 자신들이 저지른 잔인한 행동에 대해 조금도 뉘우침이 없이 담담하게 이야기했다고 한다.

가까운 이웃이라도 '적'이라는 꼬리표가 붙으면 꺼리게 되는 게 평범한 사람들의 한 단면이다. 짐바르도는 카리스마를 지닌 지도자가 '적'을 죽이라고 명령할 때 그 명령을 따르기 위해 자신의 인간성을 송두리째 던져 버릴 수 있는 인간의 '진실'을 말한다. 어느 수감자의 다음과 같은 증언은 평범한 사람들이 어떻게 악의 화신이 되는지 적나라하게 보여 준다.

우리의 이웃인 투치족 사람들이 아무 잘못도 저지르지 않았다는 사실을 잘 알고 있습니다. 하지만 우리는 끈질기게 계속되어 온 문제의 원인이 투치족에게 있다고 생각했습니다. 그러자 투치족 사람들이 한 사람 한 사람의 개인으로 보이지 않더군요. 더 이상 예전에 알던 사람들이라는 생각도 들지 않았고 동료라는 생각도 들지 않았습니다. 그들은 우리가 함께 겪어 왔던 그 어떤 것보다 큰 위협으로 느껴졌고, 그건 예전에 생각하던 방식보다 훨씬 중요한 것으로 여겨졌습니다. 우리가 이성적으로 생각하면서 동시에 살인을 저지를 수 있었던 것은 바로 그 때문입니다.

필립 짐바르도, 『루시퍼 이펙트』, 41쪽.

3장
썩은 사과와 썩은 사과 상자

시스템은 인간을 어떻게 조종하는가

제2차 세계대전 중 나치는 1000만 명이 넘는 사람들을 학살했다. 600만 명의 유대인, 300만 명의 소련군 전쟁 포로, 200만 명의 폴란드인과 그 밖에 다수의 "생존할 가치가 없는 존재lebensunwürdiges Dasein"들이 나치의 손에 제거되었다. 그 무수한 유대인들을 별다른 오차 없이 유럽 전역에 있는 죽음의 수용소로 보낼 수 있었던 건 학살에 최적화한 시스템 덕분이었다.

법률 전문가들은 희생자들이 무국적 상태가 되도록 필요한 법적 조치들을 강구했는데, 이 일은 두 가지 점에서 중요했다. 즉 그렇게 함으로써 어떤 나라도 그들의 운명에 대해 문제 삼지 못하게 되고, 또 그들이 머무르고 있는 국가에서 그들의 재산을 몰수할 수 있었다. 재무부와 국가은행은 유럽 전 지역으로부터 시계에서 금니에 이르는 엄청난 약탈물들을 받을 수 있도록 수단들을 강구했다. 이 모든 것들은 분류되어 프러시아 국가 조폐국으로 보내졌다. 교통부는 필요한 열차편을 준비했는데, 철도 차량이 아주 부족할 때도 주로 화물 열차가 준비되었다. 그리고 그들은 운송 열차 스케줄이 다른 시간표와 충돌하지 않도록 배려했다.

한나 아렌트, 『예루살렘의 아이히만』, 184~185쪽.

시스템이 만들어지면 사람들은 자연스럽게 그것의 '노예'가 된다. 짐바르도는 이를 '썩은 사과'와 '썩은 상자' 비유를 통해 설명했다. '썩은 사과'론부터 보자.

'썩은 사과'는 악행을 저지르는 괴물 같은 개인이다. 그의 사악한 기질은 선한 사람들의 착한 기질에 악영향을 미친다. 썩은 사과 하나가 상자 안에 있는 다른 성한 사과를 상하게 만드는 것과 비슷하다.

악의 근본이나 출발점을 '썩은 사과'에서 찾는 관점은 개인의 성격적 결함을 문제 삼는다. 한 사람의 기질상 특징에 관심을 기울인다. 악행과 범죄는 개인의 기질이나 성격 탓으로 귀결된다. 문제의 해결책도 주로 처벌에 맞춰진다.

짐바르도는 '썩은 사과론'을 비판했다. 이런 관점에 따르면 우리는 선악을 가르는 철통같은 경계선을 갖고 있어야 한다. 이를 기준으로 그들이 썩지 않은 신선한 사과들과 섞이지 않도록 그들을 세상으로부터 격리해야 한다.

그러나 문제의 핵심은 썩은 사과가 아니라 '썩은 상자'에 있다. 썩은 상자는 '나쁜 시스템'이다. 나쁜 시스템이 나쁜 상황을 만들고, 그것은 곧 성한 사과를 썩게 만든다. 썩은 상자 안에서는 문제 소지가 많은 특정한 한두 개의 사과뿐만 아니라 다수의 평범한 사과가 더 쉽게, 더 빨리 썩는다.

나쁜 시스템은 저절로 굴러가지 않는다. 그것을 떠받치는 여러 가지 요소들이 긴밀하게 상호작용을 해야 한다. 썩은 상자가 성한 사과를 썩게 만드는 조건에는 어떤 것들이 있을까. 두 가지다. 성한 사과를 썩게 하는 시스템 자체의 특징이 하나다. 나쁜 시스템을 거부하지 않고 그대로 받아들이는 성한 사과의 태도가 다른 하나다.

나쁜 시스템은 성한 사과를 썩게 만든다. 필립 짐바르도는 SPE를 통해 사람이 교도소의 상황에 미치는 영향과 교도소라는 상황이 사람에게 주는 영향을 파악하고자 했다.

짐바르도는 대학생들에게 임의로 교도관과 수감자 역할을 부여했다. 그들은 여러 가지 면에서 서로 비슷했다. 수감자라고 해서 더 폭력적이거나 반항적이고 증오감에 차 있지 않았다. 교도관을 맡은 이들이 더 권위주의적인 것은 아니었다.

특별히 교도관이 되고 싶어 한 사람도 없었다. 마찬가지로 수감이나 처벌을 정당화할 만한 범죄 경력을 가진 사람도 없었다. 짐바르도는 이들 두 집단이 2주 뒤에도 여전히 서로 구별할 수 없을 정도로 똑같을지, 아니면 각자 맡은 역할이 그들의 성격이나 태도를 바꾸어 놓았는지를 알아내고 싶었다.

실험은 최대한 실제 상황처럼 진행되었다. 수감자 역할을 맡은 학생들은 진짜 죄수처럼 집에서 경찰에게 기습적으로 체포되었다. 일반 피의자처럼 위압적인 분위기 속에서 사진 촬영을 당하고 서류를 작성했다. 번호가 달린 쭈글쭈글한 죄수복을 입고 발목에 족쇄를 찼다. 긴 머리가 흐트러지지 않도록 스타킹을 씌우기도 했다.

간수들 역시 마찬가지였다. 진짜 교도관 복장을 갖춘 그들은 각자 곤봉과 호루라기를 소지했다. 수감자들과 시선이 마주치지 않도록 눈을 완전히 가리는 회색 선글라스를 착용했다.

수감 시스템이 완성되고 진짜 교도소에서와 같은 상황이 연출되었다.

참가자들이 변하기 시작했다. 수감자들은 진짜 죄수들처럼 심한 고립감과 좌절, 절망에 빠졌다. 권위주의에 공감하지 못하는 사람들은 정도가 심해 발작 증세를 보였다. 수감자들은 전반적으로 수동적인 자세를 취했다. 시간이 흐를수록 모든 행동 항목이 감소했다.

교도관 역을 맡은 참가자들 또한 크게 바뀌었다. 그들은 독단적 행동을 멈추지 않았다. 거칠고 권위적인 행동으로 수감자들을 학대했다. 상황 전체에 걸쳐 수감자들에게 명령을 내리고 그들을 모욕했다. 도구를 사용해 괴롭히고 성적 학대를 가했다.

참가자들의 행동은 갈수록 과격해졌다. 상황을 통제하기 힘들다고 판단한 짐바르도는 실험 개시 6일 만에 상황을 종료시켰다.

어떤 인간이 저지른 행동은 그것이 아무리 끔찍한 것이라고 하더라도 우리들 모두가 저지를 수 있는 것이다. 적절한, 아니 부적절한 상황적 조건만 형성된다면 말이다. 그렇다고 해서 그와 같은 사실이 악에 대한 변명이 될 수는 없다. 단지 그러한 지식은 악을 민주화하고, 그 악에 대한 비난을 정상 범주에서 벗어나는 이상 성격자나 독재자에게로만 돌리지 않고 보통의 행위자인 우리도 그 대상으로 삼도록 한다.

SPE의 가장 중요하고 단순한 교훈은 '상황의 중요성'을 인식하는 것이다. 사회적 상황은 개인, 집단, 국가 지도자들의 행동적, 심적 활동에 우리가 생각하는 것보다 훨씬 깊은 영향을 준다. 어떤 상황은 우리가 감히 할 것이라고는, 할 수 있으리라고는 미처 생각지도 못했던 행동으로 우리를 이끌 정도로 강력한 영향력을 발휘한다.

필립 짐바르도, 『루시퍼 이펙트』, 341쪽.

이렇게 추론할 수 있다. 시스템이 아무리 악하더라도 사람들이 거부하면 되지 않을까. 안타깝게도 저항하는 '영웅'은 극소수다. 대다수는 시스템에 대해 맹종에 가까운 태도를 보인다. 나쁜 시스템을 떠받치는 또 다른 중요한 요인이다. 1973년 미국 심리학자 스탠리 밀그램(Stanley Milgram, 1933~1984)이 진행한 전기충격 실험 결과를 통해 이 문제를 알아보자.[9]

양심을 죽이는 '권위'의 힘

밀그램이 전기충격 실험을 통해 주목한 것은 시스템 속의 사람들이 권위를 어떻게 받아들이는가 하는 문제였다. 평범한 사람들이 도덕적 명령에 직면한 상황에서 권위에 어떻게 반응하는지 알고 싶었던 것이다.

표면적으로 실험은 '기억과 학습에 관한 연구'로 명명되었다. 밀그램은 인구 3만 명인 뉴헤이번 지역에 500명의 실험 대상자(피험자)를 모집한다는 신문 공고를 냈다. 우체국 직원, 고교 교사, 회사원, 기술자, 노동자 등 다양한 직업 종사자들이 지원했다. 직업별로 기술자 및 단순 노동자 40퍼센트, 사무직 40퍼센트, 전문직 20퍼센트로 구성한 뒤 각 직업군마다 20대, 30대, 40대를 20퍼센트, 40퍼센트, 40퍼센트씩 할당했다.

실험자(권위자)는 피험자들을 '선생'과 '학습자'로 나눈 뒤 이들에게 처벌이 학습에 미치는 영향을 알아보기 위한 실험이라고 설명했다. 학습자는 실험실 방 안 의자에 양팔이 묶인 채 앉혀진 뒤 손목에 전극봉이 부착되었다. 실험에서 단어 쌍 목록을 학습할 것이며, 대답이 틀릴 때마다

---

9. 아래 스탠리 밀그램의 실험에 관한 내용은 『권위에 대한 복종』을 참조하였다.

전기충격 강도가 높아질 것이라고 안내 받았다. 학습자는 일종의 '희생자'로서 연기자 구실을 했다. 그에게는 실제 전기충격이 가해지지 않았다. 밀그램의 실험에서 진짜 피험자는 선생 역할을 맡은 사람이었다.

실험 과정은 이렇다. 선생 역을 맡은 피험자가 의자에 묶인 학습자를 확인한다. 주 실험실로 들어가 전기충격기 앞에 앉는다. 전기충격기는 15볼트에서 450볼트까지 15볼트씩 증가하는 30개의 스위치가 가로로 배열되어 있는 구조다. 각 스위치에는 '약한 충격, 중간 충격, 강한 충격, 매우 강한 충격, 극심한 충격, 지극히 극심한 충격, 위험: 심각한 충격' 등 충격 정도를 나타내는 문구가 붙어 있다. 마지막 스위치 두 개에는 'XXX'가 적혀 있다.

단어 학습 과제는 다음과 같은 방식으로 진행되었다. 피험자가 학습자에게 "파란 상자, 좋은 날씨, 야생 오리" 등과 같은 일련의 단어 쌍을 읽어 준다. 이어 "파랑-하늘, 잉크, 상자, 램프"와 같이 한 단어 쌍의 첫 단어와 네 개의 낱말을 읽는다. 학습자는 선택지에 해당하는 네 개의 낱말 중 첫 번째 단어와 쌍을 이룬 낱말을 가려내 대답해야 한다.

피험자는 학습자가 바르게 답하면 곧장 다른 학습 과제로 넘어간다. 틀리게 답하면 가장 낮은 단계(15볼트)에서 시작해 다시 틀릴 때마다 30볼트, 45볼트 등으로 15볼트씩 강도를 높여 전기충격을 가한다. 밀그램은 항의하는 희생자(학생)에게 더 심한 전기충격을 가하라는 실험자의 지시와 명령에 피험자(교사)가 어느 단계까지 따르고 어떤 상황에서 거부하는지를 중점적으로 관찰했다.

실험 개시 전 밀그램은 정신과 의사, 행동과학부 대학원생과 교수, 대학 2학년생, 중산층 성인들을 대상으로 실험 결과를 예측해 보도록 했다. 그들은 피험자들 모두가 실험자의 지시와 명령을 거부할 것이라고 보았다.

정신과 의사들은 대부분의 피험자들이 10단계(희생자들이 처음으로 풀어 달라고 명백히 요구하는 시점인 150볼트)를 넘지 않을 것이라고 예상했다. 20단계(300볼트)는 4퍼센트, 가장 높은 단계(450볼트)는 1퍼센트 정도로 예측되었다.

실험 결과 예상은 모두 빗나갔다. 65퍼센트의 피험자들이 고통스러워하는 희생자를 보면서도 전기충격기의 마지막 단계인 450볼트까지 스위치를 눌렀다. 그들은 희생자가 고통스러워하고 풀어 달라며 강하게 간청했는데도 실험자의 명령에 따랐다. 피험자가 실험자의 지시를 거부한 경우 중 가장 낮은 전압은 300볼트였는데, 이는 '극심한 충격'에 해당하는 20단계였다.

이 실험을 반복한 다른 여러 대학에서도 결과는 마찬가지였다. 이 연구의 주요 발견의 근간이고 또한 가장 긴급하게 설명해야 할 점은 권위의 명령에 끝까지 따르려는 사람들의 극단적인 자발성이다. (중략) 희생자에게 전기충격을 가한 평범한 사람들은 의무감-피험자로서 의무에 대한 인식-때문이었지, 특별히 공격적인 성향을 가진 사람들이 아니었다. 어쩌면 이것이 우리 연구의 가장 핵심적인 교훈일지 모른다. 다시 말해서, 적대감 없이 자기 일을 수행하는 평범한 사람들도 어마어마한 파괴적 과정의 대리자가 될 수 있는 것이다. 게다가 그 일의 파괴적 영향력이 분명해 보이는데도 근본적인 도덕적 기준에 부합하지 않는 행동을 요구받았을 때, 상대적으로 얼마 안 되는 사람만이 그 권위에 저항할 뿐이었다.

스탠리 밀그램, 『권위에 대한 복종』, 30~31쪽.

피험자들을 실험에 복종하게 만드는 요인에는 어떤 것들이 있을까. 밀그램은 첫 번째로 '구속 요인'을 들었다. 피험자의 공손함, 실험자를 돕겠다는 최초의 약속[10]을 지키려는 소망, 그러한 약속 철회가 갖는 어색함 등이다.

피험자의 머리에서 일어나는 순응적 변화도 있다. 이와 같은 순응은 피험자가 실험자와 관계를 유지하고, 실험상의 갈등으로 인한 긴장을 줄이는 데 기여한다. 밀그램에 따르면 이 모든 것들은 권위자가 무력한 사람에게 해를 가하라고 지시할 때 복종적인 사람들이 보이는 전형적인 사고들이다.

밀그램은 피험자들이 보이는 순응적 사고가 그들에게 자신의 행동에 책임을 느끼지 않게 하는 식의 심리적 영향을 준다고 보았다. 합법적 권위자인 실험자가 모든 주도권을 쥐고 있다고 여김으로써 자신들은 책임에서 벗어난다고 생각한다는 것이다. 이러한 사고는 사람들이 예속적인 지위에 놓이게 될 때 보이는 기본적인 사고방식이다. 밀그램이 보기에 책임감의 실종은 권위에 대한 복종에서 가장 흔한 결과였다.

600만 명을 학살한 시스템의 배후

시스템은 강력하다. 그 자체로 권위를 갖는다. 불법성 시비를 제외하면 시스템의 권위를 해칠 만한 것은 거의 없다. 시스템을 두고 도덕성이나 합리성에 대한 논란이 벌어질 가능성은 별로 많지 않다. 나쁜 시스템이 구성원들로 하여금 그들 자신의 양심을 외면하고 판단력을 그르치게 만드

---

10. 공식적인 계약으로도 볼 수 있다.

는 배경이 여기에 있지 않을까.

시스템은 사람들의 일상을 지배한다. 일상적인 사고 범주를 규정하고 행동의 자장권을 구획 짓는다. 시스템이 그 자체로서 권위의 대상이 되는 까닭이다.

권위 대상으로서의 시스템이 왜 중요한가. '권위權威'라는 말의 뜻풀이를 통해 그 구체적인 이유를 알아보자. 권위에 대한 보통 사람들의 맹목적인 복종이 어떤 배경 아래서 이루어지는지를 조금 엿볼 수 있기 때문이다.

권위權威의 '權'에는 양쪽의 평형을 잡아 균형을 잡는 저울 추의 뜻이 담겨 있다. '威'는 '여자'라는 뜻의 '女(녀)'와 '큰 도끼'를 뜻하는 '戌(월)'로 이루어진 글자다. 고대 사회에서 도끼는 사람을 죽일 수 있는 도구이자 위엄을 상징했다.

'威'가 "다른 사람을 죽이거나 살릴 수 있는 여인"이라는 뜻으로 '시어머니'를 가리킨다는 어원 풀이가 있다. 봉건 사회에서 시어머니는 며느리의 생사여탈권을 쥔 강력한 존재였다. 한자 대사전을 보면 며느리가 자신의 시어머니를 일컫는 말로 '威'에 시어머니를 뜻하는 '姑'가 결합된 '威姑'라는 단어가 실려 있다.

균형자 역할을 하는 어떤 대상에게 다른 사람의 생사를 관장할 수 있는 강력한 힘이 부여되었음을 나타내는 말이 '권위'다. 이와 같은 어원적인 의미를 따르는 한 권위는 그 자체로 다른 사람의 도전이나 저항을 허락하지 않는다. 절대적인 그 무엇이다. 사람들이 권위(자)를 향해 맹목적으로 복종하는 경향을 보이는 여러 이유들 중 하나일 것이다.

정당하고 합리적인 권위가 한 사회나 공동체의 확고한 중심이 되어야 하는 까닭이 여기에 있다. 권위가 올바르지 않을 때 이에 맹종하는 사람들의 사고와 행위의 결과 또한 '악'으로 귀결될 가능성이 높기 때문이다.

사람은 권위에 복종한다. 시스템은 권위다. 사람은 시스템에 복종한다. 그러므로 시스템은 사람을 지배한다. 좋은 시스템이 좋은 사람을 만든다. 나쁜 시스템은 사람을 나쁘게 만든다. 상자가 좋으면 사과가 썩지 않는다. 상자가 성하고 튼실하다면 안에 상한 사과가 있더라도 그 영향이 다른 사과에 쉽게 옮겨 가지 않는다. 상자의 좋은 시스템은 상한 사과가 썩어 가도록 마냥 내버려 두지 않는다.

상자가 좋지 않으면 사과가 쉽게 상한다. 조금 상한 사과는 금방 썩는다. 성한 사과가 언제 상하게 될지 모른다. 상자 자체에 숨어 있는 독소들이 성한 사과를 가만히 놔두지 않는다. 조건이 있다. 나쁜 상자 속에 있는 성한 사과들이 침묵을 지켜야 한다는 것이다.

제2차 세계대전의 '주범' 독일이 사례다. 당시 독일은 고도로 발전한 기독교 문명 국가였다. 독일 음악과 미술은 유럽 어느 나라의 것보다 깊고 넓었다. 문학과 철학은 서양의 꽃이라고 해도 과언이 아니었다. 종교 개혁가 마틴 루터(Martin Luther, 1483~1546)를 탄생시킨 독일 신학 역시 마찬가지였다. 독일은 '대학살'이라는 야만과 어울리지 않는 국가였다.

그런 독일이 제2차 세계대전 중 학살한 유대인 수가 600만 명에 이른다. 집시와 같은 '하등 인종'까지를 포함하면 1000만 명을 훌쩍 넘는다. 인류 역사상 유례없는 최악의 학살극이었다. 더 충격적인 사실은 학살극이 고도로 효율적이고 합법적인 공적 시스템을 통해 이루어졌다는 점이다. 야만과 거리가 먼 찬란한 문명국가에서 어떻게 이런 일이 가능했을까.

독일의 전쟁 범죄는 히틀러가 이끈 소수의 나치 요원들과 그 광적인 추종자들의 짓으로 여겨지곤 한다. 소수의 미치광이들이 한 시대를 광기로 물들게 했다는 것이다. 밀턴 마이어는 이러한 통념에 의문을 제기했다.

1년간 독일에 거주한 마이어는 나치에 가담했던 '평범한' 일반인 열 명과 심층적인 인터뷰를 진행하여 다음과 같은 결론을 내렸다.

> 내가 만난 사람은 독일인이 아니라 인간 그 자체라는 인상을 받았다. 그는 단지 특정한 조건 하에서 독일에 있었을 뿐이었다. 특정한 조건 하에서는 그가 이곳에 있게 될 수도 있다. 그리고 특정한 조건 하에서는 그가 바로 나 자신이 될 수도 있다.
>
> 나나 내 동포가 만약 그런 일련의 조건에 굴복하게 된다면 헌법도, 법률도, 경찰도, 심지어 군대조차도 우리를 어떠한 해악에서도 보호해 줄 수 없을 것이다. …… 그러니 오래전에 나온 말은 지당하다. 즉 국가는 참나무와 돌로 만들어진 것이 아니라 인간으로 만들어지는 것이며, 그 인간이 어떠한지에 따라서 그 국가도 어떠한지가 결정된다는 것이다.
>
> 밀턴 마이어, 『그들은 자신들이 자유롭다고 생각했다』, 13쪽.

"그들이 왔을 때 나는 침묵했다"

마이어가 만난 '나치 친구들'은 재단사, 재단사 보조 출신 실업자, 목수, 판매원 출신 실업자, 고등학생, 빵집 주인, 수금원, 은행원 출신 실업자, 교사, 경찰관 들이었다. 우리 주변에서 만날 수 있는 평범한 사람들이다. 마이어에 따르면 나치에 미쳐 날뛴 '진정한 광신자'는 당시 독일 인구 7000만 명 중 100만 명을 넘지 않았다. 문제는 나머지 6900만 명이었다. 100만 명이 저지른 추악한 광기의 배후에 이들 평범한 6900만 명의 암묵적인 동의와 참여가 있었다.

독일의 지역사회가 (즉 나치즘의 전체 기계장치를 조작했던 100만 명쯤을 제외한, 나머지 7000만 명의 독일인들이) 할 수 있었던 일이라고는 단지 '간섭하지 않는 것'뿐이었다. 그들에게는 아무것도 기대할 수가 없었다. 그들은 단지 세금을 납부하고, 지역 신문을 읽고, 라디오를 들으며, 예전에 했던 것과 마찬가지로 살아갈 뿐이었다.

앞의 책, 91쪽.

히틀러가 이끈 나치는 국가사회주의를 기반으로 출현했다. 마이어는 국가사회주의가 의회 정치와 의회 토론과 의회 정부 모두에 대한 혐오의 결과물이었다고 규정했다. "그놈들을 모두 내쫓자"라는 식의 정치 혐오 정서를 바탕으로 모든 정당들과 당파들의 흥정과 거래, 제휴, 혼란, 공모 등에 대한 독일 일반인의 거부감이 빚어낸 최종 귀결이었다는 것이다.

마이어의 분석에서 눈길을 끄는 점은 정부와 국민 사이의 관계다. 나치 출현 이전부터 독일 정부와 국민 사이의 간극은 넓었다. 그랬던 것이 나치 출현 이후 사이가 더 넓어지면서 평범한 독일인이 나치에 쉽게 빠져들 수 있었다고 한다. 마이어가 보기에 이는 당시 독일인이 '국민Staatsbürger'이라는 개념만 알았을 뿐 주권자로서의 '시민'을 이해하지 못했다는 점과도 관련되어 있다.

"독재정치는, 그리고 독재정치가 나타나게 된 과정 전체는 무엇보다도 '기분전환'이 되었습니다. 그건 어차피 생각하기를 원하지 않았던 사람들에게 핑계를 제공해 주었습니다. 제가 말하는 사람이란, 바로 제 동료와 저 자신 같은 사람(마이어의 동료인 한 독일인 언어학자—필자 주), 배운 사람입니다. 우리 대부분은 근본적인 것들에 관해 생각하기를 원하지 않았고, 실제로도 결코 생각하지 않았습니다. 반드시 생각해야 할 필요가 없었거든요. (중략) 그리고 지속적인 변화와 '위기'를 가지고 우리를 계속 바쁘게 만들었습니다. 우리는 외부와 내부에 있는 '국가의 적들'의 책동에 워낙 매료되었습니다.

앞의 책, 237쪽.

군수품 공장에서 일한 한 공학자의 증언은, 나름대로 배울 만큼 배운 평범한 사람들이 '악'의 편에 서는 일이 얼마나 손쉽게 이루어지는가를 잘 보여 준다.

그의 고백은 서늘하다. 그는 스스로를 대부분 사람이 받았거나 앞으로 받을 것보다 훨씬 더 폭넓고 나은 교육을 받은 사람으로 규정했다. 그런데 그와 같은 교육이 한 일은 자신이 겪은 '믿음의 상실'을 합리화하도록 도와준 것뿐이었다. 무지했을 때보다 더 쉽게 비겁과 치부를 합리화하는 데 도움을 주었다는 것이다.

나치에 비판적이었던 한 언어학자는 나치의 죄상을 목도하면서 "처음부터 저항하라"와 "끝을 생각하라"라는 두 가지 격언을 숙고했다고 고백했다. 미래에 대한 불확실성을 이유로 처음부터 저항하지 못한 자기 자신에 대한 참회였다. 선한 사람들의 침묵이 어떤 배경에서 이루어지는가에 대한 뼈아픈 분석이다.

각각의 행위, 각각의 사건이 먼젓번보다 더 나빠지지만, 그래도 어디까지나 약간만 더 나빠질 뿐이에요. 그래서 당신은 다음을, 또 다음을 기다리게 되죠. 당신은 한 가지 크게 충격적인 사건을 기다리게 되는 거예요. 그런 충격이 닥치게 되면, 다른 사람들도 당신과 뜻을 같이해서 어찌어찌 저항하게 되리라 생각하는 거죠. 당신 혼자서는 행동하고 싶지도 않고, 심지어 말하고 싶지도 않은 거예요. 당신은 굳이 '자기 길에서 벗어나 말썽을 일으키고' 싶지 않은 거예요. 왜 아니겠어요? 그렇게 하는 습관을 가진 사람은 당신 하나만도 아니에요.

앞의 책, 239~240쪽.

마이어가 만난 '나치 친구들'은 자신들의 과거를 솔직하고 진실되게 뉘우치지 않았다. 오히려 당시 현실이 그랬으며, 위에서 시키는 대로 했을 뿐이라고 변명했다. 그들은 이구동성으로 "당신이라면 어떻게 하셨겠습니까?"라며 마이어에게 거듭 반문했다. 침묵을 지키며 알게 모르게 '악'에 가담하고 동조하는 이들의 전형적인 모습이다.

"침묵은 금"이라는 격언이 있다. 늘 맞는 것은 아니다. 언젠가 마틴 루서 킹(Martin Luther King, 1929~1968)은 "역사는 이렇게 기록할 것이다. 사회적 전환기의 최대 비극은 악한 사람들의 거친 아우성이 아니라 선한 사람들의 소름 끼치는 침묵이었다"라고 말했다.

부조리한 세상을 외면하고 불의를 못 본 체하는 선한 사람들의 침묵의 결론은 무엇일까. 우리는 "그들이 처음 공산주의자들에게 왔을 때"로 시작되는 마틴 니묄러(Martin Niemöller, 1892~1984) 신부의 시를 잘 알고 있다. 밀턴 마이어의 이 책은 니묄러 신부가 쓴 그 유명한 시를 세상에 알린 최초의 자료로 평가받고 있기도 하다.

니묄러 신부는 원래 군인 출신이었으며 정치적으로 보수적인 성향의 인물이었다고 한다. 나치 정권 초기에는 히틀러를 독대하여 종교계에 간섭하지 않겠다는 약속을 받아 내기도 했다. 한동안 나치 정부의 정책에 적극적인 지지를 보냈다.

그러나 나치의 광포한 전횡은 종교계를 비껴가지 않았다. 니묄러 신부는 뒤늦게 저항의 대오에 나섰으나 큰 희생을 치렀다. 침묵 대신 '처음부터 저항하라'라는 격언이 새삼스럽게 다가온다. 악과 불의 앞의 침묵은 참극을 불러온다. 다른 이는 물론 나 자신에게조차 말이다. 니묄러 신부가 고뇌 속에서 썼을 시의 나머지는 다음과 같다.

나는 침묵했다.
나는 공산주의자가 아니었기에.

이어서 그들이 사회민주당원에게 왔을 때
나는 침묵했다.
나는 사회민주당원이 아니었기에.

이어서 그들이 노동조합원들에게 왔을 때
나는 침묵했다.
나는 노동조합원이 아니었기에.

이어서 그들이 유대인을 덮쳤을 때
나는 침묵했다.
나는 유대인이 아니었기에.

이어서 그들이 내게 왔을 때
내 곁에는 더 이상 나를 위해 말해 줄 이가
아무도 남아 있지 않았다.

앞의 책, 239쪽에서 재인용.

기계 교사와 인간 교사

밀그램의 실험 결과는 시스템이라는 권위에 갇힌 사람들의 모습을 보여 준다. 실업자였던 프레드 프로치의 사례가 인상적이다. 그는 흥분한 어조로 실험자의 지시를 거부하고 지속적이고 완강하게 이의를 제기했으나 결국 실험자가 명령하는 대로 전기충격을 가했다. 말과 행동이 분리되어 있었던 것이다. '책임' 문제도 중요하게 생각했다. 밀그램은 실험자가 모든 상황은 자신의 책임이라고 분명하게 말하자 그가 몇 초간 머뭇거리다가 실험을 계속했다는 점에 주목해야 한다고 보았다.

프로치는 실험자에게 이의를 제기하거나 항의할 때 시종일관 정중하고 공손한 말투를 사용했다고 한다. 밀그램은 피험자의 이의 제기가 그가 관여하고 있는 사건에 비추어 볼 때 지나치게 약하고 불충분하다는 인상을 준다고 해석했다. 밀그램이 보기에 그는 자신이 누군가를 죽이고 있다고 생각했다. 그런데 그때 그가 사용한 말들은 차를 마시는 테이블에서 오가는 정도의 언어에 지나지 않았다.

전기충격 실험은 18가지 종류의 다양한 변형 조건들로 구성되어 있었다. '접촉-근접성' 조건 실험은 4번째 유형으로 복종의 한계를 설정해 보기 위해 고안되었다. 이 실험에서는 희생자가 전기충격판 위에 손을 올려놓아야 전기충격을 받을 수 있었다. 밀그램은 희생자가 150볼트 단계에 이르게 되면 실험자에게 풀어 달라고 요구하면서 전기충격판 위에 손을 올려놓으려 하지 않는 방식으로 상황을 설정하였다.

실험 결과는 밀그램을 당황하게 만들었다. 첫 번째 피험자부터 실험자의 명령에 따라 희생자를 제압하고 가장 강한 전기충격 단계까지 나아갔다. 전체 실험 결과 40명 중 12명(30퍼센트)이 이와 비슷하게 행동했다.

밀그램은 실험 결과를 놓고 인간의 본성이나 미국이라는 민주 사회의 특성이 갖는 한계를 지적했다. 악의적인 권위자의 지시에 따른 잔인하고 비인간적인 대우로부터 시민들을 보호할 수 없는 가능성을 제기한다고 해석했다. 합법적인 권위자나 시스템이 명령한다면 사람들은 자신들의 행위 내용이나 양심과 무관하게 명령에 그대로 따른다는 것이다.

지혜로운(?) 권위자는 집단을 이용해 사람들로부터 복종과 동조를 이끌어 낸다고 한다. 복종은 명령과 지시를 성실하게 수행하는 태도를 가리킨다. 동조는 집단 구성원들의 습관, 일, 언어, 태도 등을 따라 하는 것이다.

위계 구조에서 작동하는 복종과 동료 집단에서 나타나는 동조는 서로 다르다. 그런데 이들은 행동의 주도권을 다른 사람에게 넘겨주는 것을 의미한다는 점에서 본질적인 성격이 비슷하다. 밀그램은 현대 사회에서 때때로 우리와, 우리가 초래한 파괴적 행동 사이에 다른 사람들이 끼어 있다고 전제한다.

근대 관료주의의 전형으로 파괴적인 목적을 위한 경우에도 그것과 관련된 대부분의 사람들이 어떠한 파괴적인 행동도 직접 하지는 않는다. 그들은 서류를 뒤섞거나 탄환을 장전하고 그 밖의 활동을 수행하는데, 이러한 행동들은 최종적으로 파괴적인 결과에 한몫하지만 그들의 눈과 마음은 그것에서 멀리 떨어져 있다.

스탠리 밀그램, 『권위에 대한 복종』, 181쪽.

밀그램에 따르면 파괴적인 관료 체계의 유능한 관리자는 사람들을 배치할 때 가장 냉담하고 둔감한 사람을 직접적인 폭력에 투입한다. 나머지

대다수의 보통 사람들은 실제 잔인한 행위와 멀리 떨어져 있어 책임감에서 이중으로 벗어나 있다고 느낀다. 합법적인 권위가 그들의 행동을 정당화하고, 그들 자신이 실제로 잔인한 행동을 하지 않기 때문이다.

인간은 시스템의 노예일 뿐일까. 밀그램의 실험이 보여 준 또 다른 결과에 따르면 피험자에게 희생자가 더욱 생생하게 존재할 때 복종이 현저하게 감소했다. 실험 1~4에 해당하는 '원격', '음성 반응', '근접성'[11], '접촉-근접성' 조건 유형에서 실험자에게 저항한 피험자 비율이 각각 35퍼센트, 37.5퍼센트, 60퍼센트, 70퍼센트로 나타났다. 최고 전기충격치들의 평균값 또한 각각 27퍼센트(26명), 24.5퍼센트(25명), 20.8퍼센트(16명), 17.9퍼센트(17명)였다. 실험자와 희생자 사이가 가까울수록 복종 행동이 감소한 것이다.

밀그램은 이와 같은 현상의 요인을 여섯 가지로 정리했다. 그중 눈길을 끄는 것은 공감과 집단 형성이다. 밀그램에 따르면 희생자의 고통과 관련된 시각적 단서들은 피험자의 공감 반응을 불러일으킴으로써 피험자가 희생자의 경험을 좀 더 완전히 이해하게 만든다. 공감 반응은 그 자체가 불편하기 때문에 피험자가 정서적 흥분을 야기하는 상황을 종결하고 싶어 한다.

실험 초기의 집단 형성은 희생자가 배제된 채 실험자와 피험자 사이에 이루어진다. 따라서 가령 원격 조건 실험에서는 희생자가 진정한 아웃사이더가 된다. 그런데 희생자가 피험자와 좀 더 가까이 있을 때는 그와 동맹을 맺어 실험자에게 맞서기 쉬워진다. 협력해서 실험자에게 저항하기를

---

11. '원격' 조건에서는 피험자가 희생자를 볼 수 없고 목소리를 들을 수 없는 상태에서 신호 상자의 신호로만 실험이 진행된다. '음성 반응' 조건은 희생자의 목소리를 생생하게 들을 수 있는 상태다. '근접성' 조건은 희생자와 피험자를 같은 방에 있게 하되 서로 몇 미터 떨어뜨린 채 실험을 진행하는 것이다.

갈망하는 동맹군이 희생자와 가까이 있게 되므로 피험자 혼자서 실험자를 직면하지 않아도 된다. 상호 공감이나 협력이 가져오는 힘이다.

협력은 특별한 사람들이 특별한 상황에서 내보이는 것이 아니다. 실천 윤리학의 거장 피터 싱어는 『이렇게 살아가도 괜찮은가』에서 전쟁과 같은 야만적인 상황에서도 상생 체계가 작동하면서 협력이 가능한 사례를 보여 준다.

제1차 세계대전 당시 영국과 프랑스 연합군은 북프랑스의 기다란 전선에서 독일군과 대치하고 있었다. 양측 모두 상대방 포격을 피하기 위해 참호를 파고 들어앉았다. 전투가 격해질 때마다 엄청난 사상자가 발생했으나 연합군 사령부는 병력 손실을 개의치 않았다. 수 싸움에서 독일군에 밀리지 않을 정도로 압도적인 우위에 있었기 때문이다. 지휘관들은 병사들의 적개심을 높이기 위해 애썼다. 병사들이 수없이 죽어 나가는 상황에서 군대의 사기를 유지하기 위해서는 그 수밖에 없었다.

놀라운 일이 벌어졌다. 죽고 죽이는 아비규환의 한복판에서 함께 살자는 협력 체계가 작동하기 시작한 것이다. "네가 나를 죽이려 들지 않으면 나도 너를 죽이려 하지 않겠다"라는 암묵적인 약속이 토대였다. 여러 참호 지대에서 연합군 보병은 꽤 오랫동안 엉뚱한 곳에 포를 겨냥했다. 독일군 역시 똑같이 화답했다. 병사들은 극도로 긴장된 마음을 풀 수 있었다. 적 기관총의 사정거리 안에서 안심하고 돌아다니기도 했다. 그들은 적의 사수가 죽이려 하지 않는다는 것을 잘 알았다.

로랑 베그가 『도덕적 인간은 왜 나쁜 사회를 만드는가』에서 전하는 사례도 흥미롭다. 1960년대에 아르당 뒤 피크(Ardant Du Picq)라는 프랑스 대령은 적을 명중시키지 않기 위해 허공에 총을 쏘는 군인들에게 흥미를 느꼈다고 한다. 제2차 세계대전 기간에 적군을 정말로 겨냥하고 총을 쏜

미군이 5명 중 1명뿐이었다는 추산 결과도 인용한다.

로랑 베그는 특별한 상황에서 타인을 죽이거나 다치게 해야 할 입장에 선 사람들이 그 '책임'을 다하지 못할 때가 의외로 많다고 보았다. 밀그램의 표현을 빌리자면 무고한 사람에게 고통을 입히는 것에 본능적인 반감을 느끼는 탓이다.

시스템의 노예로 살아가는 교사들을 떠올린다. 미국의 교육심리학자 알피 콘(Alfie Kohn)은 저서 『경쟁에 반대한다』에서 학교에서 잘 배우지 못하는 아이들에 대해 우리가 어떤 판단을 내리는지 살펴볼 것을 권한다. 많은 교사들이 아이가 공부를 잘하지 못하는 이유가 아이 자신의 노력 부족 탓이라고 생각한다. 성실하고 공부 잘하는 모범생으로 살아와 말썽을 부리고 공부 못하는 아이들의 어려움을 잘 이해하지 못한다.

거대한 교육 시스템의 문제를 모르는 것이 아니다. 그런데도 교사들은 그에 대해 문제를 제기하지 않는다. 왜 평가가 똑같은 시험으로 이루어져야 하는지, 비판적인 사고를 말하면서 왜 현실 순응을 가르치는지 의문을 제기하지 않는다. 수동적이고 복종적인 인간을 길러 내는 학교교육의 문제를 비판하지 않는다. 시스템의 명령에 복종하는 그는 인간 교사의 길 대신 기계 교사의 길을 따른다.

미국 하버드 대학교의 인지심리학자 마크 하우저(Marc Hauser)는 '붉은털원숭이 실험'을 했다. 하우저는 붉은털원숭이에게 손잡이를 당기면 먹이가 나온다는 것을 가르쳤다. 바로 옆 우리에 또 다른 붉은털원숭이를 넣은 뒤, 손잡이를 당기면 먹이가 나오지만 옆 우리에 있는 그 동료 원숭이에게 전기충격이 가해지는 상황을 만들었다. 붉은털원숭이는 2주일 동안 손잡이를 당기지 않았다. 동료가 고통스러워하는 모습을 보는 대신 스스로 굶주림의 고통을 참아 내는 선택을 한 것이다.

정치학자 김준형은 『언어의 배반』에서 붉은털원숭이에게 명령하는 권위자가 없었다는 사실에 주목해야 한다고 말했다. 명령하는 권위자나 시스템이 없다면 인간도 붉은털원숭이처럼 또 다른 인간을 위해 스스로 고통을 겪을 수 있다는 말일까. 시스템을 이유로 기계의 삶을 살아가는 교사들을 떠올리면 회의적이다.

4장
시스템의 포로가 된 교사, 끝이 어디일까

나는 최저 등급 교사

교원성과급 제도가 도입된 지 10년이 다 돼간다. 그 긴 세월 동안 최고 S등급을 한 번도 받지 못했다. 몇 년 전에는 2년 연속 최하위 B등급을 받았다. 등급에 연연해 하는 건 아니지만 기분 좋은 일이 아니다. 이왕이면 다홍치마라 하지 않는가. 최고 등급 교사가 되면 성과급도 두둑하게 받는다.

성과급 등급 평정 기준은 교사가 일상적으로 행하는 교육 활동이나 업무들이다. 담임과 부장 보직 여부, 수업 시수, 기피 업무 담당, 연수 시간, 관리자 점수 따위다. '이루어 낸 결실'이나 '보람'과 같은 '성과'의 사전적 의미와 어울리기 힘든 것들이다.

교사들 중에는 어쩔 수 없이 낮은 등급을 받을 수밖에 없는 이들이 있다. 부장 교사나 담임교사는 아무나 쉽게 맡을 수 없다. '기타 과목' 교사들은 수업 시수가 적어 성과 평정에서 '구조적으로' 불리한 위치에 있다. 학교 관리자들과의 관계가 껄끄러운 교사는 낮은 점수의 표적이 된다. 누구라도 '성과'와 무관한 요인들 때문에 성과를 내지 못하는 무능한 교사로 낙인찍힐 수 있다.

교사들이 각자의 성과 등급에 따라 받는 돈은 최대 300만 원까지 차이가 난다. 해마다 2, 3월이 되면 학교가 성과급 문제로 몸살을 앓는다. 교무실에서는 은연중 등급 품평회가 벌어진다. "갑이 최고 S등급이라는데 그가 한 일이 뭐가 있냐", "을은 A등급이지만 S등급 받아도 된다" 하는 말들이 교무실 한편에서 흘러나온다. 성과급제가 교사를 등급화하여 그들을 이간질하는 시스템으로 보이는 이유다.

등급에 신경 쓰지 않고 교육 활동에 매진하면 자연스럽게 높은 등급을 받을 게 아니냐고 반문할지 모르겠다. '제로섬 게임'처럼 운용되는 성과급제 시스템을 잘 모르고 하는 소리다. 성과급제 시스템은 두 가지 특징이 서로 긴밀하게 연결되어 있다. 상대 평가 체제와 이에 따른 경쟁 구도가 그것이다.

성과급제 시스템에서는 학교별로 각 등급의 인원 배정 비율이 정해져 있다. 교사가 교육 활동에 매진하여 누구나 인정할 만한 성과물을 내놓았더라도 낮은 등급을 받을 수 있다. 교사들의 수업 시수는 과목과 학년에 따라 다른 경우가 많다. 부장 직위는 일부 교사만 맡는다. 그런 수업 시수 차이나 부장 보직 여부가 차등 점수의 근거로 활용되어 등급 산정에 영향을 미친다. 인사와 업무 배정 과정에 보이지 않는 경쟁 구도가 조성될 수밖에 없다.

성과급제 시스템이 도입된 지 십여 년이 지나고 있지만 아직도 이 제도의 취지와 의의를 이해하지 못하고 있다. 수업 몇 시간을 더하고, 연수 시간을 얼마나 채웠는지가 교육 성과와 어떻게 연결될까. 부장 직위 유무가 학생 교육에 어떤 영향을 주기에 성과 평정 요소의 하나로 들어간 것일까. 부장 일을 맡으면 오히려 과다한 업무 처리로 인해 교육 활동이 소홀해지는 게 아닐까.

성과급제를 찬성하는 교사들은 등급이 자신의 교육력을 보증해 주는 것이라고 믿는 듯하다. 정량적인 평가 시스템에서 나온 등급을 교육 활동, 교육 성과, 교사로서의 능력과 자질을 드러내는 지표로 받아들인다. 유감스럽게도 지금 학교 현장에는 그렇게 생각하는 교사들이 점점 늘어나고 있는 것처럼 보인다. 이로 인한 결과는 고스란히 교육의 파행으로 이어진다.

> 한 학생이 성장한다고 할 때 그 성장은 연속적이다. 한 시기에 한 명의 단절적인 도움으로 도약을 이루는 경우는 매우 드물다. 그렇기 때문에 대다수 인간의 활동은 시공간적으로 공동의 산물이 될 수밖에 없다. 시간적으로 연속인 것은, 듀이가 말한 것처럼 성장이란 경험의 연속적인 갱신을 의미하기 때문이다. 공간적으로 연속인 것은, 학생이 교사와의 일대일 관계를 통해서만 성장하는 것이 아니라 그를 둘러싼 다른 학생들, 교사들 그리고 주변 환경과 종합적으로 교류하며 성장하는 것이기 때문이다. 그런데 학생의 성장을 측정하고 그 결과에 따라 누군가가 보상을 받는다는 것은 그 학생의 성장을 단절적으로 바라본다는 것을 의미한다. 또한 학생 자신이 성장의 주체가 아닌 교사 노력의 결과물로 대상화된다. 학생의 주체성이 제거되는 것이다.
>
> 엄기호, 『교사도 학교가 두렵다』, 252~253쪽.

성과급제는 '강탈' 시스템과 비슷하다. 성과급 예산은 교육 공무원 각자에게 돌아가야 하는 봉급의 일부에서 뗀 돈을 이용해 조성한 것으로 알려져 있다. 교사들은 등급에 따라 돈이 차등적으로 지급되는 성과급제 시스템에서 좋은 등급을 받기 위해 동료 교사와 경쟁한다. 눈으로 보기 힘든 '진짜 교육'이 아니라 눈에 보이는 결과물에 집착하는 '가짜 교육'에 몰두한다. 강탈 시스템이 지배하는 교무실에서 교사들은 시나브로 '성과'의 노예가 되고 있다.

점수 시스템이 지배하는 교무실

교사를 통제하는 시스템이 또 있다. 시행된 지 5년이 지난 교원능력개발평가제도(교원평가제)다. 애초 정부는 교사들의 전문성을 키울 수 있다는 명분을 내세우면서 교원평가제를 강하게 밀어붙였다.

정부는 교원평가제를 법률 사항으로 판단하고 〈초·중등교육법〉의 개정을 통해 교원평가제를 실시하려고 했다. 그런데 여야의 국회 논의 과정에서 정치적 공방이 오가면서 상황이 여의치 않게 전개되었다. 이에 정부는 대통령령인 〈교원 등의 연수에 관한 규정〉에 교원평가에 관한 장을 삽입해 현재까지 제도를 강제하고 있다. 국회가 가지고 있는 입법권을 침해하면서까지 정부 독단으로 제도를 도입해 시행하고 있는 것이다.

당시 정부가 내세운 명분 중 하나가 높은 찬성 여론이었다. 교원평가제를 통해 부적격 교사를 가려낼 수 있다는 기대감이 높은 찬성 여론의 밑바닥을 채우고 있었다. 교직 사회가 경쟁력을 높이기 위한 별다른 노력을 하지 않고 '철밥통'이라는 '열매'만 따먹고 있다는 불만도 한편에 있었다. 교원평가제 찬성론자들은 실적과 성과를 중심에 놓는 평가 시스템을 도입함으로써 교직 사회에 진정한 경쟁력을 가져올 수 있다는 논리를 내세웠다. 그들의 '꿈'이 실현되었을까.

2015년 7월 1일 교육부는 '교원평가제도 개선' 공청회 자리에서 교원평가제 시안을 내놓았다. 개선 시안 작성을 담당한 연구진이 내놓은 조사 결과는 개인성과급제와 교원평가제의 도입 취지 달성도 '부정 의견'이 각각 43.4퍼센트와 51.2퍼센트로 나타났다. '긍정 의견'은 각각 26.6퍼센트와 21.0퍼센트였다. 최초 도입 취지를 살렸다고 말하기 힘든 수치들이다.

교원평가는 학생만족도조사, 학부모만족도조사, 동료교원평가로 이루어진다. 학생만족도조사는 초등 4학년부터 고교 3학년까지 참여한다. 최초 도입 단계부터 문제 제기가 많았다. 감정에 치우친 평가, 집단평가에 따른 또래 집단의 영향, 인기투표 가능성 등이었다.

비판 여론이 빗발치자 정부가 보완책을 내놓았다. 조사 시작 전 교원평가제의 취지, 목적, 문항의 의미, 결과 활용 등을 학생들에게 설명하게 했다. 각급 학교에서 만족도조사와 관련한 안내문을 만들어 학생들에게 배포하고, 담임교사들에게 조회와 종회 때 특별교육을 하게 하자는 방안도 내놓았다. 그런 노력에도 불구하고 학생만족도조사의 한계와 문제점이 줄어든 것 같지는 않다. 대다수 학생들이 교원평가 자체에 관심이 없다.

학부모만족도평가도 문제가 많다. 학부모만족도평가는 공개 수업 참관을 바탕으로 이루어진다. 교사들은 공개 수업 일정을 계획, 지정한 뒤 수업지도안을 제출해야 한다. 일상적인 수업을 공개함으로써 학부모와 교사가 자연스럽게 소통하게 하자는 수업 공개의 취지를 살리기 힘든 시스템이다.

학교에서는 학부모들에게 공개 수업 참관 희망 여부를 조사하는 가정통신문을 보낸다. 학부모가 자녀 교육에 대한 열정이 높다고 해도 상당한 시간이 걸리는 일정을 확보해 공개 수업에 참관하기란 쉬운 일이 아니다. 최초 조사 시 수업 참관을 희망하는 학부모가 반별로 서너 명씩 나왔다가 당일에 한 명도 오지 않는 경우가 생긴다.

학부모 참여율이 높아질 기미가 보이지 않자 교육 당국은 '묘책'을 내놨다. 각 시·도교육청에 보낸 교원평가 관련 지침에 "학교별 학부모 참여율 50퍼센트(이상) 권장"이라는 문구를 명기하도록 했다. 각 학교들이 학부모 참여율을 놓고 경쟁을 하도록 유도하는 방식이었다.

효과가 나타났다. 일부 지역 학교에서 학부모 참여율을 높인다는 명목으로 상점제를 활용하는 일이 벌어졌다. 학부모만족도조사에 학생들을 참여시키는 파행을 저지르거나, 학부모들에게 평가 참여를 유도하는 문자메시지를 무차별적으로 발송해 학부모들로부터 항의를 받는 사례가 불거졌다.

학부모만족도조사를 위한 일련의 절차에도 문제가 많다. 학부모들은 온라인에서 만족도조사를 하기 전에 교실에서 이루어지는 공개 수업에 참관한다. 문제는 학부모가 체크하는 조사 문항에 수업만 있는 게 아니라 학생 지도, 학생 상담, 학급 운영, 학생 인권 등 여러 가지 항목이 함께 있다는 점이다. 아래는 교원평가 중 담임교사를 대상으로 하는 학부모만족도조사 문항이다.

- 담임선생님은 다양하고 효과적인 방법으로 학습 지도에 적극 임한다고 생각하십니까?(수업 실행)
- 담임선생님은 자녀가 학교생활을 잘할 수 있도록 관심을 갖고 바르게 지도한다고 생각하십니까?(생활 지도)
- 담임선생님은 학급을 즐겁고 신나게 운영하고 있다고 생각하십니까?(학급 경영)

학부모들은 각 질문에 대해 '매우 그렇다, 그렇다, 그렇지 않다, 매우 그렇지 않다, 잘 모르겠다' 중 하나를 골라 체크해야 한다. 1시간 수업 참관으로 담임교사의 수업을 얼마나 신뢰성 있게 판단할 수 있을까. 평소 학부모가 학교나 교사와 교류하거나 진정성을 갖고 소통하지 않는 상황이라면 생활 지도나 학급 운영이나 학생 인권 차원의 교육 활동을 합리적으로 판단하기 힘들다. 온라인 시스템에 체크한 만족도가 귀동냥이나 아는 학부모에게서 들은 막연한 '소문'에 근거한 것일 가능성도 배제할 수 없다.

이런 방식으로라도 평가가 이루어지는 것 자체가 중요한 게 아니냐고 반문할지 모르겠다. '소문'이 근거 없이 나돌지는 않을 테니 그것으로 평가 근거를 삼을 수 있을 테다. 그러려면 전제가 필요하다. 교원평가 결과가 교사들로 하여금 자신을 돌아보게 하고 전문성을 키우는 데 도움을 줄 수 있어야 한다. 그럴까.

교원평가 시스템은 결과를 정량화한 수치로 내놓는다. 점수가 소수점 아래까지 나온다. 교사의 열정과 능력, 품성을 온전히 드러내기가 쉽지 않다. 교육 활동에 대한 자기 성찰의 밑재료가 됨으로써 교사에게 실질적인 도움이 될 수 있는 서술식 평가 문항은 참고 사항 정도로만 활용된다.

학생만족도조사와 학부모만족도조사 결과, 동료교원평가 결과를 두루 합산한 교원평가 점수의 위력은 크다. 교사에게 주어지는 '채찍'과 '당근'을 결정하는 기준으로 쓰인다. 2012년에 통과한 '교원 등의 연수에 관한 규정(대통령령) 개정안'에 따라 기준 점수에 미달하면 강제적인 장·단기 직무연수 대상자가 된다. 우수 교원은 학습연구년 특별연수의 혜택을 받을 수 있다. 보통 점수를 받은 교원도 지표별로 맞춤형 연수를 받아야 한다.

문제는 예외 없이 나오는 '성적'으로 장·단기 연수를 받게 되는 기준 미달 교원들이다. 이들 교사는 어떤 '능력'이 부족하여 낮은 점수를 받아 연수 대상자가 되는 것일까. 교육부가 홍보하는 대로 연수를 통해 부족한 능력을 만회할 수 있는 도움을 받을 수 있을까. 장·단기 연수 대상자로 지명된 교원들은 오히려 스스로를 실패자나 낙오자로 인식하는 경향이 강하다. 장·단기 연수를 일종의 '징벌'로 받아들이기 때문이다.

교원평가제는 학교 현장에서 원성이 강한 제도 중 하나다. 2013년 1월, 정부의 대통령자문기구인 국가교육과학기술자문회의 국민의식조사에서 17개 핵심 교육정책 중 지지도가 가장 낮은 제도가 교원평가제였다. 2015년 5월 14일, 전국교직원노동조합(전교조) 부설 참교육연구소가 전국 유·초·중·고 교사 1201명을 대상으로 한 설문조사에서도 '교사를 힘들게 하는 정부정책'으로 교원성과급제(36퍼센트)와 교원평가제(30퍼센트)가 상위 항목으로 나타났다.

슈퍼맨 교사를 꿈꾸는 당신에게

몇 년 전 3학년 담임을 맡았다. 교원평가 동료교원평가에서 단 1건의 평가 결과를 받았다. 학생만족도조사와 학부모만족조사에는 결과가 없었다. 내가 받은 점수는 5점 만점 중 3~4점에 걸쳐 있었다. 백분위로 환산하면 60~80점 구간에 해당한다. '절대적으로' 보면 형편없이 나쁜 점수가 아니다. '환산평어'라는, 그해 교육부가 내놓은 '환상적인' 평가 용어에 따르면 나는 '우수' 구간에 있는 교사다.

교육부가 제시한 환산평어는 모두 다섯 구간으로 나뉘어 있다. 4.5 이상은 '매우 우수', 3.5~4.4는 '우수', 2.5~3.4는 '보통', 1.5~2.4는 '미흡',

1.0~1.4는 '매우 미흡'이다. 교평 결과 활용과 관련한 교육부의 맞춤형 연수 운영 계획에 따르면, 환산평어의 미흡(2.5 미만) 기준에 따라 능력향상 심의 대상자로 선정될 수 있다. 강제적인 연수 대상자가 될 수 있는 것이다. 다행히도(?!) 나는 '우수' 구간에 있었다. 안도의 한숨을 내쉬어도 될까.

교원평가의 목적은 교원의 전문성 지원을 통해 지속적인 능력 개발을 돕는 데 있다. 이를 위해 교원이 자신의 교육 활동 전반을 새로운 관점에서 검토·분석하는 데 필요한 자료를 제공받을 수 있도록 해야 한다. 공정하고 타당한 평가 실시 및 그 결과 활용을 통해 교원이 지속적으로 능력을 개발할 수 있도록 하기 위해서다.

교원평가를 지지하는 이들에게 묻고 싶다. 강제적으로 진행되는 현재의 교원평가 시스템으로 '교원의 전문성 진단'이 제대로 이루어졌을까. 계량화한 그런 시스템이 공정하고 타당하게 실시되고, 그 결과 활용을 통해 지속적인 능력 개발의 계기를 갖게 되었을까. 내가 경험하고 관찰한 바에 따르면 어느 것도 만족스럽게 이루어지지 못했다.

평가 시스템은 대상자의 자발성이 전제될 때 바람직한 결과를 가져온다. 과정이나 성과가 당장 눈에 잘 보이지 않는 교육 활동 분야에서는 더욱 그렇다. 3시간 수업을 했으니 그에 상응하는 구체적인 결과가 어느 정도로 나올 수 있다는 식의 이야기를 할 수 없다는 얘기다. 핀란드 같은 교육 선진국이 학생들을 대상으로 하는 직접 평가인 지필시험을 거의 치르지 않는 까닭이 여기에 있을 것이다.

교사가 동의하지 않는 평가제도는 성공하기 힘들다. 교사가 참여하지 않는 평가제도는 실효성을 거두기 어렵다. 교사를 대상화한 일방적이고 획일적인 평가제도는 역효과를 가져온다. 학교 현장의 목소리를 무시한 교육 관료의 의도와 계획에 따라 진행돼 온 교원평가제가 도입 십 년이 지나도록 학교 현장에 제대로 착근하지 못한 까닭이다.

진정한 교원평가는 교사 스스로 할 때 열매를 딸 수 있다. 학년 말에 자발적으로 평가서를 만들어 학생들에게 돌린 후 '자기능력개발계획서'를 세워 보게 하는 건 어떨까. 담임이라면 학부모와의 서신 교환이나 허심탄회한 간담회를 통해 자신의 교육 활동에 대해 피드백을 받을 수 있겠다. 동료 교사들과 교과·학년 모임에서 각자 활동을 풀어 놓고 고민을 나누면서 협력적인 수업 연구 분위기를 만드는 것도 좋은 방법이다. 그 과정에서 교사들은 자연스럽게 각자의 전문성이나 능력을 진단할 수 있게 될 것이다.

슬기로운 교사는 아무 일도 하지 않는다. 그런데 그는 하지 않는 일이 없다. 보통 교사는 언제나 바쁘다. 그에게는 아직 못한 일이 많다. 엄격한 교사는 무엇인가를 한다. 학생들이 반응을 보이지 않으면 폭력을 쓴다. 언젠가 한 선생님이 메신저로 보내온 쪽지에 적혀 있던 내용이다. 재치 속에 은근한 교훈이 담겨 있다.

선생님들은 '모범적인' 교사를 꿈꾼다. 교수·학습 전략을 체계적으로 수립하고, 수업의 도입과 진행 중에 표준적인 교사 태도를 잘 유지하기를 바란다. 아이들과 주고받는 상호작용에 공력을 들이고, 평가 내용과 평가 방법과 평가 결과를 능숙하게 활용하기를 원한다. 학업 상담과 인성 지도와 민주 시민성 교육과 동료 교원 간 협력에 능수능란한 교사를 꿈꾼다. 그들의 이상은 '슈퍼맨 교사'다.

교원평가 10년이 가져온 성과로 '슈퍼맨 교사' 반열에 오른 이들이 적지 않을 것이다. 나는 여전히 자신이 없다. 솔직히 말하면 그런 교사가 되고 싶지 않다. 교사에게 교과과정 편성권이나 평가권이 부여되지 않은 상태에서 어떤 교수·학습 전략을 수립하는가. 비민주주의적인 방식으로 작동되는 학교에서 어떻게 민주 시민성 지도를 하는가.

교원평가는 해도 된다. 그러나 지금과 같은 방식은 아니다. '당근'(학습 연구년 특별연수)과 '채찍'(능력향상 연수)이 동반되는 현행 시스템에서는 진정한 의미의 전문성 진단이나 능력 개발을 이루기 힘들다.

'당근'에 유혹되어 전문성을 계발하려는 교사가 얼마나 될까. 강제 연수라는 무서운 '채찍'을 피하기 위해 교육 활동에 임하는 교사를 진정한 교육자라고 할 수 있을까. 교육부가 바라는 교사상이나 교육 현장의 모습이 그런 것이 아님을 믿는다. 교원평가에 대한 교육 당국의 획기적인 발상의 전환이 필요한 이유다.

좋은 교사 훌륭한 교사 위대한 교사

유럽에 서식하는 어떤 나비의 애벌레들은 기어가는 모습이 특이하다. 이들은 각자 자기 앞에 있는 애벌레의 뒤꽁무니에 머리를 갖다 댄 채 줄지어 이동한다. 옆은 돌아보지 않은 채 숲길에 떨어진 떡갈나무 잎을 갉아 먹으며 계속해서 앞으로 나아간다.

곤충학자 몇 사람이 재미있는 실험을 실시했다. 곤충학자들은 애벌레의 행렬을 동그란 반지 모양으로 만들어 화분가에 올려놓았다. 애벌레들은 여전히 각자 자기 앞에 있는 애벌레의 뒤꽁무니에 머리를 박은 채 화분가를 빙글빙글 돌기만 했다. 애벌레들은 굶어 죽고 말았다. 화분 주변에는 이들이 좋아하는 떡갈나무 잎이 널려 있었다.

미국 교육학자 로런스 피터(Laurence Peter)는 『피터의 원리』에서 이 이야기를 전하며 다음과 같이 말했다.

적응 행동과 지적 능력, 그리고 선택의 자유가 인간다움을 규정한다. 그런데 위계적 퇴보[12]가 인간답게 사는 것을 점점 어렵게 만든다. 인간은 본능적 메커니즘에 따라 움직이는 애벌레가 결코 아니건만, 인간 사회에서도 위와 같은 현상은 쉽게 목격된다. 인간의 행위는 그가 사는 조직의 위계질서에 크게 좌우된다. 인간은 애벌레보다는 흡사 한 마리의 애완동물처럼 행동하는 경향이 있다. 애완동물은 외부의 압력에 지배당한다는 점에서 인간과 매우 닮았다. 위계적 퇴보에 희생당하는 인간을 '행렬하는 애완동물'에 비유할 수 있을 듯하다. 그런 사람들에게 인생이란 그저 카드에 구멍을 뚫고 서류를 작성하고 의미 없는 행사를 진행하는 것에 불과하다.

로런스 피터, 『피터의 원리』, 292쪽.

로런스 피터에 따르면 '행렬하는 애완동물'은 '보통 사람', '침묵하는 다수', '대중사회의 인간', '소비자' 등 다양한 이름을 갖는다. 이들은 업무 내용에는 냉담하면서 더 나은 관료 절차를 만드는 데에는 진지하고 열성적이다. 이들은 일 자체가 지니는 의미보다 일을 하는 방식에 훨씬 큰 가치를 둔다.

위계적 퇴보가 만연하면 삶의 질이 떨어지고 가능성 있는 사회 조직들이 비능률적이고 구태의연한 거대한 관료조직으로 전락한다. 위계조직에서 뛰어난 인재들이 사라지면 재미있는 일이나 재미있는 사람이 없어지고 조직에 순응하는 평범한 사람들만 남게 된다. 조직은 구성원들의 개성을 몰살한다. 그 결과 사람들은 주어진 절차에 따라서 기계처럼 움직일 뿐이면서도 주어진 임무를 스스로 성실하게 수행했다고 믿는다.

12. 관료주의가 과도하게 작동하는 조직 안에서 구성원들이 제 능력을 갖지 못하거나 제대로 발휘하지 못하는 현상을 가리킨다.

안타깝게도 우리 시대의 많은 교사들이 거대한 통제 시스템 아래서 살아가고 있는 듯하다. 그들은 '행렬하는 애완동물'이 되어 관리자의 지시에 순응한다. 교장이 매기는 점수는 성과 평정에서 비중이 높다. 승진 여하가 교장에게 달려 있다. 교감 눈 밖에 나면 하루하루가 피곤하다. 매끄러운 공문 처리와 다채로운 행사 기획으로 자신의 능력을 보여 줄 수 있다 여긴다.

교직 생활을 오래 할수록 진정으로 불태워야 할 신념과 열정은 가슴에서 떠나간다. 아이들과 함께하는 보람과 즐거움은 젊은 시절의 기억 한 토막으로 남아 있다. 대신 교사들은 시스템을 맹종한다. 시스템이 지정하는 시간과 근무 방식이 아니면 창의적인 시도를 하려 하지 않는다.

존 테일러 개토는 『바보 만들기』에서 '교사들의 일곱 가지 죄'를 열거했다. '혼란'. 교사들은 아이들에게 제멋대로 관계의 단절을 가르쳐 그들을 혼란스럽게 만든다. '교실에 갇혀 있기'. 교사는 아이들이 교실에 구속되도록 하면서 그들에게 교실에서 나가지 말라고 가르친다. '무관심'. 교사는 아이들이 다른 것에 지나친 관심을 갖지 않도록 한다. 오로지 교사 자신에게만 집중하게 만든다. '정서적 의존성'. 교사는 아이들에게 의지를 버리고 정해진 지휘 체계에 복종하도록 가르친다. '지적 의존성'. 아이들은 교사가 지시하는 것만을 공부해야 한다. '조건부 자신감'. 아이들의 자신감은 전문가(교사)의 의견에 얽매여야 한다. 이를 위해 아이들은 평가와 판별을 받아야 한다. '숨을 곳이 없다'. 교사는 아이들에게 "너희들은 항상 감시되고 있다, 나와 내 동료들이 끊임없이 너희 하나하나를 살피고 있다"라고 가르친다.

개토가 통찰한 것처럼 대다수 평범한 교사는 세상일에 무심하기를 강요받는다. 세상일은 '그들'의 일이다. 교실 바깥에 눈길을 돌리는 아이들에게는 정신줄 놓지 말라고 호통을 친다. 세상일에 무관심할 것을 강요한다. 그렇지 않으면 인생 망친다며 위협한다.

교사들은 인생살이가 원래 그렇다며 세상 물정을 들먹인다. 세상이 어지러울수록 한눈팔지 말라는 교사들의 이야기를 얼마나 많이 들었는가. 세상이 시끄러울수록 더 열심히 공부해야 한다는 교사의 말에 얼마나 많은 아이들이 고개를 끄덕였는가.

개토가 맞다. 스스로 세상에서 격리되는 교사는 '죄인'이다. 우리나라의 보통교육은 〈초·중등교육법〉에 따라 이루어진다. 이 법 제20조 제4항에 따르면, 교사의 유일한 임무는 법령이 정하는 바에 따라 학생들을 교육하는 것이다. 교사는 준準법정문서인 국가교육과정과 그에 따라 만들어진 교과서를 가르치면 된다. 그러므로 교사는 합법적인 '죄인'이다.

개토가 갈무리한 교사의 죄는 죄가 아니다. 국가가 명령한 것이기 때문이다. 개토에게는 죄이겠으나 국가에게는 죄가 아니다. 교사는 죄가 없다. '혼란'의 수업을 할수록 교사는 국가에 충성하는 모범 시민이 된다. 국가가 명령한 교사가 갈 길은 '무관심'의 교육이다. 그들 앞에는 비유법과 미적분과 교과서에 갇힌 민주주의만 있다.

그러나, "좋은 교사는 잘 가르친다. 훌륭한 교사는 스스로 해 보인다. 위대한 교사는 제자들의 가슴에 불을 지핀다." 영국의 수학자이자 철학자인 앨프리드 노스 화이트헤드(Alfred North Whitehead, 1861~1947)가 한 말이다. 나는 어떤 교사를 꿈꾸고 있을까.

5장
착한 아이들의 역습

청백리상을 받은 '개' 같은 관료

김남주(1946~1994)는 한 시대를 시인으로 살다 간 이였다. 극악한 군부 독재가 광풍처럼 몰아치던 1970~1980년대였다. 불의의 권력자들을 향해 서늘한 날을 세운 그가 손에 쥔 유일한 무기는 시의 옷을 입은 언어였다. 「어떤 관료」도 그런 무기 중 하나였다.

> 관료에게는 주인이 따로 없다!
> 봉급을 주는 사람이 그 주인이다!
> 개에게 개밥을 주는 사람이 주인이듯
>
> 일제 말기에 그는 면서기로 채용되었다
> 남달리 매사에 근면했기 때문이다
>
> 미군정 시기에 그는 군주사로 승진했다
> 남달리 매사에 정직했기 때문이다

자유당 시절에 그는 도청과장이 되었다
남달리 매사에 성실했기 때문이다

공화당 시절에 그는 서기관이 되었다
남달리 매사에 공정했기 때문이다

민정당 시절에 그는 청백리상을 받았다
반평생을 국가에 충성하고 국민에게 봉사했기 때문이다

나는 확신하는 바이다

아프리칸가 어딘가에서 식인종이 쳐들어와서
우리나라를 지배한다 하더라도
한결같이 그는 관리 생활을 계속할 것이다

국가에는 충성을 국민에게는 봉사를 일념으로 삼아
근면하게 정직하게!
성실하게 공정하게!

관료는 '근면'하고 '정직'하며 '성실'하고 '공정'하다. '청백리상'까지 받았으니 사람들이 본보기로 삼을 만하다. 그런 사람이 시인의 눈에 왜 '개'처럼 보였을까. 시인이 '개'에 빗댄 '관료'를 상상해 본다. 그는 늘 반듯한 품행을 유지했으리라. 가지런히 빗어 넘긴 머리에는 흐트러진 머리카락 한 올 없었을 것이다. 싼 넥타이나마 단정히 맨 격식 있는 옷차림은 사철 똑같지 않았을까.

　그는 남달리 성실하고 헌신적이었으리라. 남들보다 이르게 출근해 느지막이 퇴근했을 것이다. 누가 뭐라 해도 묵묵히 자신의 일에 최선을 다했을 것이다. 조직과 윗사람을 향한 절대 복종이 몸에 배어 있어 그것이 국가와 국민에 헌신하는 길임을 굳게 믿고 있었을 것이다. 한마디로 그는 '착한 관료'였을 것이다.

　그의 '착함'은 진짜였을까. 그가 산 시대, 그가 떠받들었던 권력을 살펴본다. '일제' 시대였다. '미군정' 체제였다. 국권이 없던 시대, '가짜 국가' 시대였다. 다른 나라 군대가 권력을 휘두르고 있었다. 힘없는 민중은 굴종의 삶을 살아야 했다. 그는 '근면'과 '정직'으로 '가짜 국가'를 섬겼다.

　'자유당'과 '공화당'과 '민정당'이 들어섰다. 독재와 쿠데타로 권부를 장악한 '이승만', '박정희', '전두환'의 다른 이름이었다. 또 다른 '가짜 국가'들이었다. 그 모두를 위해 그는 '성실'과 '공정'으로 무장했다. '진짜 국가'와 '진짜 국민'은 섬기지 않았다. 그가 섬긴 건 부당한 외세와 독재자들이었다.

　'개'라고 해서 편견을 가질 필요는 없다. 근면하고 정직한 그는 모질거나 악하지 않다. 출세를 위해 꾸준히 외길을 달려왔으므로 주변 사람들에게 차가운 모습을 보였을 수 있다. 모든 사람을 위한 것이었다. '성실'과 '공정'으로 직무에 '충실'하고, '법과 원칙'에 따라 일을 처리했다. 겉으로 보이는 그는 '착한' 사람처럼 보인다.

　다시 아이히만을 떠올린다. 그는 성실하게 자신의 책무에 최선을 다했다. 하나 아렌트의 관찰에 따르면 아이히만에게는 특별히 잘난 체하는 천박함이 있었다고 한다. 그뿐이었다. 그것을 제외하면 아이히만은 인격적으로 별다른 흠결이 없는 사람이었다.

아이히만에게 결여되었던 것은 타인에 대한 공감이었다. 그는 자신의 행위가 유대인들에게 가져올 결과를 고려하지 않았다. 유대인을 분류하고 수용소로 보내는 자신의 임무에 충실했을 뿐이다. 아렌트가 특별히 강조한 것처럼 그를 그렇게 만든 것은 '순전한 무사유sheer thoughtlessness' 였다.

조직이나 시스템의 하부에서 살아가는 사람이 상부의 부조리한 지시를 거부하기란 쉽지 않다. 불이익과 차별, 조직으로부터의 배제가 기다리기 때문이다. 사람의 선한 본성과 악한 행위 사이에는 상관성이 별로 없다. 오히려 조직에 충성하는 것이 선한 것이라는 믿음으로 상부에서 내려오는 부당한 명령을 자연스럽게 받아들인다.

이제 그에게는 기계적인 삶이 이어진다. 비판적인 의식은 멀어지고 명령과 지시에 따르는 순응주의자가 된다. 아이히만은 악한이 아니었다. 자신의 직무에 충실한 모범적인 군인이었다. 수배를 피해 국외로 도주할 때 그는 가족을 데리고 갔다고 한다. 냉혹한 이기주의자였다면 그렇게 하지 않았을 것이다. 아이히만의 모습에서 '착한 가장'의 역설을 본다. 선이 악이 되는 패러독스가 이렇게 해서 이루어진다.

착한 사람들은 착하지 않았다

김남주의 '관료'와 히틀러 치하의 아이히만은 우연의 산물이 아니다. 그들은 태어날 때부터 사악한 악마의 자식이 아니었다. 부모는 평범하고 성실한 사람들이었을 것이다. 그들을 가르친 교사들은 '인재'를 키우겠다는 신념과 열정이 가득 넘치는 교육자들이었을 것이다.

대한민국 학교는 조그마한 개인에게 국가라는 거대한 권력을 주입시키는 구실을 한다. 프러시아식 의무 학교교육과 이를 이어받은 일제강점기의 주입식 교육의 유산이 살아 있다. 국가와 개인은 주종의 관계로 자리매김된다. 아이들은 파편화한 지식 교육을 12년간 받는다. 무언가를 스스로 생각할 수 있는 기회를 별로 갖지 못한다. 힘과 권위에 복종하며, 세상 문제를 비슷하게 바라보는 사람이 되어 학교 문을 나선다. '소시민'이 만들어지는 토대들이다.

> 이런 '소시민'은 정책을 결정하는 사람들에게 대들 수가 없지요. 설혹 불만이 있다고 하더라도 그걸 한결같이 지닐 줄도 모르고 넓게 생각할 줄도 모르니까요. 그래서 학교교육을 잘 받은 아이들은 비판하는 생각을 할 줄 모르고 올바르게 토론할 줄을 모르는 겁니다.
>
> 존 테일러 개토, 『바보 만들기』, 52쪽.

『서부전선 이상 없다』로 유명한 소설가 레마르크와 기독교 사상가 본회퍼에 따르면 제1~2차 세계대전은 교사들의 속임수와 스스로 생각하는 이성 능력을 없애 버린 독일식 학교교육의 결과였다. 개토가 보기에 독일식 학교교육은 교사가 아이들에게 그들이 해야 할 일과 그들이 한 일의 옳고 그름을 말해 줄 때까지 아이들에게 가만히 기다리라고 가르치는 일에 초점을 맞추었다. 우리는 그런 아이들을 '착하다'고 말한다. '관료'와 아이히만은 그런 '착한' 아이들의 후신이 아닐까.

세상의 악은 도덕성이 타락한 악마 같은 인간들 때문에 만들어지지 않는다. 인간의 존엄을 억압하는 거대한 시스템, 그런 시스템에 저항하지 않고 복종하도록 길러지는 교육에 말미암을 때가 많다.

큰딸은 아침마다 등교 인사를 한다. 딸아이에게 말한다.

"학교에서 선생님, 친구들이랑 잘 놀고 와."

초등학교 4학년이다. 잘 노는 게 중요한 때다. 충분히 잘 놀았을 때 공부가 즐거워진다. 다른 사람들은 그렇게 여기지 않는 것 같다.

"학교 가면 선생님 말씀 잘 듣고, 친구들과 사이좋게 지내면서 공부해야 해. 그래야 착한 아이가 될 수 있어."

부모들이 많이 쓰는 말들 중 하나다. 이런 말도 즐겨 한다.

"어른들 말씀 잘 들어야 착한 아이지."

'착한' 아이를 싫어할 부모나 어른은 없을 것이다. 문제가 없을까. 아동심리학자 문은희는 『엄마가 아이를 아프게 한다』에서 아이 잘되라고 하는 그런 말들이 아이를 힘들게 한다고 말한다. 아이들을 심리적으로 지치게 하고 그들에게 상처를 주기 때문이다. 착하다는 것이 무엇인지 모르는 아이에게 '착해야 한다'고 말하는 것은 보이지 않는 폭력이 될 수 있다.

'착한 아이' 담론은 아이가 진정으로 착하게 자라기를 바라는 데서 나온 것일 테다. 항상 그런 것이 아니라는 게 문제다. 어른들이 내뱉는 '착한 아이' 담론은 자신들의 삿된 욕망에 터를 잡고 있을 때가 많다. 아이를 통제하고 지배하려는 삿된 욕심과 같은 것 말이다.

문은희는 부모가 아이에게 주고 싶은 사랑이 아니라 아이가 받고 싶은 사랑을 주어야 한다고 말한다. '착한 아이'가 되라는 것은 부모가 주고 싶은 사랑이지 아이가 받고 싶은 사랑이 아니라는 말이다. '착한 아이' 담론이 아이들에게 반감을 가져오는 경우가 많은 까닭이다.

형제들과 자주 다투고 거짓말을 하는 아이가 있다. 부모에게 듣는 잔소리가 못마땅하다. 가끔 어깃장을 부리면서 '나쁜 아이'가 되고 싶다. 부모는 "착한 아이 돼야지"라는 말을 입에 달고 산다. '착한 아이'가 되고 싶다가도 반발심이 생긴다. '더 나쁜 아이'가 되고 싶어진다. 속으로 '나는 나쁜 아이인데' 하며 스트레스를 받고 상처를 입을 수 있다.

'착하다'라는 형용사는 부모나 친척 어른들만 즐겨 쓰는 말이 아니다. 학교 교사들 역시 '착한 아이' 담론의 단골 주인공이다.

"요새 애들은 대체 말이 안 통해. 정말 착한 애들이 얼마 없어."

"선생님 반 애들은 말을 잘 들어요. 정말로 착한 것 같아요."

"착한 애들이 공부도 잘하는 법이지. 자고로 애들은 착해야 해."

'착하다'는 교사들이 일상 대화에서 가장 많이 쓰는 말들 중 하나다. 중립적인 의미의 형용사가 아니다. 아이들을 바라보는 교사의 시선을 결정하고, 학교교육을 통해 길러지는 인간상을 규정하는 말로 보인다. '착하다'가 그런 구실을 할 수 있을까. '착하다'는 착하기만 한 말일까.

'착한 아이' 담론에 빠진 교사들

'착하다'를 가리키는 한자는 '善(선)'이다. 사전에서는 '善'의 근원을 '좋다'로 풀이한다. 善은 금석문에서 '羊(양)' 아래쪽 좌우에 '言(언)'이 나란히 서 있는 모습으로 쓰여 있다. '言'이 병립한 글자 '誩(경)'은 각각 원고와 피고의 발언을 뜻한다. '羊'은 '神(신)'이다. '善'의 자원字源인 '좋다'는 양을 신으로 하여 원고와 피고 양자가 서로 좋은 결론을 구하는 모양에서 나왔다. '착하다'가 어느 한쪽의 일방적인 헌신이나 복종으로 이루어지는 게 아님을 알 수 있다. 착함은 상호작용 속에서 가능하다.

우리말 형용사 '착하다'에는 '곱고 어질다'는 뜻이 있다. '어질다'는 '너그럽고 덕행이 높다'는 말이다. 마음이 넓어 감싸 받아들이는 성질이 있을 때 '어질다'고 말한다. 이는 내적 품성이다. "어진 임금", "어진 선생님"이라고 말할 때의 그것이다. '어질다'에는 높은 덕행도 포함된다. 이는 외적으로 드러나는 행동이다. '착하다'는 내면의 자질과 외적 행실이 결합되어 있을 때 쓸 수 있는 말이다.

교사들이 말하는 현실 속의 '착하다'는 이런 '이상적인' 착함과 다르다. '요새 애들은 대체 말이 안 통해' 담론을 보자. 이때의 '착함'은 무엇으로 판별될까. "대체 말이 안 통해"라는 말이 핵심 단서다.

교사의 말이 아이들로부터 '거울 반사' 될 때가 많다. 교사는 속이 상한다. 교사가 (자신이 보기에) 좋은 말을 해도 아이들은 들으려 하지 않는다. 교사는 자신의 말이 무시되는 상황을 그대로 받아들이기 힘들다. 자존심에 상처를 입는다. 아이들이 왜 자신의 말을 '거울 반사' 하는지 차분하게 돌아보지 않는다. 상황의 책임을 아이들에게 묻는다. "요새는 착한 애들이 정말 별로 없어"와 같은 말이 나온다.

'선생님 반 애들은 말을 잘 들어요' 담론은 대개 담임교사들 간 대화에서 이루어진다. 찬찬히 따져 보자. 말을 잘 듣는 것이 어떻게 왜 착한 것과 연결될까. 논리는 단순하다. 아이들은 교사 말에 복종하는 대상이다. 이들 사이에는 명령과 복종, 지시와 순종의 메커니즘이 작동되어야 한다.

미혹되지 않을 교사가 얼마나 있을까. 말을 잘 듣는 아이는 교사를 편하게 하지 않을까. 교실에서 교사와 아이들 사이에 형성되는 권력과 권위의 문제는 미묘하고 복잡하다. 모든 상황을 차분하고 섬세하게 판단하기가 힘들다. 교사는 자신의 말에 순종하는 아이들을 지레 착하다고 판정한다. 이때의 착함은 '善'의 뿌리에 함축되어 있는 상호작용과 무관하다.

'착한 애들이 공부도 잘해' 담론 역시 마찬가지다. '착한 애들'은, 부지런히 공부하라는 교사의 명령과 지시에 잘 복종해서 그렇게 평가받는 것일까. 조금 이상하다. 공부 좀 한다는 아이들 중에 제멋대로인 경우가 있지 않은가. 수업 시간에 따지듯 질문하는 아이는 대개 우등생이다. '차가운' 전교 1등의 이미지를 떠올려도 되겠다.

'착한 애들이 공부도 잘해' 담론은 사실에 근거한 주장이 아니다. '착해야' 공부를 잘하고 좋은 성적을 얻을 수 있다는 말은 아이들을 유인하기 위해 만들어 낸 구호에 불과해 보인다. 이 담론이 맞다면 우리 사회에서 잘나가는 상류층은 도덕적으로 완벽해야 하지 않을까. 분명 학교에서 공부를 잘했을 그들은 '착한' 아이로 학창 시절을 보냈을 테니까 말이다.

아이들의 '착함'을 일률적으로 규정하기란 쉬운 일이 아니다. '착하다'는 말은 대상에 대한 가치 평가를 전제로 한다. '가치'는 한두 사람의 몇 가지 관점으로 규정하기 힘들다. 일반적이고 보편적인 것이 있기는 하겠다. 문제는 그 '일반'과 '보편'마저도 특정하기가 쉽지 않다는 점이다. '착하다'는 말을 함부로 써서는 안 되는 이유다.

교사의 말을 '거울 반사' 하는 아이들이 나쁜가. '거울 반사'는 아이들의 착함이나 나쁨과 무관하다. 그것은 교사가 하는 말에 문제가 있기 때문에 생겨나는 것이다. 교사의 말에는 주로 그 자신의 관점과 입장이 포함되어 있다. 아이의 처지와 생각이 고려 대상이 아닐 때가 많다. 그러니 '거울 반사'의 이유에 대한 진단과 분석은 아이가 아니라 교사 자신으로부터 시작되어야 하지 않을까.

'관료'와 '아이히만'을 길러 내는 교육

교사가 '착한 아이론'에 빠지는 이유가 무엇일까. 교육은 다양한 주체들의 상호작용이 복잡하게 얽혀 있는 시스템이다. 다양성을 바탕으로 교실 민주주의가 제대로 작동되어야 하는 이유다. 불행하게도 현재의 교육 시스템은 단절과 분열을 조장한다. 한 주체는 다른 주체와 분리되어 있다. 그들은 시스템의 지배를 받는 대상물이 된다. 구조에 종속되는 교사는 교육의 본질에서 멀어진다. 치열한 경쟁 구조 속으로 내던져진 아이들은 친구들로부터 소외된다.

두려움과 공포가 그들을 짓누른다. 분리와 소외, 두려움과 공포는 그저 생겨나는 자연스러운 현상이 아니다. 미국에서 '교사들의 교사'로 불리는 파커 파머(Parker Palmer)는 『가르칠 수 있는 용기』에서 공포의 힘을 이야기한다. 그는 교육의 외부적인 구조가 인간 내면의 한 풍경인 공포에 뿌리박고 있기 때문에 우리를 분열시킨다고 말한다.

파머에 따르면 우리는 제도화한 교육 시스템과 너무나 쉽게 야합한다. 교육 시스템이 우리 내면의 공포를 너무나도 잘 이용하기 때문에 우리는 시스템의 개혁에 불안해한다. 그것은 교사를 동료 교사와 학생, 교과, 그 자신으로부터 떼어 놓는다. 상호작용을 방해한다. 공포는 교직 생활 30년째를 맞은 탁월한 교육자라고 비껴가지 않는다.

교직 생활 30년째이지만, 아직도 공포는 내 주위에서 어른거린다. 교실에 들어올 때마다 마음 한구석에서 공포가 고개를 쳐든다. 내가 학생들에게 질문을 했는데 마치 못할 짓이라도 요구한 것처럼 학생들이 침묵을 지키고 있을 때 온갖 공포가 나타난다. 내가 통제하기 어려운 상황을 만났을 때, 가령 바보 같은 질문이 나왔을 때, 말도 안 되는 갈등이 벌어졌을 때, 내가 헤매기 때문에 학생들도 헤매는 강의를 할 때 공포는 어김없이 찾아온다. 껄끄러운 강의를 가까스로 마친 날은 강의가 끝난 지 한참 후까지도 나는 여전히 공포를 느낀다. 나쁜 교사라는 의식에 나쁜 사람이라는 느낌마저 추가된다.

파커 파머, 『가르칠 수 있는 용기』, 91쪽.

파머는 학교라는 제도가 생생한 만남의 위협으로부터 우리를 보호해 주는 여러 가지 방법을 제공한다고 말한다. 그런데 학생들은 교사와의 생생한 만남을 피하기 위해 노트와 침묵 뒤로 숨는다. 교사는 살아 있는 학생들을 회피하기 위해 자신의 교단과 경력과 권위 뒤로 몸을 가린다. 동료 교사들과 맺는 관계를 두려워하여 각자의 전공 분야 뒤로 몸을 감춘다. 그런 식으로 우리는 자신과의 생생한 만남을 피하기 위해 자기 소외의 기술과 분열된 생활을 지속하는 방법을 배운다.

학교의 주체들이 생생한 만남을 두려워하는 것은 무엇 때문일까. 파머는 다양성을 두려워하는 공포에서 답을 찾는다. 그의 논지를 조금 더 들어 보자.

타자를 거부하는 동일성의 우주에 산다면 우리는 자신과 세계에 대하여 진실을 확보했다는 환상을 품을 수 있다. 그러나 다양성을 인정하면 그 순간부터 우리의 관점, 경험, 방법이 유일한 것이 아님을 알게 된다. 일상생활의 바탕이 되었던 각자의 진리가 취약한 것으로 느껴지기 시작한다. 이제 우리는 공포의 문턱에 한 발짝 더 다가서게 된다. 다양한 진리들이 만날 때 갈등이 발생할지도 모른다는 공포다.

갈등의 공포 다음에는 정체성의 공포가 이어진다. 파머에 따르면 사람들은 자신의 생각을 자기 자신의 것으로 생각한다. 그래서 타자와의 경쟁적인 만남에서 패배하면 상대방보다 훨씬 더 많은 것을 잃게 된다고 판단한다. 고유의 정체성을 상실할지도 모른다는 공포에 빠지게 된다는 것이다.

이와 같은 정체성의 공포는 또 다른 심각한 공포의 밑바탕이 된다. 타자와의 생생한 만남이 우리에게 변화를 받아들이라고 요청함으로써 우리 자신을 아예 바꾸어 놓을지도 모른다는 공포다. 파머는 이와 같은 공포가 여러 가지 위협 중에서 가장 두려운 것이라고 말한다. 교사가 배우고 가르치는 또 다른 방식을 떠올리는 것이 간단하게 이루어질 수 있는 일이 아님을 알 수 있다.

그러나 공포와 두려움은 교사에게 좋은 자극제가 될 수 있다. 아이들을 두려워한다는 것은 그들을 더 잘 가르치겠다는 신호가 아닐까. 수업이 실패할지도 모른다는 두려움은 수업을 더 잘하고 싶다는 강력한 바람일 수 있다. 알베르 카뮈는 "여행이 가치 있는 것은 두려움을 주기 때문이다"라고 말했다. 파머는 카뮈의 이 말이 낯선 진리를 찾아 아이들과 함께 생소한 땅으로 떠나는 교사에게 그대로 적용될 수 있다고 말한다. '착한' 아이만 찾는 이 땅의 교사들이 한 번쯤 새겨보아야 하는 말이다.

교사의 말을 잘 듣는 것이 '착한' 것이라면, 그것은 순종의 가면을 쓴 위장된 '착함'에 불과한 것이 아닐까. '착한' 아이들은 민주주의 공화국이 원하는 올바른 시민의 모습이 아니다. 민주주의는 구성원 각자의 다양한 목소리가 어우러질 때 제대로 작동하는 체제다. 단순한 '착함'보다 스스로 당당하게 설 수 있는 주체성이 필요하다. 그것이 교사를 두렵게 하고 내면을 뒤흔들지라도 말이다.

'착한' 아이들은 언젠가 우리 사회를 역습할 것이다. 교사에게 고분고분 순종하기만 하고, 아무 말 없이 자기 공부만 하는 아이들이 교사의 말을 거부하는 아이들의 보이지 않는 내면을 이해하기는 힘들다. 그 아이들이 가지고 있을지 모르는 불우함을 공감하듯 받아들일 수 없을 것이다. '착한' 사람들이 넘쳐나는 사회가 역설적이게도 선한 곳이 될 수 없는 이유다. 말없이 성실한 '관료'와 '아이히만'을 키워 내는 교육은 세상을 '괴물'이 넘쳐나는 곳으로 만든다. 악한 세상은 '착한' 사람들이 만든다.

2부

교사,
아이를 만나다

1장
교사는 무엇으로 사는가

가르치라 더 잘 가르치라

　교사는 가르치는 사람이고 학생은 배우는 사람이다. 이 말에 딴죽을 걸고 싶다. 무엇을 가르칠 것인가. 교사가 가르치는 내용은 정해져 있다. 국가교육과정과 교과서다. 교사는 그 안에 있는 것들을 전달하면 된다. 어떻게 가르칠 것인가. 교사용 지도서가 친절하게 도와준다. 출판사들이 만들어 놓은 참고서가 있다. 수업 설계에 필요한 도구와 자료들이 가득 담겨 있다.

　아이들이 배우는 것은 자신의 것이 아니다. 스스로 생각하여 깨달은 것이 아니다. 아이들은 교과서와 교사용 지도서와 참고서를 받아들인다. 목소리를 낼 기회는 원천적으로 차단된다. 가끔 이루어지는 그들의 말하기는 교육과정이 체계적으로 짜 놓은 지식의 위계 구조에서 벗어나지 않는다.

　이제 아이들은 학교와 수업과 배움으로부터 도주한다. 생각하지 않는다. 교사들이 "요새 아이들은 생각하지 않는다"라고 말할 때의 '생각'에조차 아이들의 것은 없다. 교사가 말하는 '생각'은 교육과정과 교과서가 규정한 것이다. 무언가를 배우면 배울수록 아이들은 자신과 타인으로부터 소외된다. 누구도 의도하지 않은 악순환이다.

교사도 똑같은 상황에 직면해 있다. 시선은 교과서에 머무른다. 국가교육과정이 지정하는 학습 목표와 단원 활동이 손을 붙잡는다. 배점, 영역, 난도, 성취 기준 등의 평가 관련 요소들이 교사를 통제한다. 가르치고, 더 잘 가르치라는 압박이 끝없이 이어진다.

이런 질문을 던져 보자. 교사는 가르치는 전문가인가. 근대식 교육의 출발기에는 그랬던 것 같다. 18세기 초 시작되어 근대 학교의 시원이 된 독일의 의무교육 시스템이 요구한 교사상이 증거다.

존 테일러 개토에 따르면 1819년부터 시작된 최초의 의무교육 제도는 위계적인 3단계 시스템을 바탕으로 했다. 1단계에서는 지배자가 되기 위한 학생들을 가르쳤다. 2단계에서는 지배자의 조력자나 의사, 변호사 등 전문가가 될 학생들을 다루었다.

대다수 아이들을 대상으로 하는 교육은 3단계에서 이루어졌다. 여기에서는 지배자들이 갖는 권위에 대해 학생들이 확고하게 복종하도록 하는 교육을 실시했다. 전체 인구의 90퍼센트 이상을 아우르는 피지배자 교육이 3단계에서 이루어졌다.

근대적인 공교육 시스템은 의무교육으로 출발했다. 교사들의 책무는 일방적으로 가르치는 일이었다. 기성 체제를 강화하는 획일적인 주입식 교육이 핵심이었다. 교육학자들은 교사의 임무가 학생들이 기존의 지배질서를 받아들이도록 가르치는 것이라고 보았다. 이때 교사는 지원자나 조력자가 아니라 감독관, 지휘자였다.

교사가 통제와 훈련을 통해 아이들을 사회화해 기존 질서 체계 안으로 편입시켜야 한다는 시각은 뿌리가 깊다. 우리나라의 봉건적인 교육 시스템 안에 그런 '철학'이 깃들어 있다. '가르치다'를 가리키는 '교敎' 역시 그런 의미를 내포하고 있다.

　교육학자 서근원은 『학교 혁신의 패러독스』에서 우리나라의 교육 시스템을 분석하면서 '교민敎民'과 '회인悔人'이라는 개념을 끌어왔다. 교민은 백성(피지배자)에게, 회인은 군주(지배자)에게 적용되는 교육 방식이었다.

　　교민敎民에서 교敎는 효孝와 지攴가 결합하여 만들어진 글자다. 여기서 효孝는 누구나 받아들이고 따라야 하는 사회적 규범을 상징하고, 지攴는 나뭇가지 모양을 본뜬 것으로서 회초리 또는 강제를 상징한다. 민民은 사람이 등에 짐을 지고 동굴로 들어가는 모양을 본뜬 글자로서 백성 또는 피지배자를 뜻한다. 따라서 교민敎民은 지배자가 백성 또는 피지배자들에게 사회적 규범이나 질서, 또는 정답과 같은 것을 강제로 가르치는 일을 뜻한다. 이 과정에서 피지배자인 민民은 수동적인 위치에서 지배자가 정해 놓은 하나의 정답을 획일적으로 받아들일 수밖에 없다.

　　회인誨人에서 회誨는 언言과 매每가 결합하여 만들어진 글자다. 여기서 언言은 말을 주고받는 것을 뜻하고, 매每는 아이人가 스스로 엄마의 젖母을 빨아먹듯이 늘 그러하다는 것을 뜻한다. 따라서 회誨는 항상 말을 통해서 스스로 깨우치도록 한다는 뜻이다. 그리고 인人은 고대사회에서 군주 또는 지배자를 뜻한다. 따라서 회인誨人은 말을 통해서 또는 대화에 의해서 군주나 지배자를 스스로 깨닫도록 하는 일을 뜻한다. 달리 말하면 군주나 지배자들에게는 백성들에게 그러하듯이 일방적으로 정답을 가르쳐 주어서는 안 된다는 것을 뜻한다. 이 과정에서 깨우침의 주체는 인人이며, 그 점에서 인人은 능동적 존재다.

서근원, 『학교 혁신의 패러독스』, 20쪽.

21세기 대한민국은 봉건제 국가가 아니라 민주주의 공화국이다. 그런데도 학교와 교사는 봉건적인 교민의 원리에 따라 아이들을 가르친다. 전통적인 교육 시스템의 잔재가 근대적인 의무교육 시스템 속에 여전히 살아 있는 것이다.

교민 체제를 기본으로 하는 학교 시스템에서 아이들은 무지하고 부족한 대상으로 간주된다. 그들은 국가가 정해 준 규범과 질서와 지식을 배운다. 스스로 깨우치고 생각할 기회는 별로 주어지지 않는다. "교육은 중립"이라는 이데올로기가 이러한 시스템을 뒷받침한다. 교사가 교육을 통해 아이들을 의도한 대로 키워 낼 수 있다는 심리학적 인식이 '교민'적 시각을 더욱 강화시킨다. 여기에는 권위를 매개로 이루어지는 교사와 아이들 사이의 관계 문제가 깔려 있다.

은행 저금식 교육

스톡홀름 증후군은 피해자가 납치범이나 인질범, 폭력적인 학대자와 결속하는 심리적 경향을 가리키는 말이다. 절체절명의 위기에 처한 피해자에게 범인은 생사를 좌우하는 절대적인 권위자다. 어느 순간 피해자는 범인에 이끌려 그의 편에 선다. 스톡홀름 증후군이 작동하는 기본 원리다.

1974년 19살의 미국 소녀 패트리샤 허스트(Patricia Hearst)가 유괴되었다. 허스트는 당시 미국의 신문 재벌인 허스트 가문의 큰딸이자 법적 상속녀였다. 유괴범은 1970년대 초 미국 캘리포니아 주를 중심으로 활동하던 좌익 게릴라 단체 심바이어니즈 해방군Symbionese Liberation Army이었다고 한다.

몇 달 뒤 사람들은 패트리샤 허스트가 샌프란시스코 은행의 감시 카메라에 찍힌 모습을 보고 놀라움을 금치 못했다. 자동소총을 손에 쥔 그녀는 자신을 유괴한 범인들과 함께 은행을 털고 있었다.

사람은 권위에 복종하고 다른 사람에게 세뇌당할 수 있는 존재다. 1963년 미국 신시내티 대학교 정신과 의사인 찰스 호플링(Charles Hofling)을 포함한 일군의 연구자들이 22곳의 병원 간호사실에 전화를 걸었다.[13] 그들은 수화기 너머 간호사들에게 자신을 '의사'로 소개한 뒤 한 환자에게 아스트로텐Astroten이라는 약물을 20밀리그램을 투여하라고 지시했다. 아스트로텐의 1일 최대 투여량은 10밀리그램이었다.

22명의 간호사 중 21명이 지시를 따르려 했다. 아스트로텐은 병원에서 승인된 용제가 아니었다. 약 용기에는 "최대 투여량은 10밀리그램 미만"이라는 주의 문구가 적혀 있었다. 간호사들은 이 모든 사실을 망각하거나 무시했다. '의사'라는 권위자의 전화 지시만으로 환자를 위험에 빠뜨릴 수 있는 행동을 수행하려고 했다.

아이들이 교사를 쉽게 따르는 이유는 그의 권위 때문일 가능성이 높다. 밀그램의 실험이 주는 교훈이 여기에 있지 않을까. 스톡홀름 증후군, 밀그램과 호플링 등이 수행한 충격적인 실험 결과는 '가르치는' 일을 주업으로 삼는 교사의 위상과 정체성을 새삼 돌아보게 만든다.

교사는 아이들을 자신이 정한 틀 안에서 이리저리 조종하려는 유혹에 쉽게 빠지기 쉬운 존재다. 가르침의 진정한 의미를 끊임없이 새겨보아야 하는 이유다. 브라질 출신의 교육운동가인 파울루 프레이리(Paulo Freire,

13. 찰스 호플링의 연구는 필립 짐바르도의 책 『루시퍼 이펙트』에 실린 내용을 바탕으로 정리했다.

1921~1977)는 『페다고지』에서 '가르치는 전문가'로서의 교사관을 비판적으로 성찰했다. '은행 저금식 교육'으로 명명한 독창적인 개념을 통해서였다.

은행 저금식 교육에서 교사와 학생은 분리된다. 교사는 끝없이 설명하는 주체다. 학생은 인내심을 가지고 설명을 듣는 객체다. 교사는 학생들에게 설명 내용을 주입한다. 학생들은 그릇이나 용기처럼 그것을 받아들인다. 교사가 예탁자가 되어 학생이라는 보관소(은행)에 지식을 예금하는 행위와 같다. 프레이리는 이를 '은행 저금식 교육'이라고 명명했다.

프레이리는 은행 저금식 교육이 낳는 태도와 습관을 열 가지로 정리했다. 다음은 그중 처음 다섯 가지다.

> 교사는 가르치고 학생들은 배운다.
> 교사는 모든 것을 알고 학생들은 아무것도 모른다.
> 교사는 생각의 주체이고 학생들은 생각의 대상이다.
> 교사는 말하고 학생들은 얌전히 듣는다.
> 교사는 훈련을 시키고 학생들은 훈련을 받는다.
>
> 파울루 프레이리, 『페다고지』, 87쪽.

프레이리는 "교사는 가르치고 학생들은 배운다"를 첫 번째 자리에 놓았다. 왜 그랬을까. 우리에게는 교사와 학생의 일반적인 관계에 관한 구도가 있다. '교사=가르침의 주체, 학생=배움의 주체'가 그것이다. '교사教師'와 '학생學生'이라는 한자어가 이런 상식을 굳힌다. 교사는 가르치고 학생들은 배운다.

무엇이 문제일까. 프레이리가 강조하는 것처럼 교육은 교사가 가르치고 학생이 배우는 일로써 완수되는 단순한 것이 아니다. 가르치고 배우는 일이 교육의 전부가 아니라는 말이다. 교육은 가르치고 배우는 일 이상의 '어떤 것'을 담고 있다.

교사가 가르치고 학생은 배운다는 생각은 당연해 보이는 상식이다. 모든 상식이 그렇듯이 그것이 만고불변의 진리는 아니다. 오늘날의 학교교육은 그 역사가 200여 년에 불과한, 대단히 문제가 많은 제도들 중 하나다. 폐해가 있고 한계가 존재하는 인위의 산물이다.

누군가를 가르치기 위해서는 '가르칠 거리'가 있어야 한다. 근대적인 학교교육의 시원에 있는 피히테의 프로젝트에서 실마리를 찾을 수 있다. 피히테의 프로젝트가 강조하는 교육의 목표는 아이들을 순응하고 복종하는 '기계'로 만드는 것이었다. 학교가 지식의 일방적 전달에 치중하는 주입식 교육과 창의성을 허용하지 않는 획일주의에 매몰된 배경이다. 대량교육을 가능하게 한 근대식 학교교육 시스템이 가져온 어두운 변화였다.

'학교=공동체'라는 신화

학교에 관한 강력한 '신화'가 있다. 학교를 '공동체community'로 보는 시각이 그것이다. 사토 마나부 교수가 주창해 널리 퍼진 '배움의 공동체'라는 말이 더는 낯설지 않다. '교육 공동체'라는 말도 그다지 생경한 느낌이 들지 않는다. 학교를 공동체로 보는 관점은 자명한 진리처럼 보인다.

존 테일러 개토의 『바보 만들기』는 '학교 공동체론'에 관한 통찰의 실마리를 던져 준다. 개토에 따르면 학교는 공동체가 아니라 조직이다. 조직은 가정이나 지역과 같은 공동체, 사회가 될 수 없다. 조직과 공동체는 서로 모순적이다.

개토는 조직이 아무리 훌륭하다고 해도 지역사회와 가족의 생명력을 고갈시키는 성질이 있다고 말한다. 조직은 전인격적인 인간이 아니라 인간을 분해한 조각들을 필요로 한다. 조직 안에서 기능하는 사람들은 조직이 필요로 하는 부분을 제외한 나머지 모든 부분을 억누르도록 요구받는다. 조직에 길들여지는 것이다.

조직은 이에 대한 보상으로 제한된 범위에서 사람들이 원하는 것을 충족시켜 준다. 개토는 이를 '악마의 거래'에 빗댔다. 장래의 특정한 이익을 위한 대가로 현재의 전인격성을 내놓는 것이라는 이유에서였다.

개토는 지나친 조직 활동으로 인한 인격의 파편화가 인간성의 퇴화를 초래한다고 꼬집었다. 학교는 '흡혈귀 조직'에 비유되었다. 사회와 가정을 건설하는 데 써야 할 시간과 정력을 소진시키면서도 늘 더 많은 것을 요구하기 때문이다. 그는 조직의 심장에 칼을 꽂고 관에 넣어 못질을 해야 한다는 '강경한' 주문을 쏟아 낸다.

학교에서 훈련을 교육이라 부를 수 없는 것과 마찬가지로 학교와 같은 조직은 사회라고 할 수 없습니다. 젊은이들이 가진 시간의 절반을 가둬 놓음으로써, 같은 나이 또래의 젊은이들을 저희들끼리만 묶어 놓음으로써, 일의 시작과 끝을 종소리로 통제함으로써, 여러 사람들에게 똑같은 주제를 똑같은 시간에 똑같은 방법으로 생각하도록 강요함으로써, 채소에 등급 매기는 것과 같은 방법으로 사람들에게 등급을 매김으로써, 그리고 그 밖에도 수십 가지 천박하고 우매한 방법으로 학교라는 조직은 사회의 생명력을 훔쳐 내고 추악한 기계론만을 심어 놓습니다.

존 테일러 개토, 『바보 만들기』, 97~98쪽.

조직은 개인을 분해한다. 개성과 인격을 인정하지 않고 사람들 사이를 격리시킨다. 학교는 '가족'이라는 말로 빗대어질 때가 많다. 가족은 대표적인 공동체의 하나다. 이 때문에 가족이라는 말은 학교 조직이 갖는 부정적인 생리를 감추는 구실을 한다. 공동체가 아닌 학교를 공동체처럼 보이게 하려는 의도가 담겨 있는 것이다.

학교가 조직이 아니라 공동체처럼 받아들여지는 현상의 이면에는 여러 가지 의미가 있다. 개토는 학교 조직이 공동체가 아니면서도 공동체와 비슷하게 보인다는 사실 뒤에 대량 교육의 무서운 진실이 숨어 있다고 갈파한다. 개토가 보기에 조직이 모방하는 사회생활, 가령 "우리는 한 가족" 식의 담론에 사람들이 포위되고 길들여질 때 사람들의 기본 욕구는 위험에 처하게 된다.

이러한 위험은 아이들에게서 더욱 크게 나타난다. 개토에 따르면 조직의 목적이 아무리 이성적이고 선의에 기초하고 있더라도 개별 인간이 갖는 독창성과는 깊이 화합할 수 없다. 내면적으로 선량한 사람들이 조직을 운영하더라도 조직에는 양심이 있을 수 없다. 조직의 존폐가 걸린 문제 상황이 발생할 때 냉혹한 조직 논리는 개인을 압도한다.

개토는 한 조직이 구성원들의 인격의 집합은 물론 지도자들의 인격의 집합조차 되지 못한다고 단언한다. 조직은 구성원들의 인격과 무관하게 존재한다. 운영자들이 통째로 바뀌어도 조직은 그대로 존재한다. 조직은 보이지 않는 관념이 형상화된 것이다. 모든 구성원은 그 관념에 시중드는 기계 노릇을 한다. 거대한 조직들의 밑바닥에 있는 목표는 모든 것을 통제하고 모든 것을 획일화한다.

조직은 조직 자체를 유지하는 것이 최대 목표다. 개토가 적절하게 예시하고 있는 것처럼 전화국의 첫 번째 목적은 전화가 잘 통하게 하는 것이 아니다. 전화국에 소속된 사람들을 보호해 주고, 그중 야심 있는 사람들을 위해 출세 가도를 마련해 주는 일이다. 군대의 첫 번째 목적은 국가 안보를 지키는 것이 아니다. 국민총생산의 한 부분을 영구적으로 확보해 구성원들에게 나누어 주는 것이다.

> 젊은 사람들을 가르치는 데 보수를 받게 되면 결국 학교라는 조직은 학생을 위해서가 아니라 교사를 위해 존재하는 조직으로 발전하게 될 것이 당연한 일이었습니다. 그것이 먼 옛날 소크라테스가 그토록 준엄하게 소피스트를 비판한 이유입니다.
>
> 앞의 책, 107~108쪽.

개토는 사람들이 '교육'이라고 부르는 것을 '학교사업'으로 지칭한다. 그가 보기에 지난 150년간 미국의 제도교육은 경제적 성공을 위한 준비를 주된 목적으로 내걸었다. 해방 후 한국 교육 시스템이 걸어온 길이 이와 다르지 않다. 학교사업이 표방하는 좋은 교육은 좋은 학교에 들어가 졸업한 뒤 좋은 일자리를 얻어 물질적으로 풍요롭게 살 수 있는 길을 가르치는 것이었다.

수많은 교육운동가들이 지적한 것처럼, 이러한 주장은 학생과 교사와 학부모들을 겁주고 통제하기 쉽게 만들었다. '사업'으로서의 교육은 사람들 사이를 분리하고 서로를 소외시켜 왔다. 무한 경쟁을 당연한 것으로 받아들이게 함으로써 패배한 사람에게 '낙제생', '실패자', '낙오자' 딱지를 붙여 하등 인종의 틀에 가둬 버렸다. 교육은 즐거움과 성취감이 아니라 끝없이 좌절감을 안겨 주는 '공포'가 되었다.

교사가 '극단주의자'가 되어야 하는 이유

진짜 교육은 어디에 있을까. 개토가 주창하는 진짜 교육의 핵심은 스스로 의미를 찾아낼 줄 아는 것, 스스로 만족할 만한 목적을 찾아낼 줄 아는 것이다. 아이들과 교사 모두 새롭고 낯선 것에 두려움 없이 마주 서야 가능한 일들이다.

현실은 비관적이다. 학교는 공동체를 표방하면서도 아이들과 교사를 조직의 우리 속에 가둬 놓는다. 새것, 낯선 것을 허용하지 않는 학교는 보수의 성채다. 교사는 학교의 최전방 파수꾼이자 경비병이다. 기존의 것을 중심에 두는 교사의 가르침 자체가 기본적으로 보수적이다. 그것은 기존 체제를 굳게 한다. 교사의 가르침이 중심에 서는 교육에서 아이들의 자기 변화는 어렵다.

교육 시스템은 교사를 보수의 수호자로 만들기 위해 효과적인 전략을 구사한다. 교사에게 요구되는 중립과 중도의 태도가 그것이다. 교육 법전은 교사들에게 교육의 정치적 중립성을 강요한다. 교사의 정치 중립 의무는 아이들이 상충하는 가치 사이에서 헤맬 때 교사로 하여금 그들을 제3의 '중립적인' 결론으로 이끄는 토대다. 정치적 신념과 표현이 남다른 교사에게는 채찍질의 수단으로 쓰인다. 교실은 점차 중도와 중립이 합리적이고 진실에 가깝다는 명제가 지배하는 공간이 된다.

놈 촘스키, 하워드 진과 함께 미국을 대표하는 비판적 지성으로 꼽히는 조너선 코졸(Jonathan Kozol, 1945~현재)은 중도는 진실하고 양극단은 불온하다는 교육자들의 통념을 꼬집는다. 코졸은 "비전vision 없는 백성은 망하리라"라는 성경 구절을 인용한다. 비전은 정의상 포괄적이고 극단적이다. 그는 극단에 대한 편견이 교사와 아이들 모두의 의식을 마비시킨다고 말한다.

윌리엄 로이드 개리슨(William Lloyd Garrison, 1805~1879)은 미국의 대표적인 노예 해방론자였다. 코졸에 따르면 개리슨은 극적인 용어로 극단적인 반응에 대해 이야기하는 것으로 유명했다고 한다. 한 친구가 그에게 왜 그렇게 불같이 화를 내느냐고 물은 적이 있었다. 그는 "주위에 첩첩한 얼음산을 녹이려면 불을 활활 태워야 하거든"이라고 대답했다고 한다. 중도의 균형감 뒤에 숨은 편파성과 점잖은 중립주의를 감싸는 냉소주의를 꼬집는 말이다.

교육 현장에는 중립, 중도, 균형 감각을 강조하는 사람들이 유난히 많다. 코졸에 따르면 헨리 데이비드 소로는 당대에 미덕으로 통용되는 관습을 서슴없이 비판했다. 소로는 당시 미국 공립학교에서 아주 저급한 것으로 간주되는 말투를 거침없이 옹호했다. 1854년에는 "나는 내 말이 과격하게 들리지 않을까 봐 걱정이다. 나는 어디서든 제약 없이 말하고 싶다"라고 말했다. 객관성과 중립성이라는 이름으로 '진실'에 대해 말하는 것을 억압하는 교육 현장의 악습을 꼬집어 한 말이 아니었을까.

마틴 루서 킹은 1963년에 쓴 「버밍엄 감옥에서 쓴 편지」에 다음과 같이 적었다.

> 예수님은 사랑에 대해 극단주의자가 아니었습니까? (중략) 문제는 우리가 극단주의자인가 아닌가 하는 게 아니라 어떤 종류의 극단주의자인가 하는 것입니다. 우리는 증오를 위한 극단주의자입니까, 아니면 사랑을 위한 극단주의자입니까? 우리는 불의를 위한 극단주의자입니까, 아니면 정의를 실현하려는 극단주의자입니까?
>
> 조너선 코졸, 『교사로 산다는 것』, 38쪽에서 재인용.

교실은 교사가 극단을 말하기에 너무 열악하다. 위험하기까지 하다. 코졸의 논법에 따라 예수가 극단주의자라는 사실에 동의할 수 있다. 교실에서 직접 말하는 일은 어떨까. 쉽지 않을 것 같다. 우리나라 교실은 1천만 명의 기독교인이 살아가는 사회에 둘러싸여 있다.

교사는 타협을 선택한다. 교직을 전문직으로 보는 관점에서 본다면 굴종으로 비칠 수 있는 길이다. 교사는 알지 못하는 그 누구, 예컨대 교육과정 입안자나 교과서 집필자가 정해 준 것을 가르친다. 가르치는 것이 어떤 교육적 의의가 있는지 그다지 고민하지 않는다.

가르침은 아이들의 삶과 유리되어 있다. 국어 교사는 교과서의 문장 성분을 구별해 설명하는 데 최선을 다한다. 민주주의 원리를 다루는 사회 교사는 민주주의적인 교육 방식을 성찰하지 않는다. 아이들은 세상과 격리된 학교에서 만나는 문장 성분과 민주주의 원리를 왜 배우는지 알지 못한다.

진정한 가르침은 가르치는 사람 스스로의 사색과 통찰을 통해 가능하지 않을까. 그런 점에서 오늘날 교사는 끝없이 가르치면서도 아무것도 가르치지 않는 셈이다. 이른바 무사유의 가르침이다. 여기에는 '교사용 지도서'로 불리는 독특한 제도가 동행한다.

코졸은 교사용 지도서를 교사가 아이들을 불가피해 보이는 결론으로 유도하면서도 아이들이 스스로 그 결론에 도달했다고 생각하게끔 하는 방법을 조목조목 설명한 책으로 정의한다. 일정한 결론으로 이끌면서 스스로 그것에 이르렀다고 여기게 만드는 모순적인 텍스트다. 그것은 또한 교사로부터 '창조'의 경험을 박탈해 버린다.

수십 년 동안 교사들은 이런 식으로 창의적이고 독창적인 자신만의 수

업을 설계하는 뿌듯함뿐 아니라 예기치 못한 것을 알아내는 지적 발견의
기회도 누리지 못했다. 일요일 오후, 교사는 수요일 오전의 영어나 사회 수
업에서 학생들이 발견할 지루한 개념을 학습지도안에 미리 적어 놓는다. 이
모든 일에는 두 가지 비극적 요소가 있다. 이런 과정에 의해 교사의 직업적
가치는 기술적 중개로 축소된다. 정치적인 면에서는 현 정권의 정치적 의도
에 맞춰 자신의 하잘것없는 재능을 발휘한 교과서 저자들의 앞잡이로 전락
한다.

앞의 책, 89쪽.

가르침은 끝없는 만남이다

가르치는 교사 앞에는 일반적으로 두 부류의 아이들이 있다. 한 부류
는 교사의 가르침을 무작정 받아들인다. 지식에 대한 사랑이나 배움을
향한 열망이 있어서가 아니다. '무작정'은 성적이나 상급 학교 입학이라는
현실적인 이득에 도움을 준다.

또 다른 부류는 교사의 가르침을 거부한다. 교사의 가르침은 별다른
의미가 없다. 각자의 현실에, 하루하루의 삶에 별다른 영향을 준다고 생
각하지 않는다. 성적의 압박을 느끼는 아이가 없지 않다. 하지만 교사의
가르침을 거부하면서 배움에 대한 관심이나 흥미를 잃어 가면 갈수록 성
적은 별다른 위력을 발휘하지 못한다.

아이들은 선천적으로 배움을 즐길 줄 아는 존재들이다. 문제는 교사의
일방적인 가르침이다. 개토가 적실히 지적한 것처럼 아이들은 배움이 아
니라 가르침에 저항한다. 가르치기만 하는 교사 앞에서 점점 더 많은 아
이들이 교사를 거부한다. 점수로부터 자유로워진다. "배움으로부터 도주

하는 아이들"이 된다.

교사가 가르치기만 하는 전문가가 되어서는 안 된다. 지식의 중개자나 교과서 저자의 앞잡이여서는 곤란하다. 교사는 가르치면서 배우는 존재여야 한다. 교사가 가르치는 전문가가 되면 아이들이 소외된다. 주체가 되지 못하고 대상으로 전락한다. 교사와 아이의 관계는 일방적으로 흘러간다. 교사는 떠먹여 주고 아이는 받아먹기만 하는 수동적인 존재가 된다.

프랑스의 실존주의 철학자인 장 폴 사르트르(Jean Paul Sartre, 1905~1980)는 교사가 아이에게 일방적으로 떠먹여 주는 교육이 '소화제'나 '영양소' 같은 것이라고 말했다. 소화제나 영양소는 필요한 사람에게만 유용하다. 위장 기능이 좋아 소화 능력이 충분한 사람에게 소화제는 약물 남용의 주범이 된다. 영양이 풍부한 이에게 주입되는 영양제는 독이 되지 않을까. 교사의 가르침이, 가르칠 거리가 모든 아이들에게 도움이 되는 것은 아니다.

나쁜 교사는 아이들로부터 스스로를 격리시킨다. 전공 교과라는 철옹성 속에 내면을 가둔다. 좋은 교사는 아이들과 깊은 유대감을 만들어 낸다. 가르침과 배움을 사랑하는 교사는 아이들의 모든 것을 받아들인다.

파머는 교사가 가르침을 사랑하면 할수록 그것은 가슴 아픈 작업이 된다고 말했다. 그는 가르침의 용기를, 한 사람이 평소의 수용 한도보다 더 수용하도록 요구당하는 그 순간에도 자신의 마음을 열어 놓는 용기로 규정했다.

가르침은 끝없는 만남이다. 교사가 가르치면서 배우는 이가 되기 위해서는 아이들을 하나하나 만나고, 그들과 일일이 눈을 맞춰야 한다. 서로 손을 맞잡고 함께 배워 나가야 한다. 오스트리아 출신의 유대계 종교철학자 마틴 부버(Martin Buber, 1878~1965)는 "모든 실제적인 삶은 만남이다"

라고 말했다. 교육에서 교사와 아이 사이의 대화가 중요한 까닭이다.

진정한 교육은 격의 없는 소통과 상호작용 속에서 이루어진다. 아이 한 명 한 명에게 다가가자. 아이들과 단 한 번이라도 눈을 마주치자. 아이들의 이름을 부르고, 그들의 입에서 한마디 말이라도 나올 수 있게 하자. 진정 어린 눈으로 그들을 바라보자. "학생의 기억에 가장 오래 남는 수업은 공책에 필기한 내용도 아니고, 교과서에 인쇄된 궁색한 문장도 아니다. 그것은 수업하는 내내 교사의 눈빛에서 뿜어져 나오는 메시지다." 코졸이 남긴 말이다.

2장
나는 아이들 이름을 부릅니다

10억 주면 감옥에서 1년 산다는 아이들

10억 원을 받고 1년간 감옥살이를 할 수 있을까. 우리나라 고등학생의 거의 절반인 47퍼센트가 '그렇다'고 대답했다. 중학생은 33퍼센트, 초등학생은 16퍼센트였다. 이웃의 어려움과 관계없이 나만 잘살면 된다고 생각하는가. 고등학생 36퍼센트, 중학생 27퍼센트, 초등학생 19퍼센트가 '그렇다'고 답했다. 흥사단 투명사회운동본부 윤리연구센터가 2014년 6월부터 전국 초중고생 2만 1000명을 대상으로 조사해 발표한 '2013년 청소년 정직지수 조사 결과'의 일부다.

요새 아이들 탓하자고 꺼낸 이야기가 아니다. 아이들은 어른들의 거울이자 한 사회의 산물이다. 10억 원과 1년 감옥살이를 맞바꾸겠다는 '합리적인' 판단은 오롯이 아이들의 것이 아니다. 돈부터 밝히는 탐욕스러운 어른들, 무한 경쟁을 부추기는 사회 분위기와 시스템, 갈등 조정 능력을 잃은 무능하고 무책임한 정부가 총체적으로 결합한 결과가 아닐까.

언제부터인가 우리 사회는 성과주의 시스템이 강력하게 작동하는 곳이 돼 버렸다. 교육 당국은 교사들이 '슈퍼맨'이 되기를 원한다. 슈퍼맨 교사를 중시하는 체제는 냉혹하다. 아이 백 명을 잘 길러 냈더라도 한 명의 아이가 실패하면 '문제 교사'라는 낙인이 찍힌다.

아이를 기르는 일은 공장에서 물건을 찍어 내는 일과 다르다. 공장에서 제품을 만드는 일은 간단하고 효율적이다. 기계 설비에 원료를 투입하면 짧은 시간 안에 어렵지 않게 '표준화'한 제품을 만들어 낼 수 있다.

교육은 그렇지 않다. 긴 시간이 걸린다. 10년, 20년이 지나도 아이가 성공했는지 실패했는지 가늠하기 쉽지 않다. 기다림이 중요한 이유다. 그런 점에서 교육은 본질적으로 비효율적이다.

> 아이들은 무조건 오래 참고 기다려야 하는데, 거의 끝까지 아이들은 제 한계를 극복하지 못한다. 선생은 그래도 그의 말을 듣고 함께해야 한다. 기껏 한두 달 공부 좀 해 보려고 하다 실망해 버리고 자포자기하는 학생들이 많으므로 선생도 아이가 몇 달, 심하게는 일 년 내내 끝까지 제 한계를 극복하지 못하고 떠나보내더라도 그를 믿고 기다려야 한다.
>
> 선생이란 1학년 때 뿌린 씨는 2학년 때 혹은 3학년 때, 사실은 학교 졸업하고 나서, 중년이 되어서야 그의 마음 한구석에서 꽃필 것을 믿어야 한다.
>
> 이관희, 『선생으로 사는 길』, 303쪽.

성과주의 시스템은 교사와 아이들을 느긋하게 기다리지 못한다. 교사들은 1년마다 성과 평정 결과에 따라 등급을 부여받는다. 아이들은 성적을 기준으로 '사회 예비인'으로서의 수준이 결정된다. 성과에 목마른 교사는 아이들을 채근하고, 아이들은 그런 교사를 적극 활용한다.

이제 교사와 아이들은 성과주의에 물든 경제 주체처럼 살아간다. 비효율의 대명사 같은 교육이 효율성이 중시되는 비즈니스가 된다. 10억 받고 감옥에서 1년 산다는 아이들이 출현한다.

어른들이 아이들을 공부의 길로 이끄는 간단한 방법이 있다. 공부하면 좋은 이런저런 점들을 아이들에게 미끼로 던져 주면 된다. 좋은 학교에 들어가고, 높은 사회적 지위를 가지며, 멋진 배우자를 만날 수 있다고 유혹한다. 공부 외에 눈길을 줘서는 안 된다고 말한다. "수능 때까지 죽자사자 공부하고, 연애와 여행과 취미생활과 독서는 그 뒤에 맘껏 해라"라고 구슬린다.

아이들은 그대로 따르지 않는다. 공부를 빌미로 부모와 협상을 한다. 부모를 위해 마지못해 공부를 '해 준다'. 학교에서는 하고 싶은 공부만 한다. 보기 싫은 책은 거들떠보지 않는다. 마침내 배움을 흥정하는 아이들은 학교를 편의점 같은 곳으로 여긴다. 일본의 교육운동가인 우치다 타츠루가 『하류 지향』에서 한 말이다.

타츠루는 진정한 배움이 비가역적이라고 말했다. 그가 보기에 배움은 시간의 흐름 속에서 자기도 모르게 이루어지는 존재의 변화 과정이다. 그런데 아이들은 학교에 소비 주체로 들어선다. 배움의 쓸모와 현실적인 유용성을 찾으며 거래를 하려고 한다. 모든 결정은 그들이 한다.

> "어디에 쓸모가 있는가?"라고 묻는 사람은 어떤 일의 쓸모 있음과 없음에 대해 자신의 가치관이 바르다는 것을 이미 전제하고 있다. 쓸모가 있다고 '내'가 결정한 것은 쓸모가 있고, 쓸모가 없다고 '내'가 결정한 것은 쓸모가 없다. (중략) 이 주장(자기결정 및 자기책임론)이 헐값에 미래를 팔아치우는 아이들을 대량으로 배출하고 있다.
>
> 우치다 타츠루, 『하류 지향』, 83쪽.

'니트(NEET, Not in Education, Employment or Training)'라는 말이 있다.

영국 정부가 노동정책상 인구 분류를 위해 사용한 용어로 '일할 의욕이 없다'는 의미를 담고 있다. 니트족은 공부와 노동으로부터 도주하기 위해 최선(?)을 다하는 이들을 가리킨다. 자기결정과 자기책임, 개인의 성과를 중시하는 사회의 결과물이 니트족이다.

교실 붕괴가 일상어가 되었다. 해마다 6만 명 내외의 아이들이 탈학교 대열에 합류하고 있다. "우리 함께 공부하자." 교사가 말한다. 아이들이 교사를 쳐다보며 묻는다. "공부를 왜 해요?" 얼굴에 싸늘한 미소가 번진다. 이들을 어떻게 만나야 하는가.

'꽃'으로 살아가는 법

김춘수(1922~2004) 시인과 그가 쓴 작품을 그다지 좋아하지 않는다. 그가 활발하게 활동하던 시기는 우리나라가 박정희에서 전두환으로 이어지는 군사 독재의 그늘에 휩싸여 있던 때였다. 1980년 5월 광주를 피로 물들인 전두환이 제5공화국을 출범시켰을 때 그는 민주정의당 소속으로 제11대 전국구 국회의원이 되었다. 대통령직에서 물러나는 전두환을 위해 낯 뜨거운 제목의 헌시를 지었다.

당시 많은 문인이 시대의 역경 속에서 고뇌 어린 삶을 살았다. 독재자의 압제에 온몸으로 맞선 이들이 많았다. 그의 삶과 시에서는 그런 시대에 절규하고 몸부림친 흔적이 별로 보이지 않는다. 고백하건대 나는 "시인의 스승은 현실"이라는 김수영의 시론 한 자락을 더 중요하게 여기는 사람이다.

그런데 그가 쓴 「꽃」만은 무척 좋아한다. 「꽃」은 세상에 존재하는 모든 사물의 본질과 존재의 의미에 관한 시다. 사람 사이의 관계 맺기에 관한 우언이라고 할 수 있다. 그런 주제 의식을 이 시만큼 선명하게 전달해 주는 작품이 있을까. 학교에서 아이들과 함께 「꽃」을 즐겨 감상하는 이유다.

「꽃」은 '실존(實存, exist)'의 온전한 의미를 잘 보여 준다. 홀로 살아가는 존재는 없다. 하나의 존재가 갖는 의미는 '홀로'를 통해 찾기 힘들다. 세계에 존재하는 개별 대상들의 의미는 자신의 내부에 있지 않다. 그가 진정 '실존'적인 존재가 되려면 '밖에(ex-) 있어야(-ist)' 한다.

'밖에 있음'은 그가 다른 대상과의 관계 속에서 살아가야 하는 존재임을 뜻한다. 단언컨대 홀로 있다는 것은 존재하지 않는 것이다. 실존은 타인과의 관계 맺기 속에서 가능하다. 나 홀로 이루어지는 실존, 나를 우선시하고 절대시하는 실존은 진정한 의미의 실존이 아니다.

하나의 주체가 실존적인 존재가 되려면 타인과 관계를 맺어야 한다. 정해진 방식은 없다. 중요한 것은 상대방을 나의 시선 속으로 끌어들이는 일이다. 상대방이 나를 자신의 시선으로 끌어당기는 것이다. 어떻게 해야 할까. 서로가 상대방의 이름을 부르면 된다. 김춘수가 「꽃」을 통해 전하는 메시지다.

　　내가 그의 이름을 불러 주기 전에는
　　그는 다만 하나의 몸짓에 지나지 않았다

　　내가 그의 이름을 불러 주었을 때
　　그는 나에게로 와서
　　꽃이 되었다

김춘수의 「꽃」 중 제1, 2연.

이름 없이 존재하는 상대방은 내게 의미 있는 존재가 아니다. 살아 있지만 죽어 있다. '몸짓'이나 그림자만으로 존재하는 그는 유령과 비슷하다. 진정으로 살아 있기 위해 그는 '꽃'이 되어야 한다. 나는 그의 이름을 불러 줘야 한다. 이제 '꽃'이 된 그는 "다만 하나의 몸짓"으로만 존재하던 죽은 대상이 아니다. 이름 부르기는 죽어 있는 그를 살리는 쉽고 현실적인 방법이다.

우리는 누군가를 처음 만나 악수를 하면서 입으로 통성명을 한다. 명함을 주고받으며 눈과 귀로 이름을 확인한다. 상대방의 '정체'를 알기 위한 행위들이다. 이름은 존재의 등가물이다. 이름을 부름으로써 상대방을 내 안으로 끌어들일 수 있다. 이름이 불린 상대방이 내 안으로 자연스럽게 다가온다.

이름 부르기의 힘

초임 교사 시절이 떠오른다. 아이들 이름 외우는 일이 힘들었다. 틈 날 때마다 이름을 외웠다. 쉬는 시간, 야간 자율학습 시간을 이용했다. 아이들 사진과 이름이 적힌 명렬표를 죽 벌여 놓고 속으로 중얼거렸다. 아이들은 그런 나를 힐끗거렸다. 핀잔 아닌 핀잔을 주기도 했다. 교사가 이름을 그렇게 못 외워서 어떻게 하느냐며 은근히 타박했다.

학년 초에는 그해 맡은 학년 전체 명단을 집에 가지고 와 외웠다. 조금이라도 일찍 아이들 이름을 부르고, 아이들과 더 친해지고 싶었다. 그때마다 아내는 유별나다며 잔소리를 했다. 직접 얼굴을 보면서 익혀야 한다는 조언도 했다. 사진과 이름 세 글자로 아이들을 익힌다고 완전히 기억하게 되는 게 아니라면서 말이다.

틀린 말이 아니었다. 사진 속 아이들은 '원판'과 다를 때가 많았다. '뽀샵' 때문에 사진 얼굴만으로 실제 아이를 구별해 이름을 부르기가 힘들었다. 아내 말을 들을 때마다 입을 다물었다. 아이들 얼굴과 이름을 외우는 일은 어려웠다.

무작정 이름을 외워 부르다 보니 뜻하지 않게 실수를 하기도 했다. '갑숙아'라고 불러야 하는 상황에서 '을숙이'를 외칠 때가 있었다. '을숙아' 자리에서 '을순아'가 튀어나왔다. '을숙'으로 불린 '갑숙'은 새침해졌다. '을숙' 대신 '을순'이 돼 버린 아이는 어이없다는 표정을 지었다. 이름이 잘못 불려 실망하고 섭섭해하던 아이들의 표정을 지금도 잊지 못한다.

세 살배기 아이도 자신의 이름이 잘못 불려지면 싫어한다. 올해 5살인 막내딸을 장난삼아 "똥강아지야"라고 부를 때가 있다. 대개 별다른 문제가 없다. 막내가 기분이 안 좋을 때는 다르다. "나 정여원이야"라고 크게 소리치며 제대로 부르라고 항의(?)한다.

이름을 부르려다 말고 '멘붕'에 빠질 때가 있다. 분명 이름을 외우고 있는 아이라 여기고 다가간다. 말을 꺼내려는 순간 갑자기 머리가 먹통이 된다. 이름이 기억나지 않는다. 이름을 떠올리려 할수록 머릿속이 하얘진다. 얼굴이 벌게진다. 주저하는 내 표정을 보고 있던 아이가 묻는다. "선생님, 제 이름 모르시죠?" 뾰로통해진 얼굴에 쌀쌀함이 묻어난다. 서운해하는 아이를 제대로 쳐다보지 못한다.

이름 부르기는 교사가 아이들과 실존적인 관계를 맺는 출발점이다. 실존적인 관계를 맺는 데 아이들의 이름 부르기를 대신할 수 있는 건 거의 없다. 얼굴은 알지만 이름을 모르는 아이가 있을 수 있다. 얼굴과 이름 모두를 알지 못하는 것과 마찬가지다. 아이는 교사 앞에 있지만 실제로 존재하지 않는 대상이다.

많은 교사가 아이들을 '야', '얘야', '학생', '저기 창쪽 앉은 애'로 부른다. 교사가 쓸 수 있는 호칭어들이 아니다. 호칭어가 될 수 없는, 호칭어로 써선 안 되는 말들이다. 그런데도 교사들은 쓴다. "그 많은 아이들 이름을 어찌 다 외우냐"며 어려움을 호소한다.

'야'나 '얘야'로 불릴 때 아이들은 익명의 존재가 된다. 교실에 앉아 있는 아이들이 순식간에 사라진다. '야'로 불리는 아이에게는 이름이 없다. 부재하는 '대상'이다. 길거리에서 마주치는 타인과 같은 존재와 비슷하다. 눈앞에 있으나 부재하는 모순적인 대상이 된다.

아이들은 자신을 '야'나 '얘야'로 부르는 교사와 진정한 인간관계를 맺지 못한다. 당연한 일이다. 세상 어떤 아이가 자기 이름조차 모르는 교사와 의미 있는 관계를 맺으려 하겠는가. '야'와 '얘야'만 있는 교실은 소통이 이루어지기 힘들다. 말은 일방적이거나 반사되어 돌아온다. '야'와 '얘야'가 오가는 공간은 모순적이다. 아이와 교사는 한 공간에 있지만 서로 다른 공간에 있는 것과 같다. 그들 사이는 가까워지지 않는다.

'야'나 '얘야'로 불리는 아이들은 의미 있는 주체가 아니다. 이름으로 불리지 못하는 아이들은 스스로의 주인이 아니라 대상으로 살아간다. 그런 아이들은 수동적이다. 교사가 무언가를 시키면 마지못해 '해 주는' 피동적인 존재가 된다. 그런 아이들로 가득 찬 교실에서 진정한 의미의 교육 활동이 이루어질 수 있을까.

모든 아이들이 이름으로 불려야 한다. 많은 교사가 이름을 알고 있는 한두 아이만 부르며 수업을 한다. 질문을 던지거나 눈길을 마주치는 일도 마찬가지다. 교사의 눈길은 자신을 우호적으로 바라보는 몇몇 아이들을 향한다. 교사의 호명과 시선으로부터 배제된 대다수 나머지 아이들이 들러리가 된다. 상처 입은 아이들은 교사로부터 소외되고, 교실과 수업으로부터 도주하기 시작한다.

잊혀지지 않는 하나의 눈짓이 되고 싶다

아이들 모두의 이름을 자연스럽게 부를 수 있으려면 이름을 철저하게 외우는 수밖에 없다. 쉬운 일이 아니다. 나는 새 학년 초에 각 반별로 좌석표를 만들어 외우는 방법을 쓰고 있다. 좌석표는 교탁을 좌석표의 하단에 배치해 기준점으로 삼은 후, 교사의 시선에 들어오는 아이들의 좌석 현황을 위쪽에 벌여 놓는 식으로 짜여 있다.

새 학년 각 반 첫 수업에 들어가 반장에게 좌석표를 만들어 달라고 이야기한다. 당분간 좌석 배치표를 보면서 질문을 하더라도 이해해 달라고 양해를 구한다. 아이들과 함께 이름 부르기의 의미와 실존적인 관계를 맺는 일의 소중함을 주고받는 시간을 가져도 좋다.

이때 김춘수의 「꽃」을 활용하면 자연스럽다. 시를 낭송해 주고 의미를 간단하게 설명해 준다. 아이들 이름 하나하나를 부르며 시선을 주고받는 것도 괜찮다. 그렇게 하면 교실 분위기가 차분해진다. 아이들은 '선생님께서 우리 이름을 외우시려고 나름대로 노력하시는구나' 하는 생각을 자연스럽게 갖게 된다. 소통을 통한 관계 맺기가 좀 더 매끄러워진다.

아이들의 이름을 외우기 위해 좌석표를 활용하는 것은 단순하면서도 명쾌한 방법이다. 좌석표 묶음을 학기 초 몇 주 동안 수시로 휴대하고 다니자. 수업 시간이 아니더라도 괜찮다. 좌석표가 있으면 교실이나 복도를 오가다 만나는 아이들에게 자리를 물으며 얼굴과 이름을 확인할 수 있다. 아이들이 무척 좋아한다.

좌석표는 학기 초에 되도록 일찍 만들어야 한다. 수업 시간에는 좌석표를 보면서 아이들 전체에게 골고루 질문을 한다. 그렇게 질문을 몇 번 던지면 아이들 이름을 쉽게 기억할 수 있다. 이름을 외우기 시작한 첫 1~2주 동안 때때로 좌석표의 이름과 아이들 얼굴을 머릿속으로 그려 보는 이미지 연상 작업을 하면 좋다. 아이들에 대한 기억이 더욱 또렷해지는 효과가 있다. 그렇게 해서 매 학년 4월이 다 가기 전에 200명이 넘는 아이들 이름을 모두 외운다.

이름 부르기를 소홀히 여기는 교사들이 많다. 이런저런 '핑계'를 댄다. 아이들 수가 너무 많다는 말이 가장 자주 들려온다. 일일이 이름을 부르며 수업하기에 시간이 촉박하다는 말이 나온다. 이름 외우기가 불필요한 구조적인 배경도 있다. 여전히 교실에서는 교사가 일방으로 주도하는 주입식 수업이 지배적이다. 이런 환경에서 이름 부르기는 별로 중요한 일이 아니다.

하지만 아이들의 이름을 부르는 일은 사소하지 않다. 아이들은 이름으로 불려야 교사와 함께하는 교육 활동에 온전히 마음을 열고 참여한다. 핏발 선 눈으로 교사에게 이유 없이 대드는 것처럼 보이는 아이들이 있다. 그들의 이름을 차분하고 자상하게 불러 보기 바란다. 어느 순간부터인가 발그레한 표정을 지으며 다가온다.

교사 역시 마찬가지다. 아이들 한 명 한 명의 이름을 부를 때라야 그들을 진심으로 사랑하고 싶은 마음이 생겨난다. 아이들 이름을 거듭 불러 보라. 아이들을 미워하고 아이들이 싫어지는 모진 마음이 눈 녹듯 사라질 것이다.

따뜻한 시선을 가진 선생님으로부터 이름이 불린 기억을 떠올려 보자.

이름 부르기는 교감하고 소통하는 교육의 처음이자 끝이다. "공부를 왜 해요?"라고 되묻는 아이의 닫힌 마음도 조금씩 열리기 시작한다. 이름을 외워 교실과 복도와 운동장에서 때때로 불러 보라. 아이들은 이렇게 말하고 있는지 모른다.

내가 그의 이름을 불러 준 것처럼
나의 이 빛깔과 향기에 알맞은
누가 나의 이름을 불러 다오
그에게로 가서 나도 그의 꽃이 되고 싶다.

우리들은 모두
무엇이 되고 싶다
너는 나에게 나는 너에게
잊혀지지 않는 하나의 눈짓이 되고 싶다.

김춘수의 「꽃」 중 제3, 4연.

3장
믿고 또 믿고 사랑하고 또 사랑하라

우는 아이에게는 포옹이 약

세계적인 컴퓨터 회사 애플Apple의 공동 창립자인 스티브 잡스(Steve Jobs, 1955~2011)는 아픈 유년 시절이 있었다. 생후 몇 주 만에 친모와 헤어져 양자가 된 잡스는 부모와의 애착 관계 형성에 문제를 갖게 되었다. 그는 산만하고 충동적인 아이로 성장했다. 살충제를 맛보거나 콘센트에 머리핀을 집어넣어 병원에 실려 갔다.

잡스가 내보인 행동들은 지금이라면 주의력결핍 및 과잉행동장애ADHD라는 진단을 받을 만한 것들이었다. 그런데 그는 머지않아 세계적인 유명 인사의 반열에 오르는 놀라운 성취를 거둔다. 어린 시절 애착 장애 문제로 큰 고통을 받았을 게 분명한 그에게 무슨 일이 일어난 것일까.

일본의 야마가타 대학교 교수이자 정신과 의사인 오카다 다카시는 『나는 상처를 가진 채 어른이 되었다』에서 "제1의 유전자"로 불리는 애착에 주목하였다. 오카다 교수에 따르면 애착은 선택된 특별한 사람과의 보이지 않는 끈으로 인간이 행복하게 살아가는 데 가장 중요한 토대가 된다.

애착 형성의 임계기는 생후 6개월부터 1년 반까지 사이에 걸쳐 있다고 한다. 그런데 두세 살 때 이루어지는 모자 분리의 단계에서 불안이 동반

된 애착 손상의 가능성이 있을 수 있다. 애착의 임계기나 모자 분리 단계에서 애착 장애가 생기지 않게 하려면 어떻게 해야 할까.

> 아이가 울면 바로 안아 주는 엄마는 아이와의 애착이 안정되기 쉽지만 우는 아이를 태평하게 그냥 내버려 두는 엄마에겐 아이와의 불안정한 애착이 형성되기 쉽다. 안아 주는 행위, 실로 본능적인 이 행동은 아이가 건강하게 성장하는 데 매우 중요하다. (중략) 포옹은 피부의 접촉이라는 감정적 교류와 더불어 '받쳐 주고 지켜 준다'는 의미가 함께 어우러진 행동이다. 자주 안겼던 아이는 언뜻 응석꾸러기같이 유약해 보이지만 실제로는 강인하고 다부지게 자라난다. 그 영향은 성인이 되고 나서도 지속될 정도로 크다.
>
> 오카다 다카시, 『나는 상처를 가진 채 어른이 되었다』, 16~17쪽.

오카다 교수는 포옹과 같은 스킨십 못지않게 중요한 요소로 "애착의 선택성"을 강조한다. 애착의 대상은 선택된 특별한 존재이며, 애착은 그 특정한 애착 대상에 대한 특별한 유대감이라는 것이다. 애착 대상은 아이에게 특별한 존재여서 다른 사람으로 대체되기 어렵다. 오카다 교수는 그런 특별한 존재와 아이 사이에 형성돼 있는 보이지 않는 끈을 "애착의 끈"이라고 명명했다.

안정적인 애착의 끈은 아이의 안전을 보장하고 안도감을 유지시켜 준다. 오카다 교수는 이와 같은 애착의 기능을 미국의 발달심리학자 메리 에인스워드(Mary Ainsworth, 1913~1999)의 용어를 빌려 "안전기지"에 빗대 표현했다. 애착이 아이로 하여금 외부 세계를 모험하고 싶은 의욕을 생기게 한다는 의미에서였다.

오카다 교수의 관점을 빌리면 애착의 끈이 약하고 불안정한 아이는 소극적인 경향을 띠게 된다. 애착이 안전기지로서의 기능을 충분히 발휘하지 못함으로써 아이가 편안하게 탐색 행동에 나서지 못하게 되기 때문이다. 반면 애착 대상이 자신을 늘 지켜 준다고 느끼는 아이들은 호기심이 왕성하고 활발하게 행동하며 매사 적극적으로 임한다.

아이가 안정된 애착을 형성하는 데 큰 영향을 끼치는 대상은 부모, 특히 엄마다. 그런데 엄마의 우울증은 아이를 상처받기 쉽게 만든다고 한다. 오카다 교수에 따르면 출산 직후 산후우울증을 겪는 여성의 비율이 30퍼센트 정도이며, 그중 절반이 우울증으로 진단받고 있다. 0세부터 12세까지의 자녀를 둔 엄마의 40퍼센트가 우울증을 경험한다는 보고도 인용한다. 엄마의 우울증 때문에 아이가 불안정한 애착을 형성할 가능성이 그만큼 높다는 말이다.

> 애착장애를 가진 사람은 청소년기에 방황하기 쉽다. 한 연구에 따르면 13세 시점에 애착에 대한 불안 경향이 강할수록 이후 3년 사이에 학교 성적이 떨어질 위험성이 높았고, 대학생을 대상으로 한 연구에서도 같은 결과가 나왔다.
>
> 대부분 중학교 2학년부터 대학교 2학년 정도까지가 인생에서 방황하기 쉬운 시기라 할 수 있는데, 이 시기는 인생을 크게 좌우하는 진로 선택의 시기이기도 하다. 이렇게 정체성을 확립하는 청소년기가 애착장애를 안고 있는 사람들에겐 더욱 큰 시련이 되기도 한다.
>
> 앞의 책, 131~132쪽.

어린 시절 애착장애를 가진 사람은 자녀 양육에서 문제를 일으킬 가능성이 높다고 한다. 스티브 잡스는 애플을 창업할 무렵 크리스 앤이라는 여성과 관계를 맺어 임신에까지 이르게 되었다. 이때 잡스는 강경한 태도로 앤에게 인공유산을 강요했다. 앤이 거부하자 잡스는 인연을 완전히 끊어 버린다. 훗날 태어난 딸이 친자감정 결과 친자식으로 밝혀졌는데도 잡스는 한동안 그 사실을 받아들이지 않았다고 한다.

스티브 잡스가 '꼴통'에서 벗어난 비결

애착의 원점은 부모다. 부모와의 관계 여하에 따라 애착의 건강성이 결정된다. 애착장애는 부모와의 관계 형성 과정에서 문제가 생긴 것이다. 따라서 애착장애를 극복하려면 부모와의 관계를 개선하는 방법이 가장 바람직하다. 그런데 부모에게 문제가 있을 수 있다. 이때 제3자가 안전기지 역할을 하는 것이 중요하다.

부모를 대신한다는 것은 모든 것을 다 보살펴야 한다는 의미가 아니라 안전기지가 된다는 뜻이다. 안전기지는 무슨 일이 생겼을 때 기댈 수 있고 자신을 지켜 줄 수 있는 피난처이며 안심할 수 있는 거처이자 마음의 버팀목이 될 수 있는 존재다. 그리고 바깥세계를 탐색하기 위한 베이스캠프이기도 하다. 분쟁이나 위험이 생기면 도망쳐 와서 도움을 요청할 수 있지만 언제나 그곳에 얽매일 필요는 없다.

앞의 책, 245~246쪽.

프랑스의 세계적인 소설가 장 주네(Jean Genet, 1910~1986)의 사례는 인상적이다. 그는 파리에서 사생아로 태어났다. 어린 시절 창부였던 엄마에게 버림받은 그는 애착장애의 전형적인 사례였다. 도둑질을 자신의 정체성으로 삼았을 정도로 심각한 상태였다. 어떻게 극복했을까.

그는 급진적인 정치 활동가 및 동성애자들과 동료 관계를 맺고 있었다. 그들은 도둑질을 장 주네만의 커뮤니케이션의 일종으로 받아 주었다. 결국 그는 20년 이상 지속된 도벽을 동료들의 전폭적인 지지에 힘입어 완전히 버릴 수 있었다.

스티브 잡스는 과거와의 화해를 통해 애착장애를 극복한 사례다. 오카다 교수에 따르면 애착장애를 극복하기 전의 잡스는 매우 산만하고 반항적이며 전투적이었다. 함부로 말하거나 행동했다. 그 누구도 믿지 못하는 그가 유일하게 믿은 것은 이익뿐이었다. 그렇다고 공허나 정신적인 불안정의 문제를 해결할 수는 없었다.

잡스는 자신의 인생에서 일대 전환기가 되는 인도 방랑 여행을 떠난다. 그곳에서 스승으로 섬긴 한 승려를 만났다. 생애 처음으로 마음의 안정을 찾기 시작했다. 자신을 믿고 지지해 준 승려 덕분에 애착장애를 극복할 수 있는 힘을 얻었다.

잡스는 친아버지와 여동생을 찾기 위해 백방으로 노력했다. 여동생을 찾아 부모가 자신을 양자로 보낼 수밖에 없었던 전후 사정을 들었다. 여동생이라는 버팀목으로 또 하나의 안전기지를 찾아낸 잡스는 친부모와 연락하게 되었다. 한편으로 양부모가 자신의 '부모'라고 주위에 적극적으로 알렸다.

이상화한 '환상의 부모'를 극복함으로써 '진짜 부모'를 재발견하고 부모에게 물려받은 것에 감사하는 과정이 잡스의 마음속에 일어났을 것이다. 그는 키워 준 부모와의 애착을 재확인하는 동시에 자신의 과거와 화해할 수 있었다. 그럼으로써 그의 애착 유형은 조금씩 안정화의 방향으로 자리를 잡았다. 그가 애플에서 내쫓겼던 상황을 긍정적으로 이겨 낼 수 있었던 것도, 그 후 더욱 매력적인 인격으로서 카리스마를 발휘한 것도 그의 내면에서 그러한 애착장애 극복 과정이 진행됐기 때문이다.

앞의 책, 276쪽.

장 주네의 동료들은 그의 도벽을 흔연히 받아 줌으로써 그가 20년간 계속된 악습을 버리게 도와주었다. 스티브 잡스의 인도인 스승은 질풍노도의 다리를 건너고 있던 잡스에게 든든한 안전기지가 되어 주었다. 동료들과 스승의 변함없고 아낌없는 지지 덕분에 장 주네와 스티브 잡스는 마음의 상처를 씻을 수 있는 힘과 토대를 얻었다.

'괴물' 교사 '괴물' 부모

작년에 중학교 2학년을 맡았다. 악명 높은(?) '중2병' 주인공들이 떼로 몰려 있는 학년이었다. 새 학년 초 교과서에 실린 기형도의 시 「엄마 걱정」을 읽고 공감이 가는 부분을 골라 그 이유를 적는 글쓰기 활동을 했다.

아이들 사이를 돌아다니며 살피다 한 아이 학습지에 "없다"라는 두 글자가 적혀 있는 게 보였다. 정말 아무것도 없느냐고 아이에게 물었다. 돌연 대들며 따지는 듯한 어조로 대꾸했다. "없어요." 강렬한 눈빛과 도전적인 표정이 '왜 내게 그런 질문을 하느냐. 내 말을 믿지 못한다는 거냐'라는 메시지를 던지는 듯했다.

순간적으로 욱하는 '괴물 중2'의 모습이 실감 나게 다가왔다. 잠깐이었지만 이른바 '교실 붕괴'의 한복판에 내던져진 듯한 두려움이 일었다. 아이가 왜 그랬을까. 청소년 전문가 이창욱은 『사춘기 쇼크』에서 요즘 10대를 다음과 같이 설명한다.

> 요즘 아이들은 스스로 "사춘기가 심하게 온다"고 이야기합니다. 과거 세대의 사춘기와 다르게 과격한 양상을 보이는 이유는 뭘까요? 가정환경과 사회구조의 변화가 가장 큰 원인입니다. 아이들은 공통적으로 '관심'과 '사랑'에 목말라 하고 있습니다. 아이들의 일탈행동 역시 관심을 받고자 하는 기본적인 욕구와 사춘기의 심리적인 특성이 더해진 결과입니다.
>
> 이창욱, 『사춘기 쇼크』, 19쪽.

동서고금을 막론하고 아이들은 어른들이 보기에 위태롭고 불안한 존재들이다. '요즘 어른'의 눈으로 보기 때문이겠지만, '요즘 아이들'은 그 정도가 좀 더 심한 것 같다. 이 시대의 많은 부모들이 불안 사회를 위태롭게 살아간다. 보통의 아이들은 아주 어린 시절부터 부모 품을 벗어나 유치원에서 보낸다. 아이들은 이른 아침부터 늦은 밤까지 유치원과 학원을 전전한다.

학교에는 애착장애를 가진 것처럼 보이는 아이들, 자신만의 안전기지를 갖지 못한 채 방황하듯 살아가는 아이들이 많다. 아이들은 지나치게 이른 시기부터 제한된 환경에서 지낸다. 다른 아이들과 부대끼게 되면서 자연스럽게 경쟁에 노출된다. 이창욱은 유치원 아이들의 경쟁을 유치원 교사의 관심과 사랑을 조금이라도 더 받기 위한 처절한 투쟁에 빗대기까지 한다.

어린 시절 충분한 관심과 사랑을 받지 못한 아이들이 사춘기에 들어서면 그동안 곪았던 마음의 상처가 터집니다. (중략) 어린 시절부터 몸에 밴 경쟁 심리는 이기주의로 발전하여 도덕적 기준마저 허물어 버립니다. 내가 불편하면 도덕이나 공공질서쯤은 지키지 않아도 된다고 생각합니다. 과거의 우정이 평등한 관계였다면, 지금의 우정은 주종관계에 가깝습니다. 과거의 사랑이 상호 헌신과 신뢰였다면, 지금의 사랑은 애정에 대한 집착에 가깝습니다. 버릇없이 행동하고, 쉽게 포기하고, 참을성 없는 요즘 사춘기의 특징이 모두 일맥상통합니다.

앞의 책, 112쪽.

어른들은 사춘기 아이들을 자신들만의 잣대로 재단하는 경향이 강하다. 아이들이 안정된 직장이나 많은 돈, 부유한 생활이나 출세 등을 바랄 것이라고 여긴다. 아이들 역시 그렇게 대답하는 경우가 많다. 초등생들이 장래 희망을 '취직'이라고 쓴다는 이야기가 더는 놀랍지 않다.

그런데 아이가 '안정된 직장'을 바라는 것은 진심으로 원해서가 아니라 부모나 드라마를 통해 무의식적으로 세뇌된 결과가 아닐까. 이창욱은 아이들이 진심으로 원하는 것은 '행복'이라고 단언한다. 돈 많이 벌어 오는 아버지가 아니라 퇴근하면서 붕어빵 한 봉지를 손에 들고 오는 아버지를 보면서 갖게 되는 느낌 같은 것 말이다.

"없어요"라고 말한 아이가 내게 까칠하게 도전했다는 생각은 편견의 결과물에 불과할지 모른다. 아이는 단지 내게 관심을 받고 싶었던 건 아닐까. "그래도 다시 한 번 살펴보렴. 시어 하나라도 눈에 들어오는 게 있으면 적어 봐." 아이는 더는 나를 '노려보지' 않았다.

그 뒤 아이는 수업 중에 대답을 곧잘 했다. 도무지 어떤 활동도 하지 않을 것 같았던 녀석이 언젠가는 짤막한 시 한 편을 만들어 냈다. 담배 피우는 아빠에 대한 걱정을 담은 시였다. 복도에서 마주치면 일부러 와 인사를 건넨다. 순간의 흥분을 이기지 못하고 윽박을 질렀거나 야단을 쳤다면 보기 힘들었을 모습이다.

아이들을 '이겨 먹으려는' 교사들, 교사의 권위가 아이들을 꼼짝 못하게 제압하는 데서 생긴다고 믿는 교사들이 있다. 그들은 아이들을 '당해내지' 못하는 동료 교사를 무능한 사람으로 평가한다. 새 학년이 시작되면 아이들을 단단히 옥죄는 데 힘쓴다. 조·종회에서 원칙과 규율, 질서를 강조하는 데 힘을 쏟는다.

아이들의 실수는 쉬이 용납되지 않는다. 떠드는 아이들에게 윽박을 지르고 뺀질거리는 아이들은 위협한다. 30명이 넘는 아이들이 교실에서 지내지 않느냐고 반문할지 모르겠다. 호르몬 작용의 자장권 아래 있는 10대는 언제 어디로 튈지 모른다. 그런 아이들을 엄격한 권위나 규율 없이 어떻게 다스리느냐고 묻는 것은 나름대로 일리가 있다.

삐딱하거나 배배 꼬인 아이가 불우한 가정환경이나 제대로 소통할 줄 모르는 부모 아래서 성장했다면 어떨까. 교사에게 함부로 대드는 아이가 또 다른 권위적인 교사 아래서 일방적으로 훈육을 당한 결과라면 어떻게 해야 할까. 아이들은 성장 환경과 부모를 스스로 선택하지 않았다. 교사를 직접 고르지 않았다.

'괴물' 아이들 뒤에 '괴물' 부모와 '괴물' 교사가 있다고 말하면 지나칠까. 말 안 듣는 아이들은 편견의 대상이 될 가능성이 높다. 평범해 보이는 아이들조차 폭풍의 한가운데를 지나고 있을 때가 많다. 애착 관계에 문제가 있는 것처럼 보이는 아이들은 더욱 그렇다. 교사가 아이들을 믿고 조용히 지켜봐 주는 것이 중요한 까닭이다. 아이들은 기다릴 줄 아는 교사 아래서 성장한다.

이미 하나의 인간인 아이들

야누슈 코르착(Janusz Korzak, 1878~1942)은 평생 폴란드의 고아들과 함께 살며 그들을 돌본 교육자였다. 제2차 세계대전 당시 가장 어린 다섯 살 꼬마를 안은 채 한 손에 다른 아이의 손을 잡고 190명이 넘는 아이들과 함께 나치의 강제 수용소로 향했다. 그는 함께 간 아이들 모두와 함께 죽음의 가스실에서 최후를 맞았다.

코르착은 세상의 아이들을 새롭게 바라보게 만드는 통찰력 넘치는 말들을 많이 남겨 주었다. 그는 아이들에게 필요한 것이 오직 사랑받고 존중받는 것이라고 말했다. 아이들은 미래를 살 사람이 아니라 오늘을 사는 사람이라고 했다. "아이는 비로소 인간이 되는 것이 아니라, 이미 하나의 인간이다"라는 말은 1989년 유엔 아동권리협약의 밑바탕이 되었다.

코르착의 정신은 여전히 유효하다. 10대는 몸과 정신이 성인 못지않지만 '미성년'이라는 이유로 기본 권리를 침해당할 때가 많다. 그들의 성장을 돕는다는 가족과 학교는 통제와 속박을 일삼는다. 문화사회연구소 연구원인 김성윤은 『18세상』에서 10대를 억압함으로써 우리 사회 체계가 유지된다는 도발적인 주장을 펼쳤다. 이를 위해 든 논거가 ADHD였다.

1974년 우리나라 고혈압 환자가 갑자기 3배로 늘어났다고 한다. 2003년에는 그 수가 10배로 급증했다. 한국인의 식습관이 급격하게 변하고, 건강관리에 문제가 생긴 사람이 늘어나서였을까.

김성윤은 낮아진 고혈압 '기준치' 때문이라는 허를 찌르는 답을 내놓는다. 수축기와 이완기 각각 '160, 100 이상'이던 기준치가 1974년에 '140, 90'으로, 2003년에 '130, 85'로 바뀌었다는 것이다. 이로 인해 과거에는 멀쩡했던 사람들이 스스로를 환자로 여겨 자기 존중감이 떨어지거나 평생 약을 달고 살게 되었다고 한다.

ADHD 문제도 이와 비슷한 맥락에 있다. 김성윤은 직접 체크리스트를 통해 ADHD 검사를 실시했다고 한다. 주의력결핍장애가 특히 심한 ADHD에 해당한다는 결과가 나왔다. 주변 사람 중에도 ADHD가 아닌 사람이 드물 정도였다고 한다. 이들은 진짜 ADHD '환자'일까. ADHD의 창시자가 했다는 다음 말에 단서가 있다.

> 2012년 독일 『슈피겔Der Spiegel』에 흥미로운 기사가 실렸다. ADHD의 창시자로 일컬어지는 레온 아이젠버그(Leon Eisenberg)가 죽기 7개월 전 "ADHD는 허구적인 질병의 대표적인 사례"라고 고백했다는 것이다. 그는 ADHD라는 질병을 만든 대가로 제약회사로부터 엄청난 규모의 펀드를 제공받았다고 한다.
>
> 김성윤, 『18세상』, 209쪽.

ADHD의 유행(?) 덕분일까. 학교에는 아이가 조금만 산만하거나 삐딱해 보이는 행동을 해도 ADHD라고 지레 판정하는 교사들이 많다. 부모들은 공부 안 하고 나쁜(?) 친구를 만나 질풍노도의 시기를 보내고 있는 자녀들을 보며 "ADHD 때문이겠지"라며 성급하게 자가 진단을 한다. 오늘날 우리는 신경정신과가 문전성시를 이루는 풍경이 더는 낯설지 않은 세상에서 살고 있다.

김성윤에 따르면 10대 특유의 '불안'과 '불만'은 '우울'로 대체된다. 그 과정에 ADHD로 대변되는 청소년 우울증 담론이 효과를 발휘한다. 모든 문제는 '우리(사회, 어른)'에게 있는 게 아니라 미성숙하고 자아정체성이 덜 확립된 '너희(10대)'에게 있다는 담론 역시 청소년 우울증 담론으로부터 비롯된 것이다.

문제의 원인을 아이들에게서 찾는 담론은 학교와 교사, 부모들이 만들어 놓은 '불편한 진실'을 효과적으로 은폐한다. 경쟁의 수레바퀴 아래로 들어간 아이들은 자책하고 포기하는 데 익숙해진다. 만성화한 우울은 아이들을 무기력하게 만든다. 그런 아이들은 손쉽게 ADHD '환자'처럼 낙인이 찍힌다.

'중딩' 영수(가명)는 담배를 피운다. 하루에 1갑 가까이 피우는 '골초'였는데 지금은 10개비 아래로 줄었다. 어느 날 수업 시간이었다. 어떤 일로 잠깐 교무실에 다녀오던 영수 주변에서 담배 냄새가 났다. 손가락 끝을 쥐고 맡아 보니 담배 냄새가 진하게 났다. '담배 피운 거냐'고 물었다. 영수는 대뜸 '억울하다'고 했다. 손가락에 코를 대 보니 여전히 담배 냄새가 났다.

교실 밖으로 불러냈다. 물어보니 아침 등굣길에 피운 것이라고 했다. 거짓말처럼 들렸다. 표정을 보더니 "믿지 못하시네"를 연발했다. 다시 한 번 손가락 끝을 코에 갖다 댔다. 헷갈렸다. 영수 말이 맞는 것도 같았다. 냄새가 그다지 진하지 않았다.

믿기로 했다. 아침에 피운 담배를 어떻게 구했는지 물었다. 미리 '준비'한 것처럼 구체적인 장소와 상황이 술술 나왔다. 멀쩡한 담배 개비가 길거리에 있었다고 한다. 조용히 다 들었다. 하루 피우는 양을 물어보니 10개비 정도라고 했다. 담배 폐해를 조곤조곤 말해 주었다. 조용히 듣고 있던 영수가 말했다. "선생님, 끊는 게 쉽지 않아요. 저도 힘들어요."

언젠가는 수업을 통째로 빠졌다. 새 학년 시작한 지 얼마 지나지 않은 때였다. 그 며칠 전 잘해 보자며 서로 손바닥을 마주치기도 했다. 수업이 끝난 뒤 불렀다. 괘씸했지만 화를 눌러 참고 물었다. "매점에서 과자 사 먹다가 늦었어요."

과자를 한 시간 내내 먹을 수는 없지 않느냐고 했다. 영수가 대답했다. "어느 고등학교 갈 건지 영국(가명)이랑 서로 상담해 줬어요. 선생님, 우리도 고등학교 갈 수 있을까요?" 대개 책상에 엎드려 자거나 지우개 장난만 즐기는 영수였다. 솔직히 놀랐다.

영수는 대다수 선생님들로부터 '꼴통' 취급을 받았다. 담배를 피우고, 툭하면 수업 시간에 빠지며, 후배들을 건들고 괴롭힌다. 그런 아이를 좋아할 선생님은 별로 많지 않다. 영수의 '비행'을 바라보며 그가 어떤 삶을 살아왔는지 신중하게 고려하는 일은 쉽지 않다. 우리는 '귀'보다 '눈'에 의지해 사람을 판단한다.

"그 사람은 무엇을 하고 있는가?", "그 사람은 지금 어떤 감정을 느끼고 있는가?" 대부분의 경우 이런 질문에 대한 답은 상대적으로 무난하다. 그리고 이 질문에 대한 답을 찾기 위한 1차적이면서도 가장 중요한 '방법론'은 우리 모두가 매일 사용하는 방법, 즉 그 사람에게 직접 물어보는 것이다. (중략)

이런 방법론에는 반드시 숙고의 과정이 필요하다. 이는 각자의 환경에 대한 적당한 해석 능력과 비평 능력이 있음을 인정하는 것이기도 하다. 또한 이런 방법론에는 다른 사람의 말에 귀 기울이는 기술이 필요한데, 감시하고 시각화하는 권력을 특권처럼 여기는 사회에서 이런 기술은 이미 종적을 감

추었다. (중략)

객관적인 심리적 척도를 중심으로 조직된 사회에서 경청의 힘은 대단히 전복적인 잠재력을 갖는다. 눈의 감각 능력을 중심으로 설계된 정치 체제에서 귀의 감각 능력을 중시하는 데는 무언가 급진적인 구석이 있다.

윌리엄 데이비스, 『행복산업』, 305~306쪽.

교사가 처음부터 아이들에게 따뜻한 마음으로 다가가야 한다. 애착에 문제가 생겨 '제2의 유전자'를 손상당한 아이들일수록 더 그렇다. 유년 시절부터 억압과 훈계에 길들여진 아이들이 대개 심한 '사춘기앓이'를 한다. 그런 아이들의 모습만을 '보고' 문제아 낙인을 찍으면 문제가 심각해진다.

규율과 권위를 중시하는 교사와 '사춘기앓이'를 심하게 하는 아이는 서로 극과 극이다. 그대로 관계를 맺는다면 그들 앞에 파국이 생겨날 가능성이 크다. 상처를 받아 마음을 닫은 아이들에게는 진심 어린 인정과 칭찬, 대가 없는 관심과 사랑이 절실하게 필요하다. '눈'이 아니라 '귀'를 더 활짝 열어야 한다. 스티브 잡스와 장 주네의 이야기를 읽으며 떠올리는 단상이다.

4장
공부 못하는 아이는 성적에도 관심이 없다고?

신창원을 '악마'로 만든 사람

신창원(1967~현재)은 희대의 탈주극을 벌인 것으로 유명하다. 인터넷 한국어 『위키백과』에서 신창원에 대한 설명은 "대한민국의 수감자로, 1997년 탈옥한 것으로 유명하다"라는 문장으로 시작된다. 그는 무기징역을 선고받은 중범죄자다.

신창원에게도 어린 시절이 있었을 것이다. 안타깝게도 그의 유년기는 유복하지 못했던 듯하다. 그는 따뜻한 사랑과 관심을 제대로 받을 수 없는 환경에서 자랐다. 모친은 그가 어렸을 때 세상을 떠났다고 한다. 집안 형편이 가난해 제대로 된 교육을 받지 못했다. 아버지는 매우 엄한 사람이었다. 범죄심리학자인 표창원 전 경찰대 교수는 한 언론에서 신창원이 15살에 물건을 훔치자 아버지가 그를 경찰서에 끌고 갔다고 증언했다. 그때 처음으로 소년원에 들어갔다고 한다.

인터넷에는 그의 사진이 많다. 한때 유행을 일으킨 화려한 꽃무늬 쫄티를 입고 찍은 사진부터 죄수복 차림의 사진까지 수십 장이 올라 있다. 그가 초등학교 다닐 때 찍은 것으로 보이는 사진 한 장을 본다. 사진 속의 그는 얇고 허름한 트레이닝복을 입고 있다.

1980년대 초반쯤일 게다. 그 시절 가난한 아이들에게 교복이나 국민복 같은 복장이다. 오른편 가슴에는 짙은 분홍색의 조화가 꽂혀 있다. 졸업식 기념으로 찍은 사진일까. 그의 모습은 그와 비슷한 또래인 나나 내 친구들의 그 시절 모습과 크게 달라 보이지 않는다. 그런데 그는 한 시대를 '대표하는' 범죄자가 되었다.

> 지금 나를 잡으려고 군대까지 동원하고 엄청난 돈을 쓰는데 나 같은 놈이 태어나지 않는 방법이 있다. 내가 초등학교 때 선생님이 '너 착한 놈이다' 하고 머리 한 번만 쓸어 주었으면 여기까지 오지 않았을 것이다. 하지만 5학년 때 선생님이 "새끼야, 돈 안 가져왔는데 뭐 하러 학교 와. 빨리 꺼져" 하고 소리쳤는데 그때부터 마음속에 악마가 생겼다.

신창원의 변호를 맡은 엄상익 변호사가 『신창원 907일의 고백』에 기록한 신창원의 육성 중 일부라고 한다. 소년 신창원을 경찰서로 끌고 간 엄한 아버지를 상상해 본다. 신창원의 아버지는 엄마 없이 자란 어린 아들이 애틋하지 않았을까. 자식을 올바르게 키우고 싶은 심정을 이해하면서도 어린 신창원을 경찰서에까지 끌고 간 것을 납득하기 힘들다.

신창원이 5학년 때 만난 매정한 선생님도 마찬가지다. 그는 어린 신창원의 어머니가 일찍 돌아가신 걸 몰랐을까. 그 시절 시골 아이들 대다수는 가난을 숙명처럼 안고 살았다. 선생님 자신이 박봉으로 풍족한 삶을 누리기 힘들었을 것이다. 그런데 그는 어린 신창원에게 그토록 모진 말을 쏟아 냈다.

신창원을 '1급 범죄자'로 규정하는 태도는 사태의 일면만 보는 것이다. 영국의 문학평론가 테리 이글턴(Terry Eagleton, 1943~현재)은 최근작 『악』

에서 행위란 행위자가 사악하지 않아도 사악할 수 있다고 말했다. 그에 따르면 인간의 부도덕한 행동은 물적 제도와 밀접한 관련을 맺으며, 그렇기 때문에 원죄가 인간만의 잘못이 아니듯 그 행동이 전적으로 부정을 저지르는 이들의 잘못만은 아니라고 보았다.

'감정이입empathy'과 '공감sympathy'이라는 두 개의 단어를 떠올린다. 영국 이스트앵글리아 대학교 명예교수인 데이비드 호우(David Howe)의 『공감의 힘』에 따르면 '감정이입'은 그리스어 'empatheia'에서 유래한 말이다. 여기에는 '외부에서 감정 속으로 파고들어 가다', '타인의 감정, 열정, 고통과 함께하다'라는 뜻이 담겨 있다고 한다.

호우는 감정이입을 다른 사람의 감정pathos을 알아차리고 그 내면으로 들어가em 이해하는 것으로 정의한다. 공감은 다른 사람과 동일한sym 감정pathos이 되는 것으로 풀이한다. 모두 타인에 대한 진심 어린 관심과 이해를 바탕으로 한다.

우리 뇌에는 '거울 뉴런mirror neuron'이 있다. 거울 뉴런은 다른 사람을 흉내 내려고 할 때 점화되는 뇌 세포다. 아기에게 숟가락으로 밥을 떠먹일 때 엄마가 자신도 모르게 입을 벌리는 것은 거울 뉴런이 작동하기 때문이다. 거울 뉴런은 타인의 정서에 쉽게 전염될 수 있게 만든다. 다른 사람의 몸짓을 무의식적으로 모방하고 감정에 공감할 수 있도록 한다.

공감 능력이 없거나 떨어지는 사람들이 있다. '사이코패스psychopath'나 '소시오패스sociopath'를 포괄하는 '반사회성 인격장애자'가 대표적이다. 그들은 타인의 고통을 목격해도 감정적으로 별다른 영향을 받지 않는다. 타인에게 고통을 가할 때 양심의 가책을 느끼지 못하며 쾌감을 느끼기까지 한다. 사회적 제재나 도덕적인 행동 양식을 낳는 원인이 되는 공감이 없기 때문이다. 그들은 욕망을 채우기 위해 원하는 것을 얻는 데 필요하다고 생각하는 대로 행동할 뿐이다.

신창원의 아버지나, 그가 5학년 때 만난 선생님이 반사회성 인격장애자는 아닐 것이다. 그들 모두 진심으로 신창원을 위했을 수 있다. 적어도 신창원의 고백에 따르자면 그의 내면에는 원래 '악마'가 들어 있지 않았다. 신창원의 가슴에 자리 잡은 악마는 공감 능력이 떨어진 그들이 집어넣은 게 아닐까.

호우는 정서적으로 교감을 잘하는 부모 아래서 자란 아이가 공정하고 사회성이 높은 사람으로 성장할 수 있다고 말한다. 아이에게 타인 지향적 성향을 길러 주는 가정이 공감 능력이 뛰어난 아이들을 배출한다는 것이다. 신창원은 불행하게도 그와 같은 사람을 별로 많이 만나지 못한 듯하다. 악마가 그의 마음 한구석을 차지한 것은 당연한 귀결이었는지 모른다.

사람은 다른 사람에게 '늑대'일 뿐일까

반사회성 인격장애는 환경의 지배를 크게 받는다. 호우는 대다수 사이코패스의 가족사가 부모의 무관심과 방치, 육체적인 학대와 정서적인 훼손 등으로 특징지어지는 경향이 있다고 주장한다. 그에 따르면 어느 나라든지 전체 인구의 2퍼센트가 사이코패스와 같은 반사회성 인격장애를 갖고 있다. 우리나라 인구를 5000만 명 정도로 본다면 100만 명 정도의 반사회성 인격장애자가 있다는 말이다. 엄청난 수다.

반사회성 인격장애자가 제멋대로 날뛰는 세상은 상상만으로 끔찍하다. 피부로 느껴지는 세상사는 고약하다. 대체로 이기적인 사람들이 잘 풀린다. 약삭빠르게 시류에 편승하고 세상일에 적응한다. 손해가 생기는 일은 하지 않는다. 힘든 일은 다른 사람에게 미루고, 쉽게 할 수 있는 일은 어떻게 해서든 자신이 맡는다. "세상은 이기적으로 살아야 해"라는 탄식이 절로 나온다. "먹는 게 우선이다. 도덕은 그다음이다"라는 베르톨트 브레히트(Bertolt Brecht, 1898~1956)[14]의 말에 고개를 끄덕인다.

세상은 힘 있는 자들이 폭력으로 이끌어 가는 게 당연한 것처럼 보인다. "전쟁은 만물의 아버지"라고 한 그리스 철학자 헤라클레이토스(Heracleitos, ?B.C.540~?B.C.480)의 말에는 인간사의 진실 한 토막이 담겨 있는 듯하다. 호모 사피엔스(Homo Sapiens, 생각하는 인간)가 아니라 호모 비올렌스(Homo Violens, 싸우는 인간)가 실상에 가까운지 모르겠다. 로마 시인 티투스 마키우스 플라우투스(Titus Maccius Plautus, ?B.C.254~B.C.184)가 말한 "인간은 인간에게 늑대Homo homini lupus"도 시적인 비유로만 들리지 않는다.

인간은 본질적으로 이기적인 존재라고 믿는 사람들이 많다. 백화점 세일 행사에서 할인 코너를 향해 질주하는 사람들을 보라. 가벼운 접촉 사고를 낸 뒤 길 한가운데 서서 서로 삿대질 해 가며 다투는 사람들은 어떤가. 사탕 한 개를 놓고 옥신각신 다투는 어린아이들은 이기적인 인간의 오래된 초상 같다.

자선과 나눔을 실천하는 이타적인 사람들을 근거로 반론을 제기하고 싶은 이들이 있을지 모른다. 캘리포니아과학아카데미의 진화심리학자 마이클 기셀린(Michael Ghiselin, 1939~현재)은 그런 사람들을 향해 "이타주의자를 할퀴면 위선자의 피가 흐른다"라는 말로 찬물을 끼얹었다. 과학철학

---

14. 인간의 이기성과 관련하여 인용하는 말들은 베르너 지퍼의 책 『우리 그리고 우리를 인간답게 해 주는 것들』에서 빌려 왔다.

자 장대익은 『다윈의 식탁』이라는 책에서 테레사 수녀를 이기적인 유전자로 설명할 수 있게 만드는 진화학자들의 견해를 소개했다. 모두 타인을 위한 희생이나 헌신조차 이기적 목적을 위한 것으로 규정하는 입장들이다.

미국 생물학자 가렛 하딘(Garrett Hardin, 1915~2003)은 인간의 이기성을 설명하기 위해 '공유지共有地의 비극'이라는 유명한 예화를 들었다. 독일의 저명한 뇌 과학자인 베르너 지퍼(Werner Siefer)를 통해 그의 이야기를 들어 보자.

전쟁이나 맹수의 공격, 질병 등으로 가축과 인간의 수가 적정 수준으로 유지되는 목초지가 있다. 그곳은 자라는 풀의 양보다 훨씬 적은 양의 풀을 소비하는 수준에서 유지된다. 누구나 자유롭게 이용할 수 있는, 말 그대로의 공유지다.

어느 날 평화가 정착하고 의학이 발전하면서 문제가 발생한다. 가축을 치는 사람들이 소득을 늘리기 위해 고민하기 시작한다.

가축을 치는 사람들은 다 똑같은 생각을 하게 된다. 목초지에서 한 마리의 양이라도 더 풀을 뜯게 한다면, 다른 사람보다 좀 더 이익을 보게 된다고 생각하는 것이다. 물론 그들은 그 결과로 목초지가 다소 훼손될 수 있다는 점을 알지만 그로 인해 발생하는 피해는 다른 사람들과 공동으로 부담하면 되기 때문에 자신이 손해 볼 일은 없다고 판단한다. 이익은 내가 챙기고 그 대가는 공동으로 치르는 것이다. (중략) 하지만 모두가 똑같은 생각을 하기 시작하면 모두가 공유하는 그 목초지는 곧 황폐해질 것이다. 목초지가 제공하는 풀에 비해 지나치게 많은 가축은 결국 목초지 전체를 파괴할 것이다.

베르너 지퍼, 『우리 그리고 우리를 인간답게 해 주는 것들』, 17쪽.

'공유지의 비극'의 불행한 결말이다. 실제 현실도 비슷하다. 모두 함께 써야 하는 공공의 자원, 이를테면 지구는 '이기적인 유전자'의 명령을 따르는 것처럼 보이는 인간에게 유린당한다. 이런 현실이 어쩔 수 없다는 의식이 팽배하다. 사람들은 생물학자 리처드 도킨스(Richard Dawkins)류의 '이기적인 유전자론'을 도그마dogma처럼 받아들인다. 인간은 이기주의로 인한 파국을 피할 수 없는 존재일까.

인간은 처음 만나는 낯모르는 사람과 자연스럽게 교류할 수 있는 존재다. 고통으로 힘들어하는 사람을 보면 다가가 따뜻한 위로의 말을 건넬 줄 안다. 많은 이들이 힘들게 살아가는 이웃들에게 손을 내밀어 도움을 준다. 우리가 바라보는 이 세상과 그곳에서 살아가는 사람들의 삶 속에는 이기주의와는 다른 공감과 협력, 이타주의가 넓게 자리 잡고 있다.

생물학적으로 볼 때 사람은 무리를 지어 살며 새끼를 돌보는 사회적 포유류에 속한다. 피터 싱어는 『이렇게 살아가도 괜찮은가』에서 사회적 포유류에게서 이기적이지 않은 행동이 쉽게 관찰된다고 말한다.

돌고래들은 중간중간 물 위로 올라와 숨을 쉬어야 한다. 심하게 다쳐 혼자 힘으로 수면까지 헤엄쳐 올라오지 못하는 돌고래가 있을 때 다른 돌고래들은 그 상처 입은 동료를 수면으로 밀어 올린다.

늑대와 들개는 먹이 사냥을 끝낸 뒤 사냥에 참여하지 않은 무리와 고기를 함께 먹는다. 침팬지는 어떤 나무 열매가 익었는지 동료에게 알려준다. 집단 전체가 좋은 나무에 올라가 있을 때는 함께 있지 않은 다른 침팬지들을 불러 모으려고 1킬로미터 떨어진 곳까지 소리가 들리도록 고함을 지른다.

늑대들의 싸움에 관한 싱어의 설명을 보면 진리처럼 통용되는 이기적 유전자론을 새삼 되돌아보게 된다. 늑대 두 마리가 싸움을 벌인다. 패배자가 자신의 부드러운 목 부위를 승리자의 송곳니 앞에 갖다 대어 복종의 몸짓을 취한다. 승리자는 패배자의 경정맥을 물어뜯을 기회를 버리고 상징적 승리에 만족한 채 돌아선다. 적을 살려 두면 후환이 될 수 있다. 순전히 이기적인 관점에서 보면 승리자 늑대의 행동은 어리석게 보인다.

> 그러나 승리한 늑대의 이익보다 더 넓은 관점에서 이 해답을 찾을 수 있지 않을까요? 간단히 말해서 자기 먹거리와 안전, 성욕만을 추구하며 상대방을 죽여야 내가 살 수 있는 생사의 투쟁이 벌어지는 곳을 자연으로 생각해서는 안 됩니다. 생물학과 진화론은 그렇게 이야기하지 않습니다. 생존하고 유전자를 퍼뜨리려면 앞에서 묘사한 것보다 훨씬 복잡한 과정을 겪어야 합니다.
>
> 피터 싱어, 『이렇게 살아가도 괜찮은가』, 141쪽.

돈에 집착하는 모습을 통해 인간의 이기성을 설명하는 시각이 있다. 그런데 사람들이 재물에 집착하는 태도가 원래부터 당연하게 받아들여진 것은 아니었다. 피터 싱어에 따르면 고대 그리스에서 초기 기독교 시대를 거쳐 중세 말에 이르기까지 서구 문명사의 4분의 3이 넘는 기간 동안 돈을 버는 것은 수치스러운 일이었다. 돈을 이용하여 돈을 버는 행위는 특히 혹독한 비난을 받았다. 이러한 태도가 바뀌게 된 것은 자본주의의 도래 이후였다. 돈에 집착하는 이기적인 모습이 자연스럽게 받아들여진 것은 최근 2세기의 일이다.

독일 막스플랑크진화인류학연구소의 심리학자 마이클 토마셀로(Michael Tomasello, 1950~현재)가 진행한 실험 결과는 서로 도우며 살아가는 인간의 모습이 본능 같은 게 아닌가 하는 생각을 갖게 한다. 토마셀로는 생후

18개월 된 아이들 앞에서 어른(실험자)이 무심결[15]에 물건을 떨어뜨리거나 책을 쌓는 행위를 할 때 아이들이 어떤 반응을 보이는가를 관찰했다. 아이들은 아무런 대가도 바라지 않고 도움을 줬다고 한다.

'요시찰 대상 1호'가 된 아이

신창원에게 '악마'를 깃들게 한 5학년 때 선생님 이야기를 읽으며 두 아이를 떠올렸다. 몇 년 전 만난 지윤(가명)과 형숙(가명)이다.

지윤이는 주변이 어수선했다. 흔한 말로 산만했다. 지윤이에게 수업 시간은 단짝 친구와의 대화 시간이었다. 수업 시간에 친구와 함께 끝없이 속닥거렸다. 가끔은 메모 쪽지로 대화를 나눴다.

지윤이는 짝꿍과 함께 몸 대화를 잘했다. 대놓고 보라는 식의 커다란 몸짓은 아니었다. 그래도 친구와 함께 몸을 언어 삼아 투닥거리면 주변이 소란스러워졌다. 보지 않으려 했지만 눈에 들어왔다. 나는 그런 지윤이가 익숙했다. 다른 선생님들에게는 '멘붕'을 불러온 모양이었다. 지윤이는 교사들 사이에서 '찍힌' 아이가 되었다.

지윤이는 짝꿍이 친한 친구가 아닐 때 혼자 책상에 엎드려 있을 때가 많았다. 언뜻 보면 잠을 자는 것 같았다. 자주 피곤해하는 지윤이는 실제로 잠을 잘 잤다. 책상 상판에 뺨을 댄 채 눈을 감고 있거나 볼펜을 '탁탁탁' 두드렸다.

어느 날 볼펜 소리가 한 선생님에게 반항의 언어로 다가간 적이 있었

---

15. 실험으로 가장한 '무심결'이었다고 한다.

다. 그는 날 선 언어로 지윤이를 비난했다. 나 또한 날것의 언어로 그를 비난했다. 지윤이가 선생님들로부터 집중적인 관찰 대상, 일제강점기나 독재 시대 용어로 말하자면 '요시찰 대상 1호'처럼 취급받는 것 같아서였다.

대다수 선생님들은 지윤이에게 무심했다. 지윤이가 친구와 속닥속닥 이야기를 나누거나, 볼펜으로 책상을 두드려도 모른 체했다. 지윤이는 선생님들에게 따따부따 잘 따졌다. 그들은 지윤이와 '엮이는' 게 싫었을 것이다. 그들이 지윤이를 '유령'처럼 대할수록 지윤이의 볼펜 소리는 더 커졌다.

그러거나 말거나 지윤이는 에너지가 넘쳤다. 신출귀몰하듯 위아래 층 교실을 오가며 친구들을 찾아다녔다. 쉬는 시간에 지윤이가 엎드려 있는 모습은 보기 힘들었다. 그렇게 만난 친구들 사이에서 지윤이는 이야기를 주도했다. 요컨대 리더십이 강했다.

지윤이는 스스로 결정하는 힘이 셌다. 하고 싶은 일과 하기 싫은 일을 분명히 가를 줄 알았다. 해야 하는 일과 해서는 안 될 일을 또렷이 구별했다. 하고 싶은 일은 적극적으로 실천했지만 하기 싫은 일은 하지 않았다. 할 수 있고 해야 한다고 판단하는 일은 말없이 해냈다. 해서는 안 되는 일, 할 수 없는 일은 하지 않았다. 공부는 못해도 자기 나름의 깜냥이 있었다. 이른바 자기주도성이 강했다.

지윤이는 좋아하는 것과 싫어하는 것, 바라는 것과 바라지 않는 것을 솔직하게 말할 줄 알았다. 대다수 아이들은 그렇지 않았다. 교권이 추락한 시대라고 하지만 교사에게 자신의 호불호를 대놓고 말할 수 있는 아이는 별로 많지 않다. 여전히 '갑'인 교사에게 '찍힐' 것을 감수하는 일은 현실적으로 이롭지 않다. 지윤이는 그렇게 했다. '용기' 있는 아이였다.

지윤이는 학교 교과 성적이 형편없었다. 고민이 없지 않았다. 어느 날 지윤이가 교무실로 찾아온 적이 있었다. 진지한 표정을 지으며 성적 때문에 고민이 많다고 했다. 어떻게 하면 좋겠냐며 조언을 구했다. 수업에 충실하라고 말했다. 알았다고 대답하며 갔다. 동료 교사들에게 지윤이 이야기를 들려주었다. 정말이냐며 모두 놀라워했다.

형숙이는 국어를 좋아하는 아이였다. 학습 활동을 하기 위해 학습지를 나눠 주면 눈빛을 반짝거렸다. 아이들에게 고유의 언어로 자신의 경험과 생각과 느낌을 직접 쓰게 하는 활동을 자주 시켰다. 그런 글쓰기 활동을 특별히 좋아했다.

형숙이가 쓰는 글은 다른 아이들의 글과 꽤 달랐다. 형숙이는 칼로 직접 깎은 나무 연필을 즐겨 사용했다. 굵다란 흑심이 들어 있는 나무 연필은 끝을 뾰족하게 깎아도 금방 뭉툭해진다. 글자를 쓰기 시작하면 얼마 지나지 않아 끝이 닳는다. 그래서였을까. 형숙이가 쓴 글자들은 통통했다. 볼 때마다 따뜻한 느낌이 들었다.

형숙이가 쓴 글자는 꾹꾹 눌러 쓴 티가 많이 났다. 휘갈기는 게 아니라 또박또박 정성 들여 썼다. 덩치도 컸다. 가로와 세로가 1센티미터에 가까웠다. 글자 상단이 우상右上 방향으로 30도 정도 살짝 기울어진 모습은 역동적으로 보이기까지 했다. 글자들이 늘어서 있는 모습을 보고 있노라면 친한 벗들이 어깨동무를 하고 다정하게 걸어가는 듯했다.

형숙이는 말이 느렸다. 심하지 않지만 어눌했다. 몇몇 아이들은 형숙이가 무언가를 발표할 때 낮게 킥킥거렸다. 그럴 때 형숙이는 얼굴이 빨개지면서 말을 더 더듬거렸다. 그런 형숙이를 보고 있으면 속이 상했다. 킥킥거리는 아이들이 야속했다.

그런데도 형숙이는 대범했다. 킥킥거리는 아이들 웃음소리를 들으면서도 미소를 지우지 않았다. 얼굴만 조금 빨개지는 게 전부였다. 아이들이 킥킥거릴 때 표정이 굳어지는 걸 본 적이 없다. 그런 형숙이가 안쓰러우면서도 대견했다. 그럴 때 형숙이는 꼭 온화한 부처님 같았다. 형숙이는 가끔 내 손에 조용히 사탕을 쥐어 주고 가곤 했다. 정 많고 인간적인 아이였다.

헝겊 원숭이 철사 원숭이

서른 명이 넘는 아이들이 있는 대한민국 교실에 형숙이처럼 부처님 같은 아이들만 있는 건 아니다. 산만하게 떠들어 여차하면 수업을 방해하는 주범으로 몰리고, 공부를 못한다고 선생님이나 친구들로부터 눈총을 받는 수많은 '지윤'이가 있다. 조금 특별한 외양이나 인지적 특성을 가졌거나, 특이해 보이는 행동을 해서 눈에 쉽게 띄는 수많은 '형숙'이가 있다.

타인의 공감과 인정으로부터 배제되기 쉬운 그런 '지윤'이와 '형숙'이들 한편에 '가짜 나'가 주인이 되어 '가짜' 삶을 살아가는 이름 없는 평범한 아이들이 있다. 그들이라고 조용히 살아갈 수 있는 건 아니다.

1959년 미국 심리학자 해리 할로(Harry Harlow, 1905~1981) 박사는 한 가지 실험을 진행했다. 그는 갓 태어난 붉은털원숭이를 어미에게서 떼어 놓았다. 아기 원숭이 앞에 가짜 어미, 곧 일종의 대리모 구실을 하게 될 인형 두 개를 놓아두었다. 가슴에 우유병을 단 철사 원숭이 인형과 부드러운 천으로 만든 헝겊 원숭이 인형이었다. 아기 원숭이가 각각 철사와 헝겊으로 만든 가짜 어미를 어떻게 대하는지 살핌으로써 부모와 자녀 사이의 애착 문제를 따져 보기 위해서였다. 유명한 '헝겊 대리모 실험'이었다.

아기 원숭이는 배가 고플 때만 철사 원숭이가 있는 칸으로 들어갔다.

주위를 두리번거리며 불안하게 우유를 빨아 먹은 아기 원숭이는 서둘러 헝겊 원숭이가 있는 칸으로 돌아왔다. 인터넷에서 실험 영상을 찾아보았다. 영상 속의 아기 원숭이는 헝겊 원숭이 인형에게서 진짜 어미의 품을 느끼고 있는 듯했다.

문제는 실험 이후였다. 할로 박사는 헝겊 원숭이 인형을 대리모로 삼았던 아기 원숭이들이 제대로 자라지 못한 것을 발견했다. 아기 원숭이들은 폭력적이었고 무리 내에서 반사회적인 행동을 했다. 자폐 증상 때문에 자신을 물어뜯을 때가 있었다. 헝겊 인형 대리모에게서 느낀 부드러움은 진짜 어미의 따뜻함을 대신할 수 없었다. 애착 문제에 트라우마를 갖게 되었기 때문이다.

> 할로 박사는 이 상처받은 원숭이를 치료하기 위해 애착 관계를 잘 형성한 치료자 원숭이를 우리에 넣었다. 치료자 원숭이는 어미와 애착 관계를 잘 형성하고 동료 원숭이들과도 건강한 관계를 유지하고 있는, 정서적으로 안정된 원숭이였다. 치료자 원숭이를 트라우마가 있는 원숭이 옆에 두자 신기한 일이 발생하였다. 상처받은 원숭이가 서서히 변화하는 것이었다. 치료자 원숭이와 정서적인 교감을 나누면서 트라우마가 있는 원숭이의 정서가 자연스럽게 안정되었다.
>
> 치료자 원숭이는 어미로부터 안정적인 공감을 받은 원숭이였다. 그리고 그 존재 자체로 상처 입은 원숭이에게 긍정적인 힘이 되었다. 이 실험은 큰 의미가 있다. 어린 시절 부모나 주변인들로부터 공감받지 못하고 자란 사람의 마음도 치유될 수 있다는 희망을 보여 준 것이다.
>
> 최광현, 『가족의 발견』, 236~237쪽.

교사들은 '착한' 아이들을 좋아한다. 조용하고 고분고분한 아이들을 편애한다. 그런 아이들을 대놓고 칭찬하는 교사들도 많다. '평범한' 대다수 아이들 앞에서 '비범한' 다른 아이를 치켜세운다.

그 과정에서 아이들은 '살아남기 위해' 교사가 원하는 이미지를 만들어 낸다. '가짜 나'를 만드는 것이다. 그 '가짜 나'를 내세워 교사와 친구를 속이고 스스로를 속인다. 어느 순간부터 '가짜 나'가 '진짜 나'를 쫓아내고 주인 행세를 한다. 마음의 주인이 뒤바뀐 그때부터 아이들의 삶은 '가짜'의 길을 따른다.

가족치료 전문가인 최광현은 우리가 아들이거나 딸이어서 부모의 사랑을 받은 게 아니라 주어진 역할에 충실해서 사랑을 받았다고 말한다. 그의 논법을 그대로 빌려 표현하면, 교사는 자신이 가르치는 제자여서 아이를 사랑하는 게 아니라 착하고 바른 행실을 보여 주기 때문에 사랑한다. 열심히 공부하고, 친구들과 사이좋게 지내며, 교사들 앞에서 예의 바르게 행동해야 한다는 조건적인 사랑이다. 문제나 평범한 아이들이 눈에 쉽게 들어오지 못하는 이유다.

교사의 편애를 받는 아이는 교사의 시선을 의식해 '가짜' 삶을 산다. 교사에게 '찍힌' 아이들은 열등감 때문에 자기 존엄감을 갖기가 어렵다. 그들은 스스로를 모멸해 가면서 가슴에 분노와 증오를 키운다. 어느 순간 '파업'을 선언한다. 착하고 평범했던 아이가 '진짜 나'의 날감정을 그대로 드러낸다. 행실 나쁜 문제아가 교사에게 의도적으로 도발한다. 교사가 아이들 모두를 공평무사하게 대해야 하는 이유다. 신창원이 품었다는 '악마' 같은 것들을 사라지게 만드는 비결이다.

붉은털원숭이는 헝겊 대리모 아래서 애착을 느끼고 싶었겠지만 결국 폭력적인 어른으로 자랐다. 그를 치유해 준 주체는 정서적으로 안정된 또 다른 어른 원숭이였다. 비뚤어진 문제아도 자신을 정서적으로 지지하는 교사 아래서 따뜻한 사람으로 성장할 수 있지 않을까.

이런 교사로 살고 싶다

아동문학가이자 초등학교 교사인 이오덕은 『내가 무슨 선생 노릇을 했다고』에 실린 한 글에서 '재주꾼을 길러 내는 교육'의 문제를 매섭게 꾸짖었다. 아이들에게서 삶을 빼앗아 버린 우리 교육이 '손재주 기능'과 '말재주꾼, 글재주꾼'이라는 서로 다른 두 가지 재주꾼을 만들고 있다는 이유에서였다.

이오덕은 손재주 기능공이 기계적인 훈련을 통해 길러지므로 창조 재능이 없다고 단언한다. 말재주꾼과 글재주꾼은 말하기와 글쓰기만 번드르르하게 한다는 점에서 문제다. 삶을 빼앗긴 상황에서 머리로 꾸미고 거짓으로 흉내를 낸 것들이기 때문이다. 고유의 언어로 스스로의 삶을 말하지 못한 채 살아가는 오늘날 우리 아이들의 현실이다.

상황이 개선될 기미는 보이지 않는다. 현장 교육의 1차 책임자인 교사는 국가교육과정과 교육정책을 최일선에서 집행하는 말단 관료에 불과할 때가 많다. 교육 시스템은 교사로 하여금 자율성을 발휘하기 힘들게 만든다. 학교에 오래 있을수록 교사가 비전문가가 된다는 말이 공공연히 떠돌아다닌다.

행정이야말로 교육을 잘못되게 하는 밑바탕이다. 정치가 잘 안 될 때 백성 쪽에 잘못이 있는 것이 아니라 정치하는 사람 쪽에 잘못이 있다고 보고

정치를 바로잡도록 해야 희망이 있듯이, 교육도 아이들이 잘못 배우는 것이 아니라 어른이 잘못 가르친다고 보아야 하고, 그 가르치는 사람을 움직이는 행정이 잘못한다고 보아야 옳다.

이오덕, 『내가 무슨 선생 노릇을 했다고』, 27쪽.

현실은 이오덕의 바람과 다르다. 대다수 교사가 교육청이나 교육 당국의 손과 발처럼 움직인다. 교사는 교장을, 교장은 교육장이나 교육감을 바라본다. '붕어빵'이 아닌 수업은 '불온 딱지'를 받기 쉽다. 여전히 많은 교사가 방과 후 보충 수업에 눈독을 들이며 아이들과 부모를 돈벌이 수단으로 삼는다.

이오덕은 교사들이 아이들을 점수 쟁탈의 경쟁장으로 내몰아 사정없이 채찍질하는 것을 그들이 해야 할 가장 큰 일로 여긴다고 비판한다. 아이들 성적에 관심을 쏟는 교사를 나무랄 일만은 아니다. 아이들은 점수 1, 2점 차이로 대학 간판이 결정되는 사회를 살아가고 있다.

다만 아이들에게 성적을 올리도록 다그치고, 그것으로 아이들을 통제하겠다는 발상까지 용인되어서는 안 되지 않을까. 스마트폰을 '미끼' 삼아 아이와 성적을 '맞거래'하는 부모, 간식거리를 미끼로 1등을 낚아내려는 교사들이 적지 않다. 아이들에게 어떤 교육을 해야 하나. 어떤 교사로 살아가야 아이들 앞에 부끄럽지 않게 설 수 있을까.

이를테면 '나무'를 그린다고 하자. 네 무리 가운데 첫째 무리 어린이들에게는 제목만 말해 주어서 곧 그리게 하고, 둘째 무리 어린이들에게는 나무에 대한 이야기를 하게 한 다음 그리게 한다. 나무에는 어떤 나무가 있고, 그 나무의 잎과 가지들이 어떤 모양으로 되어 있다는 이야기 말이다. 그러나 셋째 무리는 직접 나무들이 있는 산이나 들에 가서 그 나무를 자세히 살펴보게 한 다음 그리게 한다. 그리고 마지막 넷째 무리는 나무 밑에 가서 놀게 하고, 또 더러는 나무 위에 올라가 놀게 하여 그 나무 둥치를 끌어안아 보게도 하고, 가지를 흔들어 보게도 한다.

앞의 책, 33~34쪽.

이오덕이 삶과 함께하는 교육을 강조하기 위해 든 그림 그리기 수업의 예다. 어느 무리의 그림이 가장 싱싱하고 느낌이 살아 있을까.

삶과 함께하는 교육은 생활 속에서 살아 움직인다. 아이들이 자신의 삶에서 받은 느낌을 그대로 밖으로 자연스럽게 드러내 준다. 진짜 교육은 우리가 가 보지 않은 머나먼 곳에 있지 않다. 우리 주변의 삶에서 얼마든지 구할 수 있다. 교사가 아이들의 생활 속으로 들어가 그 안에서 정체성을 찾아야 하는 이유다. 진짜 교육과 가짜 교육을 구별하려는 노력의 출발점이 여기에 있지 않을까.

3부

진짜 교육
가짜 교육

1장
경쟁은 가짜다

경쟁이라는 이름의 폭주 기관차

큰딸은 초등학교 4학년이다. 작년 2학기 학기말고사 때 일이다. 딸은 이틀에 걸쳐 시험을 봤다. 초등학생들에게 조금 벅차겠다 싶었다. 시험공부 한다며 책상에 앉아 있는 모습이 안쓰러웠다. 첫날 시험은 그럭저럭 치른 듯했다. 둘째 날에는 시험 결과가 만족스럽지 못한 눈치였다.

얼마 뒤 성적이 나왔다. 결과가 예상보다 잘 나왔는지 집에 오자마자 수선을 피웠다. 몇 개밖에 안 틀렸다며 좋아했다. 문득 '반에 올 백 맞은 친구도 있어?'라는 질문이 떠올랐다. 목구멍까지 차오른 그 말을 참느라 한참 혼났다. 입으로 성적지상주의를 비판하면서도 여전히 아이를 점수로 판단하고 다른 아이와 비교하는 심리를 갖고 있었던 것이다. 부끄러웠다.

며칠 후였다. 퇴근 무렵 딸에게서 전화가 왔다. "아빠, 영 점 몇 점 차이로 상장 못 받을 것 같아." 수학이 몇 개 틀렸고, 영어는 점수가 몇 점이라느니 하면서 한참을 이야기했다. 부지런히 시험공부해서 점수 올리라는 말을 한 기억이 없다. 기말고사 성적이 어떻게 나왔느냐며 먼저 물어본 적도 없다. 그런데도 딸은 점수를 셈하고 상장을 그리고 있었다.

경쟁 만능주의 시대다. 세상을 정글처럼 살아가는 대다수 현대인에게 경쟁의식은 미덕처럼 받아들여진다. 과잉 유포된 경쟁주의 논리는 사람이 본래 경쟁하는 동물이라는 주장을 자연스럽게 받아들이게 만든다. 많은 사람들이 경쟁을 타고나는 것인 양 여긴다.

그러나 경쟁은 본능이 아니라 배워서 갖게 되는 것이다. 알피 콘은 『경쟁에 반대한다』에서 경쟁이 반복적인 학습과 경험을 통해 강화된다는 명제를 주요 논거로 제시했다. 지난 세기에 나온 다양한 연구 결과를 두루 살펴본 결과였다.

콘에 따르면 사람들은 경쟁하도록 제도적으로 사회화한다. 유치원부터 대학원에 이르기까지 끊이지 않고 이어진다. 그 과정에서 경쟁은 적절하고 바람직하며, 필요하고 피할 수 없는 것이라는 가르침이 주입된다.

콘은 다른 사람을 이기려는 동기나 경쟁하려는 성향이 타고나는 것이 아니라고 단언한다. 사람이 갖고 태어나는 것은 무엇이든 할 수 있는 '가능성'이다. 하지만 우리는 과도하게 학습되는 경쟁에 밀려 그 가능성을 잃어버린다. 콘이 인류학자 마거릿 미드(Margaret Mead, 1901~1978)의 비교문화 연구를 인용하면서 들려주는 사례들은 우리의 의식을 지배하는 지나친 경쟁 심리를 성찰하게 한다.

주니 인디언은 개인 재산을 모으는 것을 바람직하지 않게 여긴다. 놀이와 종교 의식이 결합되어 있는 그들의 6.5킬로미터 도보 경주에는 우승자가 없다. 1등으로 들어와도 특별히 인정받는 일이 없으며, 이름 역시 공표되지 않는다. 매번 승리하는 사람은 경주 참여가 제한된다.

멕시코 믹스텍 족은 질투와 경쟁심을 작은 범죄로 본다. 뉴기니의 탕구 족은 경쟁적인 게임보다 두 팀이 팽이를 함께 돌리는 타케탁taketak이라는 경기를 좋아한다. 이 게임은 두 팀이 정확하게 무승부에 이르는 것이 목적이다. 이누이트 족에게는 경쟁 체제 자체가 없다.

철학자 존 스튜어트 밀(John Stuart Mill, 1806~1873)은 어떤 문제의 원인을 인간 본성의 차이에서 찾는 관점을 신랄하게 비판했다. 사회 제도나 도덕의 중요성을 무시하려는 모든 천박한 방법 중 가장 천박한 것은 품행과 품성의 다양성을 타고난 본성의 차이로 돌려 버리는 것이라고 보았다.

비참한 사회 조건에서 성장했으면서도 '성공'한 사람을 치켜세우는 보수주의자들의 "절대적 자기 책임의 신조"를 비판하는 테리 이글턴의 관점도 이와 비슷하다. 이들 관점에 따르면 인간은 온전히 자율적인 존재, "율법이 없어도 자기가 율법인" 것처럼 여겨져야 한다. 이글턴은 이런 논리가 인간을 좀비로 환원시킨다고 꼬집는다.

이글턴은 '악'에 대한 지나친 몰입이나 비판이 제도적인 '부정'의 문제를 도외시하게 만들어 폭력의 악순환을 불러온다고 보았다. 그가 보기에 대부분의 부정은 기득권과 익명의 절차가 빚은 결과일 뿐 개인들의 악의적 행위가 가져온 결과가 아니다. 경쟁을 인간의 본성으로 보는 한 대다수를 패배자와 낙오자로 만드는 야만적인 시스템은 바뀌지 않을 것이다.

경쟁과 협력의 이중구속

이런 아이들이 있다. 교사가 질문을 던진다. 아이들이 여기저기 손을 번쩍 든다. 교사의 시선을 끌기 위해 각자만의 방식을 적극적으로 쓴다. 손을 든 채 자리에서 엉덩이를 떼 윗몸을 앞으로 잔뜩 굽히고 손을 좌우로 빠르게 흔든다. 입으로 "저요 저요"를 외친다.

한 아이가 지목을 받는다. 표정이 살짝 굳는다. 옆 짝꿍에게 속삭이는 모습이 도움을 바라는 눈치다. 아이가 쭈뼛거리며 묻는다.

"그런데 선생님, 질문이 뭐였어요?"

자녀나 제자에게 남과 싸워 반드시 이겨야 한다고 대놓고 말하는 부모와 교사는 별로 없을 것이다. 교사들에게 경쟁하라고 다그치는 학교 관리자 또한 찾아보기 힘들다. 교육 당국은 표면적으로 경쟁보다 협력이나 공동체 같은 말을 더 선호한다.

그러면서도 한편에서 경쟁이 암암리에 조장된다. 교육을 둘러싼 구조와 시스템은 실질적으로 경쟁을 기반으로 굴러간다. 아이들은 성적으로 줄 세워진다. 학교는 교사들에게 가시적인 성과를 요구한다. 교육 당국은 학교들을 각종 수치로 비교하며 서열주의를 부추긴다. 부모들은 서열화한 학교 목록을 기초로 입시 전략을 마련한다. 지향과 의식과 행동이 따로따로 작동하는 거대한 모순 체제다.

성적과 등수 경쟁에서 패하여 고민을 토로하는 아이들에게 교사가 상투적으로 내뱉는 말들이 있다. "노력 그 자체가 의미가 있다." "승패를 떠나 시합에 어떻게 임하느냐가 중요하다." "오늘 경기에 참여한 너희 모두가 승리자이다." 알피 콘은 이런 말에 기뻐할 권리가 있는 사람은 1등뿐이라고 지적한다.

콘은 경쟁을 둘러싸고 형성된 이런 모순적인 상황을 '이중구속double-bind'이라는 개념으로 설명한다. 이중구속은 사람들에게 두 개의 상호 배타적인 정보를 줌으로써 두 가지 모두 할 수 없게 만드는 것으로, 아무것도 할 수 없는 상태를 가리키는 정신분석 용어다. 표면적으로 협력이 바람직하다고 하면서도 속으로 경쟁 구조를 유지하고 경쟁 심리를 주입하며 경쟁 행동을 부추기는 모순적인 상황이 이중구속의 상태다.

경쟁의 해악과는 별도로 이러한 '이중구속'의 주장들이 난무해서 사람들의 판단을 흐리며, 심리적인 파괴를 불러온다. 이러한 모순된 메시지를 제공함으로써 더욱 문제가 되는 것은 사람들의 겉모습만을 보고 패배에 잘 대처하고 있다고 생각하는 것이다. 어떤 사람이 패배를 하고도 흔들리지 않는 것처럼 보이는 이유는 아마도 그가 배운 '도덕적 격언' 때문일 가능성이 크다. 그가 마음으로 받아들이는 또 하나의 메시지는 승리가 역시 제일 중요하다는 것이다.

알피 콘, 『경쟁에 반대한다』, 159~160쪽.

펜실베이니아 대학은 '아이비리그'로 통칭되는 미국 서부의 명문대학교 중 하나다. 많은 미국인이 선호하는 이 명문대학교에서 최근 13개월 새 6명의 학생이 자살했다.[16] 대학 당국은 2014년 초 학생들의 정신건강을 점검하기 위한 태스크포스를 꾸렸다. 한 신입생이 투신한 직후였다. 인기 많고 활동적인 학생이었다.

태스크포스는 2015년 초 제출한 보고서에서 '펜 페이스Penn Face'라는 캠퍼스 문화를 발견했다. '펜 페이스'는 학생들 사이에서 오래전부터 사용돼 온 용어로, 슬프거나 스트레스를 받아도 늘 행복하고 자신감 넘치는 모습으로 비치도록 쓰는 일종의 가면을 일컫는다고 한다.

스탠퍼드대에서는 펜 페이스 대신 '오리 신드롬'이라는 말이 통용되고 있다. 수면 위에서 평화롭게 여유를 즐기는 듯 보이는 오리가 물속에서 두 발을 헤저으며 끊임없이 물질을 하고 있는 모습에 빗댄 말이라고 한다. 2003년 듀크대에서는 여학생들이 "눈에 보이는 노력 없이 똑똑하고 성취

---

16. 『한겨레』 2015년 7월 28일자 기사 "스스로 목숨 끊는 미국 명문대생들… 배경엔 '잔디깎기 맘'" 참조.

감도 높으며, 아름답고 인기까지 많은 사람이 돼야 한다"는 부담감에 시달린다는 연구 보고서도 냈다고 한다. 최고가 돼야 한다는 압박 아래서 살아가는 학생들은 거짓으로라도 완벽함을 추구하지 않으면 안 되었을 것이다. 과도한 경쟁 시스템에서 볼 수 있는 폐해들이다.

협력을 말하면서 동시에 경쟁을 부추기는 이율배반은 우리 사회에서 매우 자연스럽다. 콘에 따르면 이와 같은 태도는 "실패가 '자신의 능력'을 현실적으로 알게 해 주며, 아이들을 고단한 인생에서 더 잘 대처하게 해 줄 것"이라는 상식적인 근거를 바탕으로 내면화한다. 콘은 이러한 주장이 될 수 있는 한 빨리 발암물질에 노출시키면 나중에 암의 발생을 억제할 수 있다는 논리와 같다고 꼬집는다.

경쟁은 사람들을 현실에 순응하게 함으로써 창조성을 억제한다. 현실 순응은 세상에서 벌어지는 일을 그대로 받아들이는 태도를 가리킨다. 반대는 불복종이다. 불복종은 주어진 상황에 의문을 품고 문제를 제기하는 태도다. 콘이 보기에 이기려는 노력은 사람을 보수적으로 만든다. 승리에 방해된다는 이유로 생각하는 일을 하지 않는다. 창조성의 핵심은 순응하지 않는 태도에 있다. 개성적인 사고, 모험에 대한 적극적인 시도가 없다면 존재하지 못한다. 콘에 따르면 경쟁은 그 모든 것을 억제한다.

잘하려고 노력하는 것과 남을 이기려고 애쓰는 것은 서로 다르다. 대답할 기회를 얻었지만 교사에게 질문을 되묻는 아이를 다시 떠올려 보자. 아이는 친구들을 이기고 싶은 마음으로 가득 차서 문제에 대한 집중력을 잃은 것이 아닐까. 우수하다는 것과 승리한다는 것 역시 다른 개념이자 별개의 경험이다.

어떤 사람은 자신의 일을 그냥 열심히 할 수 있다. 어떤 사람은 다른 사람을 이기려는 마음으로 꾸준히 노력할 수 있다. 전자는 후자의 희생을 요구하지 않지만, 후자는 전자의 희생을 요구한다. 대다수 학교는 아이들에게 경쟁을 학습시킨다. 학교에서 아이들에게 여러 과목을 학습시키는 이유는 그들의 인생을 돕고자 하는 것이 아니라 경쟁 그 자체를 가르치기 위한 것이다. 콘이 인용해 강조하고 있는 교육평론가 조지 레너드(George Leonard, 1923~2010)의 말이다.

죄수의 딜레마, 눈에는 눈 이에는 이

경쟁은 승리라는 보상을 가져온다. 성적, 등수, 상장 등 외적 동기들이 경쟁 시스템을 뒷받침한다. 문제는 이들이 내적인 동기부여를 저해하고, 장기적으로 어떤 일을 수행하는 데 역효과를 가져온다는 점이다. 외적 보상은 어떤 일을 스스로 행하거나 그 자체를 즐기려는 내적 동기를 옆으로 밀어낸다.

상·벌점제나 봉사활동을 둘러싼 비판적인 담론들이 이런 맥락에서 이루어진다. 교원성과급제, 교원평가제 등 일련의 평가 시스템 역시 마찬가지다. 상대평가가 이루어지는 성과 평정 절차는 교사로 하여금 경쟁에 빠져 승패에만 신경을 쓰게 만든다. 하고 있는 일에 대한 집중력이 떨어지고, 장기적으로 성과를 떨어뜨린다. 그런데도 사람들은 경쟁이 가져오는 '생산성'을 말하며 경쟁 신화를 내면화한다.

가렛 하딘의 '공유지의 비극'을 다시 떠올려 보자. 사람들이 목초지에서 양의 수를 늘리는 데만 몰두하면 풀이 빠르게 없어진다. 각자 자신의 양을 위해 풀을 더 많이, 더 빨리 먹으려고 경쟁하다 보면 풀이 더욱 빨리 사라진다. 마침내 목초지가 돌이킬 수 없이 황폐해지면 모두 함께 망

한다. 성공과 이익을 개인이 아니라 집단의 관점에서 고려해야 하는 이유다.

군중 속에 있을 때 다른 사람이 까치발을 한다면 우리 역시 까치발을 하는 게 낫다. 아무도 까치발을 하지 않으면 모두 다 잘 볼 수 있다. 경제학자 프레드 허쉬(Fred Hirsch)의 말이다. 화재가 나면 개인 차원에서는 출구로 먼저 달려가는 것이 가장 좋다. 그렇게 하면 서로 먼저 빠져나가려는 사람들로 출구가 뒤엉켜 희생당하는 사람이 더 많아진다. 반면 서로 협력하고 보호하면서 탈출하면 훨씬 더 많은 사람이 목숨을 구할 수 있다.

2015년 7월 2일, 미국 메릴랜드 대학교 재학생 샤한 라피킨은 사회심리학 기말고사 과제를 제출한 뒤 해당 과목 교수로부터 메시지를 받았다.[17] 기말고사 과제 가산점을 2점과 6점 중 선택할 기회가 있으며 선택이 철저히 익명으로 보장된다는 것, 단 전체 수강생 가운데 10퍼센트가 넘는 사람이 6점을 원한다면 누구도 가산점을 받지 못한다는 내용이었다.

라피킨에게 '특별한' 메시지를 건넨 이는 메릴랜드 대학교 사회심리학과 딜런 셀터맨(Dylan Selterman) 교수였다. 셀터맨 교수는 2008년부터 자신의 수업을 듣는 모든 학급 학생에게 똑같은 질문을 던졌다고 한다. 그런데 가산점을 받는 데 성공한 학급은 한 학급에 불과했다. 셀터맨 교수는 다음과 같이 말했다.

좋은 점수를 받을 수 있다는 점은 학생들에게 있어 엄청난 매력이죠. 거부할 수 없는 유혹과 같습니다. 인간의 본성과도 같아요. 비난의 대상이 아

---

17. 아래 라피킨에 관한 이야기는 『TTimes』 2015년 7월 20일자 "8년간 단 1팀… 한 대학교수의 완벽한 '죄수의 딜레마' 실험" 기사 참조.

닙니다. 다만 학생들이 가산점을 받지 못한 것은 '공유지의 비극'과 '죄수의 딜레마'에 빠졌기 때문입니다. 나는 사람들이 이기적으로 공유자원을 소비하게 되면, 이기적인 행동을 한 사람뿐 아니라 구성원 모두가 고통받을 수 있다는 점을 알려 주고 싶었어요. 요즘 많은 학생들이 간과하고 있는 것이죠. 그들의 행동이 누군가에게 영향을 끼칠 수 있다는 점, 그리고 그것이 반대로 나에게도 영향이 올 수 있다는 것을 느끼게 하고 싶었습니다.

'공유지의 비극'과 마찬가지로 '죄수의 딜레마Prisoner's Dilemma' 역시 경쟁보다 협력이 각 개인이 이익을 실현하는 데 좀 더 효과적임을 보여 준다. 용의자 두 명('갑'과 '을'이라고 하자)이 각기 다른 취조실에 격리되어 심문을 받는다. 세 가지 선택지가 제시된다. 갑(을)이 죄를 자백하고 을(갑)이 자백하지 않으면 갑(을)은 즉시 풀려나고 을(갑)이 10년을 복역한다. 갑과 을 모두 죄를 자백하면 둘이 각각 5년을 복역한다. 갑과 을이 함께 죄를 자백하지 않으면 똑같이 6개월을 복역한다. 이를 정리하면 다음과 같다.

  (1) 일방 협력, 일방 경쟁
     ㄱ. 갑이 자백하고 을은 자백하지 않는다(갑은 경쟁하고 을은 협력한
       다): 갑 석방, 을 10년 복역
     ㄴ. 갑은 자백하지 않고 을이 자백한다(갑은 협력하고 을은 경쟁한다):
       갑 10년 복역, 을 석방

  (2) 쌍방 경쟁
  자백한다(갑, 을 모두 서로 경쟁한다): 갑, 을 모두 5년 복역

(3) 쌍방 협력

자백하지 않는다(갑, 을 모두 서로 협력한다): 갑, 을 모두 6개월 복역

고전적인 주류 경제학은 개인의 합리성을 바탕으로 한다. 합리성을 이익 추구와 손실 회피라는 관점에서 본다면, 다른 사람이 협력해도(자백하지 않아도) 자신은 경쟁을 해야(자백해야) 최대의 이익을 얻을 수 있다(1). 다른 사람이 경쟁한다면 나 또한 경쟁해야 그나마 손실을 줄일 수 있다 (2). 개인의 측면에서만 보자면 어느 때든 내가 상대방을 배신하는(경쟁하는) 것이 합리적인 선택처럼 보인다.

하지만 (3)에서 알 수 있듯이 죄수의 딜레마는 두 사람 모두 협력할 때 최선의 결과가 나온다. 죄수의 딜레마에 담긴 함의는 개인에게 합리적인 것처럼 보이는 행동이 서로에게 불합리한 결과를 가져온다는 역설이다. 각자가 이기적인 선택을 해 경쟁을 하면(1, 2) 서로에게 이익이 되는 협력을 선택했을 때보다(3) 더 큰 손실을 입는다.

죄수의 딜레마에 빠지지 않으려면 어떻게 해야 할까. 1980년대 초 미국 사회학자 로버트 액설로드(Robert Axelrod)가 협력의 본질에 관한 흥미로운 연구를 진행했다. 액설로드는 죄수의 딜레마를 게임으로 보고 수감 기간을 최소로 줄이는 것을 목표로 삼는 대회를 열었다. 1차에 14개 팀, 2차에 62개 팀이 참가했다.

두 대회 모두에서 우승을 차지한 전략은 2수로 이루어진 간단한 것이었다. '첫 수는 협력한다', '그다음부터는 상대방이 방금 전에 한 대로 따라 한다'로 이루어진 이른바 '팃포탯(Tit for Tat; 눈에는 눈 이에는 이)' 전략이었다. 액설로드는 길게 지속되는 반복적 죄수의 딜레마 상황에서 어떻게 하면 좋은 성과를 낼 수 있는지에 대해 다음과 같이 네 가지 충고를

조언해 주었다.

1. 질투하지 마라.
2. 먼저 배반하지 마라.
3. 협력이든 배반이든 그대로 되갚아라.
4. 너무 영악하게 굴지 마라.

로버트 액셀로드, 『협력의 진화』, 136쪽.

"우리는 차별에 찬성합니다"

북유럽의 강소국 핀란드는 한 명의 낙오자도 만들지 않겠다는 교육철학을 갖고 있다. 이곳에서는 학교 간 성적 편차가 거의 없다고 한다. 핀란드의 이웃 나라 네덜란드에서는 지원자가 가장 많은 의과대학 입학생을 성적순이 아니라 추첨제로 뽑는다. 서유럽의 강대국 독일에는 사설학원이 없다. 선행 학습은 부정행위에 준하는 부도덕한 행위로 여겨져 철저히 금지된다.

우리나라 학교는 이들과 정확히 반대되는 시스템을 갖고 있다. 대학과 고교는 '서연고서성한', '특목고-자사고-일반고-기타고' 식으로 위계 서열화해 있다. 인기 많은 의대생은 전공 적합성과 거의 무관하게 성적에 따라 선발된다. 선행 학습 광풍은 2014년에 국회로 하여금 〈공교육 정상화 촉진 및 선행 교육 규제에 관한 특별법〉(2014. 9. 12 시행)을 만들어 내게 하는 지경까지 이르렀다. 우리에게 극성스러운 '교육 유전자'라도 있는 걸까.

교육운동가 박재원은 우리나라에서 성적 차별이 인종 차별보다 더 심각하다고 꼬집었다. 과장된 수사로만 들리지 않는 사람이 많을 것이다. 학벌과 학력에 따른 차별을 내면화하는 젊은 세대의 태도야말로 우리를 가장 우울하게 만든다. 젊은 사회학자 오찬호가 『우리는 차별에 찬성합니다』에서 묘사하는 '괴물이 된 20대의 자화상'이다.

오찬호가 묘사하는 20대는 모순적이다. 약자이면서 약자인 줄 모른 채 포악한 강자처럼 그들을 짓밟는다. 약자의 비참함에 눈물 흘릴 줄 알지만 그들과 연대하자는 말에 안면을 바꾼다. "제가 왜요? 그들이 그러면 안 돼요. 날로 먹으려는 거잖아요."

20대는 '괴물'이다. 피해자와 가해자의 얼굴을 동시에 가진 슬픈 괴물이다. 대학 졸업 후 실업자가 되거나 빌린 등록금을 갚지 못해 신용불량자가 된 20대는 '청년 실신(실업자+신용불량자)'이 된다. 집에서 취업 원서 접수에 매진하는 '홈퍼니(Home+Company)' 족이 많다. 이들은 부족한 학자금을 아르바이트로 충당하는 '알부자족'으로 살아갈 가능성이 높다.

홈퍼니와 알부자족은 '십오야(15살만 되면 앞이 캄캄이라는 뜻)'를 거쳐 '목찌(취업이 대학생들의 목을 죈다는 뜻)'가 된 청년들이다. 절망적인 그들 앞에는 '청백전(청년백수 전성시대)'과 '삼일절(31살까지 취업 못하면 절망)'이 기다리고 있다.

4000~5000원 하는 밥값이 부담돼 2000~3000원짜리 컵밥으로 때우는 20대들이 있다. 많은 20대가 점심을 건너뛴다. 2012년 기준 20대의 점심 결식률 12.3퍼센트는 전 세대를 통틀어 가장 높았다고 한다. 전체 평균 6.4퍼센트의 약 2배에 달했다. 대졸자의 비경제활동률은 2003년 26.7퍼센트에서 2011년 42.9퍼센트로 급증했다. '청백전'이 말로만 아니라 객관적 수치로 증명되고 있다.

위기가 있더라도 스스로 노력하라는 식으로 지금 이십대의 고달픔을 정리하기에는 그 위기의 정도가 너무 크다! 우리가 이십대를 주목하는 것은 이들이 자기계발을 해도, 자신의 몸과 시간을 잘 관리해도 그 노력이 더 이상 통하지 않게 된 세상 때문이다. 단언컨대, 젊으니까 괜찮다는 위로는 현실의 고통을 잠시 외면하게 하는 모르핀일 뿐이다. 그럼에도 구조의 쳇바퀴에 갇힌 이십대는 "자기계발을 못하고, 자신의 몸과 시간을 잘 관리하지 못한 사람은 탈락할 테고, 그것은 전적으로 그의 책임"이라는 생각을 가랑비에 옷 젖듯 내면화하게 된다.

오찬호, 『우리는 차별에 찬성합니다』, 35쪽.

과거와 차원이 크게 다른 경제적 약자인 20대가 앞으로도 계속 자신이 약자가 될 환경을 지지한다는 사실이야말로 오늘날 20대가 처한 가장 심각한 딜레마가 아닐까. 오찬호에 따르면 "모든 것은 내 책임, 열정과 의지로 고통을 이겨 내자" 따위의 자기계발 논리에 길들여진 20대는 타인의 고통에 공감하는 능력이 현저하게 떨어진다. 낮은 공감력은, 가령 사회적 약자와 같은 특정 대상에 대한 기존의 편견을 강화한다. 실패에 대한 두려움은 이들에게 주어진 '기존의 길'을 맹목적으로 선호하게 만든다.

'모순적인' 20대 뒤에는 '학력위계주의'가 깔려 있다. 오찬호에 따르면 학력위계주의는 기존의 학벌·학연주의나 학력주의[18]와 결이 다르다. 그것은 수능 점수에 따라 꼭대기에서 바닥까지 이어지는 수능 배치표상의 학교 순위를 노골적으로 강조하고 내면화하는 태도다. '서연고서성한'으로 시작하는 서울 소재 대학 서열이 만들어진 배경이다.

---

18. 학문을 쌓은 정도나 수준 등을 따지는 '學力主義', 고졸이냐 대졸이냐 등의 학교 이력을 중시하는 '學歷主義' 따위가 있다.

이들은 수능 성적과 그것을 기준으로 한 대학 서열을 가지고서 타인을 평가하는 것이 (상당 부분 비논리적인 고정관념에 근거하고 있음에도 불구하고) 합리적이고 공정하다고 생각하기 때문이다. 마치 비정규직 전환 요구 문제 등의 사회적 이슈에서도 차별이 당연하다고 생각했듯이 말이다.

앞의 책, 141쪽.

오찬호는 20대가 수능 점수의 차이를 '모든 능력'의 차이로 확장하는 식의 사고를 한다고 꼬집는다. 그는 그런 20대의 모습을 '와각지쟁蝸角之爭'이라는 한자성어를 빌려 설명한다. 자기계발의 논리에 빠져 소모적인 이해관계 싸움에 몰려 있는 20대의 모습을, 달팽이 머리 위에 있는 두 개의 작은 뿔이 의미도 없이 힘겨루기를 하는 상황에 빗댄 것이다.

아이들은 경쟁이라는 이름의 폭주 기관차에 올라 끝이 보이지 않는 싸움을 한다. 그 무의미한 소모전 속에서 수많은 패배자와 희생자 중 하나가 된다. 진정한 의미의 '승리자'는 없다. 만성적인 불안감에 떨며 지내면서도 학력위계주의에 따른 불합리한 차별을 정당화하는 20대 청년을 우리 아이들의 미래로 규정하면 지나칠까.

2장
기 승 전 대학

휴일에는 쉬는 게 정상이다

대학수학능력시험(수능)에 대한 사람들의 관심이 예전만 못하다. 입시 환경 변화와 같은 구조적 요인 탓이 크다. 우선 학교생활기록부(학생부)를 기반으로 한 내신 비중이 상대적으로 큰 수시 전형 규모가 수능 중심의 정시 전형보다 압도적으로 크다. 현재 수시로 선발하는 학생 정원 비중은 전체의 70퍼센트에 육박한다.

수시 전형 기간이 마무리되는 2학기에 접어들면 고3 교실은 전반적으로 열기가 떨어진다. 물론 수능 점수를 최저학력기준으로 제시하는 학교가 여전히 많다. 속칭 상위권 대학이나 인기 학과(전공)일수록 더욱 그렇다. 평소 높은 점수를 받는 상위권 학생들은 수능 시험이 끝나고 성적표가 나올 때까지 스트레스에서 쉽게 벗어나지 못한다. 그런 고3 학생들을 위해서 많은 학교들이 휴일에 학교를 개방한다. 교실에 학생들만 두면 안 되기 때문에 지도 교사를 층별로 한 사람씩 배치한다.

재작년 고3 담임을 맡았다. 휴일 자습 지도를 하는 날이면 7시 20분쯤에 일어나 출근 준비를 해 집에서 8시경에 출발했다. 출근하자마자 교실을 둘러보면 학생들이 서너 명 정도씩 앉아 있었다. 우리 반은 휴일 자습 평균 출석률이 다른 반에 비해 낮았다. 한 명도 없거나, 두어 명 앉아 있을 때가 많았다.

평소 아이들에게 휴일에 집에서 쉬면서 지친 몸 추스르는 것이 중요하다고 말하곤 했다. 휴일 자습에 참가자가 한 명도 없어도 상관없으니 눈치 보지 말고 쉬고 싶으면 집에서 쉬라고 말했다.

아이들은 반신반의하며 깜짝 놀라는 듯한 표정을 지었다. 대한민국에는 남자와 여자와 고3이 있다는 우스갯소리가 있다. 특별 취급을 받는 고3을 빗댄 말이다. 대다수 학부모와 교사들은 고3이 휴일에 쉬지 않고 학교에 나가 공부하는 것을 당연하게 여긴다. 아이들이 내 말을 듣고 놀라는 건 자연스러웠다.

아이들은 대개 몇 주 지난 뒤부터 반응을 보이기 시작했다. 그렇다고 휴일 자습에 아이들이 한 명도 나오지 않은 날은 거의 없었다. 공부해야겠다고 마음먹은 아이들은 굳이 이런저런 말을 하지 않아도 나왔다. 내가 여유로운 말을 풀어 놓자 나올 성싶지 않은 아이들이 나오기도 했다.

순수하게 자율적으로 이루어지는 휴일 학습은 학생들에게 여러모로 도움을 준다. 스스로 판단하여 학교에 나온 아이들이 좀 더 강하게 학습에 몰입한다. 하루 종일 자기 시간으로 활용할 수 있으니 모자란 교과 공부를 여유롭게 보충하기에 좋다. 평소 부족한 독서 시간으로 쓰기에도 알맞다. 독서만큼 좋은 공부가 없으니 휴일 자습 시간이 최고의 공부 시간이 된다.

문제는 휴일 자습이 강제적으로 진행되는 학교들이다. 그렇지 않은 학교가 많지만 여전히 상당수 학교나 교사가 휴일에 고3 아이들을 강제로 등교시킨다. 그런 학교는 출석 확인도 철저하게 하는 편이다. 지각을 하면 벌을 세우고 심하게 야단을 친다. 누적된 출석 상황을 종합하여 벌점을 매기거나, 야간자율학습 강제 퇴출이니 기숙사 신청 배제니 하는 따위로 불이익을 주기도 한다. 교육의 이름으로, 학생의 장래를 위한다는 명분으로 거리낌이 없다.

'비정상'의 교육이 '정상'의 교육으로 둔갑하는 게 한두 가지가 아니다. 1회용인 수능 시험을 위해 기꺼이 허덕인다. 아이들은 문제 풀이 기계가 된다. 정상적인 학교교육과정은 교사들의 눈 밖에 있다. 많은 학부모가 문제집 풀기와 정답 찾기 방법 전수에 골몰하는 교사들에게 더 확실한 '비정상'을 요구한다. 학교교육과정이 법정 문서에 준하는 국가교육과정에 따라 짜이는 점을 고려하면 '불법'에 가까운 행태들이다.

어느 휴일 아침이었다. 자습 지도가 잡혀 집을 나서는 길이었다. 그즈음 딱지치기 놀이에 빠져 있던 다섯 살짜리 둘째가 딱지치기를 하자며 졸랐다. 학교에 자습 지도하러 가야 한다고 말했다. 평소 야간자율학습의 줄임말인 '야자'를 자연스럽게 구사하는 둘째가 따지듯 되물었다. "쉬는 날인데 왜 학교에 가 자습을 해요?"

고3 수험생이니 쉬는 날 학교에 가 공부하는 걸 정상으로 여기는 이들이 있을 수 있다. 고3 담임도 출근해 지도든 뭐든 할 수 있겠다. 다만 그것을 당연한 일로 여겨서는 곤란하다. 정상으로 바라봐서는 안 된다. 휴일에는 쉬는 게 정상이다. 휴일에 일하거나 공부하는 것은 비정상이다. 휴일은 쉬라고 있는 날이지 일하거나 공부하라고 있는 게 아니다.

이 자명한 사실을 망각하면 문제가 생긴다. 일하거나 공부하는 이들의 몸이 망가진다. 쉬어 힘을 보충해 줘야 할 날에 몸을 쓰니 안 그럴 수 없다. 시간이 흐르면서 차차 마음이 허물어진다. 일하거나 공부하는 일을 당연히 여기고, 다른 이보다 더 일하거나 공부하려는 욕심이 생긴다. 무엇을 위한다는 목적이 없이 일하거나 공부하는 데 정신이 쏠린다.

세상과 이웃을 돌아볼 겨를이 줄어들면서 마음이 강퍅해져 간다. 그런 몸과 마음을 가진 이들이 모인 공동체 전체가 서서히 메말라 간다. 강한 이가 약한 이를 밀어내고, 약한 이들은 하릴없이 밖으로 밀려나는 상황이 펼쳐진다. 세상은 시나브로 '팔꿈치 사회'가 되고 '피로 사회'가 된다.

국어 교사는 '평상복' 차림으로 '시집'이나 '펜'을 드는 것이 자연스럽다. 체육 교사는 '운동복'을 입고 '공'을 들고 다니는 게 보기 좋다. 국어 교사가 '운동복'을 입은 채 '공'을 들고 다니면 설친다고 눈총을 받기 십상이다. 체육 교사가 '양복'에 '넥타이'를 매고 '시집'을 들고 다니기 시작하면 이상한 사람 취급을 당한다.

정상을 비정상으로 매도하지 않았으면 좋겠다. 비정상이 정상이라며 강변하지 말았으면 한다. 휴일에는 '정상적으로' 집에서 쉬고, 평일에 일하거나 공부하면 좋겠다. 정상과 비정상이 뒤죽박죽된 세상에서 진짜 교육은 이루어지기 힘들다.

'야감'과 '듄'으로 굴러가는 교실

비정상이 정상으로 둔갑하는 사례로 고교 교실 풍경만 한 게 또 있을까. 인구 30만이 안 되는 지방 중소도시의 사립중학교에서 근무하고 있다. 2년 전까지는 같은 재단 산하의 인문계 여자고교에서 일했다.

'야간자율학습 감독(야감)'은 인문계 고교 교사에게는 일상적인 노동 중 하나다. 고3 담임을 맡으면 거의 매일 학교에 남아 '야감'을 한다. 3년 전 2학년 담임을 맡았을 때는 한 달에 네댓 번 정도 학교에 남았다. 저녁 7시 30분에 시작되는 야감은 밤 10시경에 끝난다. 교실에서 교무실로 내려와 책상을 정리한 뒤 차를 몰고 집에 도착하면 10시 30분을 넘는다.

야감이 있는 날에는 생체 리듬이 흐트러지는 탓에 잠을 쉽게 이루지 못한다. 그해 11월 말 야감 끝 무렵 한 아이가 내뱉은 말이 아직도 잊히지 않는다.

"선생님, 야자 할 때마다 폭삭 늙는 것 같아요. 좀 전에 일어나는데 엉덩이뼈에서 우두둑 소리가 나는 거 있죠."

서늘했다. 월요일에 하는 야감은 더 그랬다. 월요일은 주말 여독이 남아 있는 날이다. 우두둑 소리가 더 크게 들린다. 힘이 몇 곱절로 드는데도 집에 돌아올 즈음이면 오히려 머리가 말똥해진다. 새벽까지 잠자리에 들지 못할 때가 많다.

그런 어느 월요일 밤이었다. 늦게까지 인터넷을 어슬렁거리다 '듐아일체'와 '닥듐공'이라는 말들을 발견했다. 낯설었다. 뜻풀이를 보니 절로 탄성이 나왔다.

'듐아일체'는 '물아일체物我一體'를 비튼 말이다. '물物'은 '자연', '아我'는 '나'다. '물아일체'는 자연과 '나我'가 하나가 된다는, 전통의 자연친화 사상을 가리킬 때 쓰인다. 그런데 '물' 대신 '듐'이 들어갔다. '듐'과 '나'가 하나가 된다는 것이다.

'닥듐공'은 "닥치고 '듐' 공부"를 줄인 말이다. 역시 '듐'이 들어 있다. 두 말 모두 '듐'이 주인공이다. 정체가 무엇인가. 컴퓨터 자판을 한글로 설정한다. 손가락으로 영문자 'e, b, s' 키를 차례로 두드린다. 그렇게 해서 만들어지는 글자, 교육방송 'ebs'가 바로 '듐'이었다.

몇 년 전부터 교육 당국은 수능과 교육방송 연계 정책을 펼쳐 오고 있다. 전국의 고교 교실, 특히 고3 교실이 '닥듐' 수업 천지가 돼 버린 지 오래다. '듐아일체'와 '닥듐공'은 그런 '닥듐 수업'에 다걸기하지 않을 수 없는 대한민국 고3 학생의 현실을 꼬집는 말이었다. 고3 학생들의 '듄' 사랑은 '좋은' 대학, '좋은' 학과에 가기 위한 몸부림이었다.

그날 우연히 만난 '듄아일체'와 '닥듄공'은 갖가지 상념을 불러일으켰다. 다음 날부터 이삼 일간 '듄' 때문에 생긴 씁쓸한 마음을 2학년 교실에 들어가 풀어 놓았다.

"우리나라에 있는 4년제 대학 180여 개 중에서 몇 번째까지 좋은 대학으로 봐야 할까?"

앞자리에 앉은 네댓 명의 아이들에게 첫 번째 질문을 던졌다. "SKY(서울대, 고려대, 연세대)요", "10등까지요", "30등까지요" 같은 대답이 들려왔다. 어느 반에서는 무모하게도(?) 100등까지라는 대답이 나왔다. 다음 질문을 날렸다.

"대체 대학을 왜 가는 거지?"

질문이 끝나자 "남들 다 가니까요", "좋은 직장 얻으려고요", "부모님이 가라고 해서요", "안 가면 불안해요" 따위의 대답들을 내놓았다. "학문을 탐구하여 진리를 추구하고 자아를 실현하기 위해서요"와 같은 교과서적인 대답은 당연히(!) 나오지 않았다. 세 번째 질문으로 넘어갔다.

"좋은 대학 가면 좋은 직장 얻고 인생이 잘 풀릴까?"

몇몇 아이들이 그렇다고 대답했다. 말투가 시원찮은 눈치로 보아 확신이 별로 없는 듯한 눈치였다.

그쯤에서 대한민국 '최고' 대학이라는 서울대의 그해 졸업생 취업률 61퍼센트를 말해 주었다. 대졸자 평균 취업률이 2년 연속 60퍼센트를 넘지 못한다는 통계 자료[19]와 대기업체 직원들의 평균 근속 연수가 10년을 조

---

19. 교육부와 한국대학교육협의회 자료에 따르면 대졸자 평균 취업률은 2011년 58.6퍼센트, 2012년 59.3퍼센트였다. 2013년에는 58.6퍼센트로 나타났다.

금 넘는다는 얘기[20]를 곁들였다. 아이들은 눈을 동그랗게 뜨며 설마 하는 표정을 지었다.

"'사오정(45세에 정년을 맞음)'이니 '삼팔선(퇴직을 고려하기 시작하는 심리적 하한선이 38세임)'이니 '이태백(20대의 태반이 백수임)'이니, 심지어 '삼포세대'[21]니 하는 말들이 나오는 세상이다. 비싼 등록금 들여 가며 정말 대학을 가야 하는 거야?"

아이들 표정이 더 혼란스러워졌다. 대학 가지 말라는 말로 들었을까 걱정되었으나 그런 질문을 던진 아이는 없었다. '듄'으로 시작한 짧은 계기 수업의 마무리는 그다음 해 수업에 대한 '사전 포고'로 이루어졌다.

"내년 수업 시간에는 '듄'을 다루지 않겠다. 3학년 교과 과정에 맞게 차근차근 수업을 진행해 나갈 것이다. 혹시 '듄'을 다루거나 그와 비슷한 입시 대비 수업을 하더라도 일방적인 문제 풀이는 하지 않겠다."

얼굴들을 보니 반신반의하는 표정이었다. 마지막으로 덧붙였다.

"친구 따라 강남 가는 격으로 대학 진학을 고려하지는 말자."

'듄'이 고3 교실을 지배하고 있다. 물론 '듄'을 디딤돌 삼는 대학 입학이 고3생의 전부는 아니다. 너도나도 모두 대학을 가는 것 같지만 최근 3년간 대학 진학률은 꾸준히 떨어지고 있다. 정점을 찍었던 2009년에 80퍼센트에 육박했던 비율(77.8퍼센트, 합격자 기준으로 하면 81.9퍼센트)이 2012년에는 71.3퍼센트까지 감소했다. 현재는 2013년 70.7퍼센트, 2014년 70.9퍼센트 등으로 70퍼센트대 초반에 머물러 있다. 이유가 무엇이든 10명 중 3

---

20. 언론 보도에 따르면, 2015년 6월 8일 취업 포털 잡코리아가 국내 매출액 상위 100대 기업 중 금융감독원에 2014년 사업보고서를 제출한 90개 기업을 대상으로 실시한 직원 1인 평균 근속연수 조사 결과 평균 11.7년으로 나타났다고 한다.
21. 불황과 일자리 불안정으로 인해 우리 인생의 중요한 세 가지 일, 즉 연애·결혼·출산 등을 포기한 세대. 최근에는 이 세 가지에 대인 관계와 내 집 마련이 포함되는 '오포 세대', 오포에 취업과 희망이 추가되는 '칠포 세대'라는 말까지 등장했다.

명 정도는 대학이 아니라 사회에서 20대 청춘기를 맞이한다.

이런 추세는 학생 수 감소와 더불어 당분간 계속 이어질 것이다. 애써 들어간 대학을 스스로 박차고 나오는 이들도 꾸준히 나오고 있다. 해마다 6만여 명 전후의 초·중·고교 학생이 학교를 그만둔다. '입시 공화국' 대한민국에서 펼쳐지고 있는 '낯선' 풍경들이다. '듄 거부 선언'은 그런 새로운 풍경을 맞이하는 나만의 몸부림이었다.

대학 '서열도'에 담긴 입시 사회학

입시 공화국의 현실은 '듄'을 거부하는 몸부림을 무색하게 한다. '서연고서성한'으로 시작하는 대학 '서열도'를 한 번쯤 들어봤을 것이다. 역술인의 주문과도 같은 이 서열도는 수능 점수가 기준(?)이다. 주로 '인(in)서울' 대학 중심으로 만들어진다. 나머지는 대체로 '지잡대(지방에 소재하는 잡스러운 대학)'로 뭉뚱그려진다. 서열도를 중시하는 사고방식에 따르면 이들은 '키 재는 도토리'에 불과하다. 서열도가 보여 주는 대한민국 입시 사회학의 냉혹한 실체다.

대형 입시학원에서 만들어 배포하는 수능 배치표는 서열도의 실체와 힘을 생생하게 보여 주는 자료다. 그것은 고3 아이들에게 각자의 현재 위치를 냉혹하게 각인시킨다. 20대 대학생들은 수능 점수를 따라 결정되는 서열도를 기준으로 자신의 역량과 한계를 지레 가늠한다. 이들에게 수능 점수는 '진리' 자체다. 무모할 정도로 수능에 집착하는 이유다.

'대학에서 학문을 닦는 데 필요한 능력(대학 수학 능력)'을 평가하는 시험이 수능이다. 진정한 의미의 학문 탐구에는 오지선다형이 필요 없다.

수능의 주요 목표로 강조되는 변별력 확보 문제도 대학에서 학문을 하는 일과는 상관이 없다. '인서울' 대학과 지잡대의 국어국문학과 교육과정은 큰 차이가 없다. 시험을 통한 평가가 변별력을 통해서만 의의를 갖게 되는 것도 아니다. 시험이나 평가의 가장 중요한 목표는 학습자 진단이다.

수능은 그 모든 것을 아우를 수 있는 것인 양 출발했다. 놀랍게도(!) 발문 하나와 5개의 선택지로 구성되는 오지선다형을 통해서였다. 평가의 공정성과 객관성 확보 명목으로 변별력을 만들어 내기 위해서였다. 진정한 학문을 하는 데에는 창의적인 사고가 우선시된다. 논리적이고 분석적이며 비판적인 태도가 있으면 좋다. 오지선다형 문항으로는 쉽게 길러질 수 없는 것들이다. 수능은 학습자를 진정으로 성장시키는 시험이 될 수 없었다.

오지선다형 문항으로 대학 수학 능력을 평가할 수 있다고 본 최초 수능 제도 입안자는 어떤 사람이었을까. 그는 정직하지 못했다. 학문에는 정답이 없다. 그런 학문을 하는 데 수능 식의 정답 찾기 능력은 도움이 되지 못한다. 그런데도 우리는 21년간 정답을 찾는 일에 골몰해 왔다. 왜 그래야 했는지 차분하게 분석하거나 성찰해 보지 않았다. 대신 해마다 동네북이 된 수능을 만났다. 변별력 상실, 출제 오류, 난도 조절 실패, 물수능, 학교교육과정 파행 같은 날 선 말들이 세상을 흔들었다.

솔직하게 물어보자. 수능 변별력은 누구를 위해 존재하는가. 언론에서 '서울 시내 주요 대학'으로 통칭하는 '인서울' 대학 진학 희망자들을 위한 것이 아닐까. 서열도상의 상위 10여 개 대학 입학 정원은 3만 명이 조금 넘는다. 2014년 전체 수능 응시생 수가 65만 명 정도였으니 5퍼센트 수준이다. 변별력 논란을 포함한 대학 입시 담론에서 나머지 95퍼센트는 찾아보기 힘들다. 5퍼센트의 변별력 싸움에 나머지 절대 다수가 들러리를 서고 있다고 말하면 지나칠까. 대학 입시에서 95퍼센트는 '을'이나 '투명인간'이다.

나는 교육 당국이 단기적으로 수능을 자격고사화하고, 중·장기적으로 '대학수학능력시험'이라는 명칭에 걸맞게 평가 방식을 전환하는 작업을 적극 추진했으면 한다. 수능 자격고사화는 수능을 절대평가화해 '합격'과 '불합격'으로만 처리하는 방식이다. 수능 평가 방식 전환은 지금 시행되고 있는 서술형 평가 모델을 따르면 된다.

수능 자격고사화의 배경은 무르익은 상태다. 수능 점수의 영향력이 정시 전형에 비해 상대적으로 적은 수시 전형 비중이 거의 70퍼센트에 육박하고 있다. 70퍼센트가 넘는 입학 정원을 수시 전형으로 뽑는 대학들이 꽤 된다. 많은 '주요 대학'에서 수능 점수는 최소 자격 요건과 같이 제한적으로 쓰인다. 수능 점수를 아예 보지 않는 곳도 수두룩하다.

수능 자격고사화 성패의 열쇠는 서열도의 상위권에 랭크된 이른바 '주요 대학'들이 쥐고 있다. 이들 대학에서는 수시 전형 1차 합격자들의 최종 합격 요건으로 몇몇 수능 과목의 최저 등급(의 합)을 제시해 놓고 있다. 이 등급 요건을 지금보다 완화한다면 수능을 둘러싸고 만들어지는 '과잉' 열기는 한풀 꺾일 것이다.

최근 학생부 전형을 실시하는 대학들이 많아졌다. 수능 자격고사화의 뒷배경이 될 수 있다는 점에서 바람직한 현상으로 보인다. 학생부 전형은 고교에 대한 신뢰를 전제로 한다. 학생부에 믿지 못할 구석이 있을 수 있다. 그렇다고 최소한의 신뢰 관계마저 부정해서는 안 된다. 핵심은 대학 당국의 태도에 있다. 역량이 뛰어난 학생을 뽑고 싶어 하는 대학이 코를 쉽게 풀려고 해서는 안 된다. 대학이 학생부를 통해 좀 더 객관적이고 공정하게 학생들을 평가할 수 있는 전형 '실력'을 길러야 한다.

대학들이 전형 능력을 키우면서 수능 자격고사화가 성공적으로 안착하게 되면 수능을 본래의 위상에 알맞은 형태로 바꾸는 작업을 진행한다. 대학에서 하는 공부와 시험은 직접 사고하고 쓰는 방식으로 이루어진다. 오지선다형 문제 풀이 실력으로는 발표로 진행되는 대학 수업이나 논술·서술식으로 진행되는 시험에 효과적으로 대응하기 힘들다.

수능 각 과목별로 논술·서술식 문항을 도입하는 방안을 고려하고 준비해야 하는 이유가 여기에 있다. 전면 시행이 힘들면 현재 중·고교 정기고사에 도입된 서술형 문항 평가처럼 일정 비율을 정해 실시하면 된다. 논술·서술식 시험에 효과적으로 대비하려면 평소 협력 수업을 통해 스스로 사고하고 토론하는 능력을 길러야 한다. 수능이 중·고교 수업의 내실화를 자연스럽게 견인하는 구실을 할 수 있는 것이다.

프랑스의 대학입학자격시험인 '바칼로레아'에서 시사점을 얻을 수 있다. 프랑스 고등학생들은 철학을 포함한 15개 과목 전부를 논술식으로 치른다. 시험을 통과할 수 있는 최소 점수는 20점 만점에 10점이다. 바칼로레아에서는 수험생의 80퍼센트 이상이 합격한다고 한다. 10점 미만을 받은 불합격자에게는 재시험을 치를 수 있는 기회를 준다. 논술식이라고 하지만 부담감이 덜하다.

바칼로레아는 나폴레옹 시대인 19세기로 거슬러 올라가는 유서 깊은 시험이다. 프랑스인들이 자부심을 갖는 까닭이다. 문제가 없지 않다. 우리는 '시험'이라는 말을 들으면 본능적으로 변별력 문제를 떠올린다. 그간 바칼로레아에 대해서는 그런 변별력 문제가 별로 제기되지 않았다. 여기에는 대학평준화 시스템을 꾸려 가고 있는 프랑스의 고등교육 정책이 큰 구실을 했다.

이런 상황에서 2000년대 들어 변화가 생겼다고 한다. 바칼로레아가 최소한의 변별력을 확보해야 하지 않느냐는 주장이 들려오기 시작한 것이다. 프랑스 교육 당국은 정면 돌파를 선택했다. 전통의 바칼로레아 방식을 고수하되, '평가학docimologie'으로 불릴 만한 연구 분야를 신설해 많은 교사와 연구자들로 하여금 바칼로레아의 공정성과 객관성을 확보하려는 노력을 꾸준히 기울인 것이다. 몇 년 전 프랑스를 방문했을 당시 파리 주재 한국문화원에서 들은 얘기들이다.

바칼로레아는 1808년에 시작되었다. 200살을 훌쩍 넘겼다. 우리나라 수능은 21살이다. 200살 선배에 비하면 이제 막 걸음마를 뗀 수준이라고 할까. 모자라고 성에 차지 않아 마음에 안 드는 부분이 있을 수 있다. 그렇다고 없애거나 뜯어고치는 방식으로는 악순환만 불러온다. 교육은 백년지대계라는 말의 의미를 곰곰 생각해 봤으면 좋겠다.

대학에 가지 않아도 되는 세상?

물정 모르는 소리들로 들릴지 모른다. 우리 사회에서 대학 졸업장은 사회로 편입하기 위한 최소한의 '스펙'이다. 지잡대에 가면 '패배자' 소리라도 듣는다. 그런데 대학을 안 가면 아예 '낙오자' 취급을 당한다. 2011년 대학거부를 선언한 민다영은 『대학거부 그 후』에서 희미한 미래에 저당잡히고 싶지 않아 대학거부를 선택했다고 말했다. 그런 그를 맞이한 것은 "더 희미해진 미래"였다고 한다. 그에게 대학거부는 때때로 삶의 바닥을 치고 올라와 자신을 불안하게 하는 요인이 되었다.

우리에게 '성공'이라는 게 있다면, 대학 졸업장은 거기에 이르는 데 필수적인 요소다. 그런데 대학 없이도 성공할 수 있다고 을러대는 이들이 있다. 그들은 대학에 가지 않아도 성공하는 세상을 외친다. 2012년 삼성경제연구소에서 내놓은 보고서(CEO Information 제855호. 류지성 외 3명, 아래 '보고서')가 한 예다. 당시 언론에서 제법 인용한 보고서다.

삼성경제연구소가 보고서를 제출한 날짜는 정확히 2012년 5월 30일이었다. 3년이 지났다. 그사이 우리나라는 대학에 가지 않아도 성공하는 나라가 되었을까. 그런 세상을 향해 조금이라도 움직여 갔을까.

안타깝게도 그런 것 같지 않다. 졸업 후 학교를 찾는 제자들은 미처 묻기도 전에 대학 생활이 팍팍하다고 말한다. 끝이 보이지 않는 공부와 시험에 미칠 것 같다는 말을 늘어놓는다. 고교 시절 공부는 아무것도 아니었다며 헛웃음을 내놓는다. '성공'을 향한 한 가닥 희망의 끈을 안고 대학에 들어갔지만 그곳에서조차 '성공'은 찾기 힘들다. 대학 1학년은 고교 4학년이라는 말이 있다. 대학 생활의 '낭만'은 사멸된 단어 목록에 오른 지 오래다.

보고서가 주목하는 지점은 두 가지다. 우선 대학 교육의 국민경제 기여도가 감소하는 추세에 있다고 한다. 과잉 대학 진학으로 인한 기회비용이 연간 최대 19조 원에 달한다고 한다. 보고서는 이러한 점들을 지적하면서 대졸 과잉 학력자 42퍼센트가 진학 대신 취업을 선택해 생산 활동을 할 것을 제안한다. 과잉 학력의 악순환을 차단하기 위한 정책 변화를 강조한다. 고졸자에 적합한 일자리 개발, 능력 중시 인사, 교육의 질과 학력 중시 풍토 개선 필요성 등이 그것이다.

'과잉'이라고 했으니 쓸데없이 대학 졸업장을 갖고 있는 이들이 많다는 진단이다. 대학 대신 취업으로 눈길을 돌리라는 말이다. 자주 듣는 얘기다. 언젠가 이명박 전 대통령이 20대 청년 구직자를 향하여 눈높이를 낮춰 취직하라며 조언한 적이 있었다. 보고서는 그러한 시각과 크게 다르지 않다. 4년제 대졸자를 기준으로 과잉 학력에 따른 1인당 기회비용을 1억 2000만 원으로 분석한 결과도 보여 준다.

우리나라 고교 졸업 예정자들의 대학 진학률은 다른 나라와 비교할 때 월등히 높다. 교육부가 2014년 9월에 발표한 '2014년 오이시디 교육지표 조사' 결과에 따르면 우리나라 25~34세 청년층의 전문대학 이상 고등교육 이수율은 66퍼센트로 나타났다. 오이시디 국가 중 가장 높은 비율이었다. 오이시디 평균은 40퍼센트 정도였다. 과잉 학력에 초점을 맞춘 보고서의 분석은 나름대로 의미가 있다.

우리나라의 대학 진학률은 2000년대 중반까지만 해도 오이시디 평균과 비슷하거나 낮았다. 2003년 기준으로 오이시디 평균은 53퍼센트였으나 우리나라는 47퍼센트 정도였다. 2004년에는 한국 49퍼센트, 오이시디 평균이 53퍼센트였다. 오이시디 회원국들의 대학(원) 입학률은 2006년 이후 56퍼센트에서 멈췄다. 한국은 2006년 59퍼센트, 2007년 61퍼센트, 2008년 71퍼센트로 꾸준히 높아졌다.

문제는 낮은 취업률이다. 최근 2년간 4년제 대졸자 취업률은 60퍼센트를 넘기지 못하고 있다. 교육부와 한국대학교육협의회 자료에 따르면 2014년 현재 대졸 취업 대상자 48만 4000여 명 중 실제 취업자는 28만 4000명 정도로 58.6퍼센트에 머물렀다. 2013년 59.3퍼센트보다 감소한 수치다. 대학원 진학자 등을 뺀 실질 취업률로 따지면 40퍼센트 정도밖에 되지 않는다는 주장도 있다.

우리나라는 학력과 학벌이 지배한다. 이력서에 '대졸' 두 글자를 써 넣지 못하면 서류 심사조차 통과하기 어려운 게 현실이다. 너도나도 대학에 진학하고 대학 교육을 위해 빚을 낸다. 많은 돈을 들여 대학을 마쳐도 백수로 지내는 이들이 많다. 20대 청년들은 빌린 학자금을 제대로 상환하지 못해 신용불량자가 되어 이른바 '스튜던트 푸어student poor'로 살아가고 있다.

40년 전에는 지금과 많이 달랐다. 당시에는 우리나라 성인 중 대학 졸업자가 열 명 중 채 한 명이 안 되는 0.7명이었다. 그랬던 것이 2010년에 이르러 10명 중 4명이 대졸자인 세상이 되었다. 40퍼센트면 과반에 가까운 수치다. 지나가는 사람 절반 정도를 대졸자로 보아도 크게 틀리지 않은 셈이다. 대기업 연구소와 대통령이 과잉 학력 문제를 지적하는 배경들일 것이다.

따져 보자. 과잉 학력이 '잉여'들만의 탓일까. '잉여'들이 여유가 있어 한 해 천만 원 가까운 돈을 들여 가며 졸업장을 따는 것일까. 우리나라는 일정한 학벌과 학력이 없으면 어디 가서 명함 한 장 내밀기 힘들다. 겉으로 능력을 중시한다고 하면서 속으로 인맥 네트워크를 강조한다. 학벌과 학연을 따지니 '지잡대' 졸업장이라도 따 놓지 않으면 불안하다.

과잉 학력 사회를 만든 데에는 정부 책임이 크다. 대학 정책을 포함한 고등교육 정책은 한 나라의 기초 학문 육성과 발전 방향 등을 고려한 거시적인 안목 속에서 짜여야 한다. 양적 측면을 중시하는 정책보다 질적 관리에 초점을 맞춘 정책이 중요하다.

정부는 1995년 대학 설립과 정원 자율화 등을 포함한 5·31 교육개혁 정책을 추진했다. 대학이 많지 않으면 학생들이 대학에 들어가고 싶어도 수가 제한될 수밖에 없다. 이런 상황은 대학 설립과 정원이 자유롭게 되어 대학이 많이 생겨나자 바뀌었다. 애초 대학 진학에 뜻이 없는 사람들도 대학 진학을 고려하기 시작했다. 과잉 학력의 이면에 시스템이 자리 잡고 있었다고 해도 과언이 아니다.

부존자원 없는 우리나라를 살리는 길이 교육뿐이라며 '공부', '진학'을 외친 이들의 책임은 없을까. 특히 언론이 그랬다. 이들에게는 무조건 공부하고 진학하는 것이 중요했다. 어떤 공부인가, 무엇을 위한 진학인가에 대한 고민이 별로 없었다. 그 대신 유명 대학 합격생 숫자를 놓고 학교 간 우열을 따지는 일에 몰두했다.

학력으로 사람을 평가하는 사람들의 태도나 사회 분위기 또한 심각하다. 많은 사람이 우리나라 최고 학벌이라는 'SKY'를 욕하면서도 그곳에 들어가지 못해 안달한다. 학번과 출신 대학으로 인간관계를 맺는 사람들이 많다. 특정 대학 출신이라는 이유 하나로 승진 과정에서 특혜를 입는다. 학력이 전부라는 시각이 없고서는 불가능한 모습들이다.

공정과 정의가 문제다

다시 보고서로 돌아가자. 결론이 마땅치 않다. 보고서는 첫 번째 과제인 일자리 개발과 관련하여 고졸자에 맞는 일자리를 개발하는 일이 중요하다고 주장한다. 이를 위해 연구개발 관련 직무나 엔니지어직 등 그럴듯한 일자리와 함께 뿌리산업의 숙련직을 개발할 것을 강조한다. 고졸자와 대졸자를 분리해서 보고, 고졸자가 대졸자의 직업 영역에 기웃거려서는 안 된다는 시각이다. 과잉 학력의 문제를 푸는 해법이 될 수 있을까.

핀란드에서는 수도 배관공과 교수 사이에 월급 차이가 별로 크지 않다. 사회적으로 동등한 대우를 받는다. 독일에는 우리나라의 마이스터고와 비슷한 기술학교를 다니면서 현장에서 도제 과정을 마친 고졸자들이 많다. 이들 역시 사회적으로 아주 높은 위상을 가지며 경제적으로 대우가 좋다.

"대학에 가지 않아도 성공"이라는 전제에는 몇 가지 따져 볼 측면이 있다. '성공'의 기준 문제. 많은 사람들이 '성공'을 '돈'에서 찾는다. 그런 '성공'이라면 실현되기 힘들 것 같다. 4만 달러 국민은 6만 달러를 꿈꾼다. 6만 달러를 벌어들이면 8만 달러를 향해 달려간다. 사람 욕망이 그렇다.

대학과 고교에 대한 관점 문제. 대학과 고교를 학문적인 우열이나 주종 관계 차원에서 볼 수 있다. 그러나 대학은 대학이고 고교는 고교다. 대학은 기초 학문에 대한 창의적 연구를 통해 사회 발전과 혁신의 실마리를 만들어 내는 곳이다. 고교는 협력하고 소통하는 민주 시민을 길러 내는 곳이다. 관심을 쏟는 지점이 다르니 목표가 다르다. 원칙적으로 고교가 대학에 종속되어야 할 이유가 없다.

앞으로 어떻게 해야 할까. 대학과 고교, 대졸자와 고졸자 사이에 존재하는 차별을 최소화하는 일이 필요하다. 일자리와 급여에 관한 한, 대졸자와 고졸자 사이에 그어져 있는 장벽을 허물거나 크게 줄여야 한다. 구조적인 일자리 장벽 자체를 없애기 힘들다면 급여 장벽만이라도 크게 낮추어야 한다.

한국직업능력개발원이 2014년 고졸 취업자 624명을 대상으로 조사한 '고졸 초기 경력자의 직장 적응 실태 보고서'에 따르면 이직 의향 사유 중 43.3퍼센트가 적은 보수로 나타났다. 직장에 대한 전망 미비는 33.5퍼센트였다. 실제 고졸 임금 100을 기준으로 한 학력별 상대적 임금 지수를 보면 대졸은 164, 전문대졸은 116으로 추산되고 있다고 한다.

이는 1998년 고졸 평균임금을 100으로 했을 때 대졸 임금 147, 전문대졸 임금 106보다 격차가 커진 것이다(통계청, 25~64세 성인 인구 평균임금 환산). 여기에 고졸자들이 5년간 평균 4차례 이직을 하는 현실이 덧붙여져 있다. 질 낮은 일자리로 인한 미래 전망 부재와 상대적으로 낮은 보수

등이 고졸자들을 불안하게 하고 있는 것이다.

학력에 대한 인식 전환도 필요하다. '내가 거쳐 온 배움의 길學歷'이 아니라 '내가 배워서 갖게 된 능력이나 배울 수 있는 힘學力'에서 학력의 참된 의미를 찾아야 하지 않을까. 머릿속에 든 지식의 양으로 능력을 판단하는 시대는 지났다. 소통과 협력이 각광받는 세상이다. 각자 아이디어를 내고, 이를 바탕으로 함께 토론하고 실천하는 과정에서 진정한 의미의 경쟁력을 갖는 시대가 되었다. 이미 알고 있는 지식이 아니라 새로운 것을 배울 수 있는 개방적인 태도가 중요한 이유다.

한 사람의 진정한 능력은 학력學歷에만 있지 않다. 2012년 5월, 미국의 컨설팅 회사 밀레니얼브랜딩 사가 미국의 225개 회사를 대상으로 조사한 결과 고용주들이 원하는 구직자의 조건으로 가장 많이 꼽은 것은 소통능력(98퍼센트)이었다고 한다. 긍정적 태도(97퍼센트)와 타인과의 협력(92퍼센트) 등이 그 뒤를 따랐다. 기업들이 원하는 인재는 좋은 스펙을 가진 고학력자가 아니다.

'기울어진 운동장'에서 이루어지는 불공정한 '게임의 룰'을 바로 세우는 일 역시 중요하다. 20대가 '차별론'에 빠지는 이유는 능력주의에 대한 불신 때문이다. 우리 사회에는 노력하면 능력을 얻을 수 있고, 세상은 그런 사람을 차등적으로 대우한다는 능력주의가 '공정성'이라는 이름으로 널리 퍼져 있다. 능력주의를 신봉하는 이들은 사회구조와 시스템의 문제를 보자고 말하는 이들을 비난한다.

오찬호는 앞서 소개한 예의 책에서 기회의 균등과 과정의 공정, 결과의 정의 문제를 통해 이와 같은 시각을 비판한다. 마이클 샌델의 『정의란 무엇인가』는 2010년 우리 사회에 정의 열풍을 몰고 온 책이었다. 오찬호가 그 책에서 빌려 온 샌델 교수의 강연 한 토막을 보자.

"능력 위주 사회에서는 기회가 공정하다고 해도 타고난 재능 덕에 자격 없는 사람이 남보다 앞서거나 보상을 받습니다. 노력도 노동윤리도 수많은 가정환경에 좌우됩니다. 가정환경은 우리 노력과 상관없습니다. (중략) 심리학자들은 형제간 출생 순서에 따라 노동윤리와 노력이 차이가 있다고 말했는데, 학생 중 첫째 손들어 보세요!" 그리고 대다수가 손을 들었고 논쟁은 종료된다.

오찬호, 『우리는 차별에 찬성합니다』, 210~211쪽.

사람들은 개인의 능력과 의지가 그 사람 자신의 것이라고 생각하는 경향이 있다. 정말 그럴까. 샌델 교수의 말에서처럼 첫째로 태어난 것은 '성공', 가령 하버드라는 명문대 입학과 같은 일에 큰 영향을 준다. 더 좋은 집안에서 태어난 사람들은 배경 덕분에 사회적으로 성공할 확률이 높다. 하지만 맏이로 태어나거나 좋은 배경 아래서 성장하는 것은 개인의 노력으로 바꿀 수 있는 성질의 것이 아니다.

부모의 학력이 소득을 결정짓고, 그 소득이 자녀들의 교육을 좌우한다. 아이들이 꿈꾸는 미래가 이 연쇄 고리 안에서 결정된다. 오찬호가 일부 인용하는 〈소득에 따라 꿈도 다르다: 소득별·학교별 장래 희망 조사 보고서〉에 따르면, 외국어고의 경우 장래 희망이 고소득 전문직인 학생이 76퍼센트에 이르는 반면 실업고는 3퍼센트에 불과했다고 한다. 반대로 중하위직종에서는 외고가 11퍼센트, 실업계가 79퍼센트로 나타났다. 아이들 각자가 가슴에 품는 꿈과 희망이 '배경'에 따라 좌우되고 있다고 볼 수 있는 대목이다. 공정성의 출발점인 기회 균등의 문제를 심각하게 바라볼 수밖에 없는 것이다.

우리는 과정의 공정과 결과의 정의 또한 제대로 보장받고 있지 못하다.

"모두가 불공정한 과정을 겪고 있다. 그러니 다 똑같은 조건이다"라는 말만큼 과정의 공정을 왜곡시키는 말이 또 있을까.

오찬호는 온갖 공정하지 못한 기회와 과정으로 인해 나타난 결과의 피해자들이 그 결과에 대한 '책임'까지 스스로 지고 있다고 지적한다. 지금 많은 20대는 비정규직이 피해를 입는 것을 그들이 못난 탓으로 돌린다고 한다. 동시대를 살아가는 또래들이 학교 서열에 따라 멸시와 차별을 받는 이유 역시 그들의 능력 부족에서 찾는다.

> 이 책에 등장한 이십대 대학생들은 이 사회에 깊게 침윤된 자기계발의 논리를 그대로 받아들인 나머지 일종의 '피해자 탓하기'에 익숙해져 있다. 그러나 한 개인이 경쟁에서 밀려나는 이유에는 여러 가지 변수가 얽혀 있다. (중략) 그렇다면 사회는 출발과 과정의 공정성에 차별을 받았던 사람들에게 '결과의 차별'을 통해서라도 충분히 보상을 해 줘야 하지 않겠는가.
>
> 앞의 책, 228쪽.

대학, 대학, 대학, 대학이다. 대학 때문에 휴일에 공부하거나 일을 하는 '비정상'의 삶을 산다. '듄'과 같은 기괴한 말이 유행어처럼 등장한다. '듄'을 거부한다며 물정 없는 말을 내뱉는 사람은 물정 모르는 반편 취급을 당한다. 고졸자와 대졸자를 가르고, 국내 최고 회사에 속한 연구소의 유능한 연구원들이 "대학에 가지 않아도 성공하는 세상"이라며 외친다. '괴물'이 된 20대는 차별에 찬성한다.

"대학에 가지 않아도 성공하는 세상"은 기만적이다. 이 말 속에는 대졸이든 고졸이든 학력이 '성공'의 조건이라는 전제가 숨어 있다. 학력이 그보다 낮거나 없는 사람들은 어떻게 해야 하나. 이런저런 이유로 학교를 벗어나는 한 해 6만여 명의 청춘들은 어떻게 '성공'해야 할까.

　우리에게 필요한 것은 "학교에 다니지 않아도 성공하는 세상"이 아닐까. 학교교육을 거부하거나 철폐하자는 말이 아니다. 배움을 무시하자는 얘기는 더욱 아니다. 자기가 원하는 만큼 공부하고, 사회로 나가 능력에 따라 대우 받으며 살게 하자는 것이다. 교육이 사회적 불평등을 고착화하는 데 중요한 요인으로 작용하는 사회는 얼마나 야만적인가.

3장
공부에 관한 몇 가지 신화

피사PISA가 알려 주는 불편한 '진실'

교육 관련 지표나 통계를 보면 우울해질 때가 많다. 2014년 우리나라 10대 사망 원인 중 1위는 자살이었다. 청소년 사망 중 자살이 차지하는 비중은 2000년 13.6퍼센트였다가 2011년 36.9퍼센트로 급증했다. 우리나라 청소년들의 자살률은 오이시디 평균보다 높다. 31개 회원국의 아동·청소년(10~24세) 자살률은 2000년 7.7명에서 2010년 6.5명으로 감소했으나 우리나라는 6.4명에서 9.4명으로 크게 늘었다.

우리 아이들은 행복지수 항목에서 수년째 세계 꼴찌권에 머물러 있다. 한국방정환재단이 주관한 '2014년 한국 어린이·청소년 행복지수 국제 비교 연구' 결과에 따르면 우리나라 어린이와 청소년의 주관적 행복지수가 오이시디 평균을 100점으로 할 때 74.0점으로 나왔다. 오이시디 23개 회원국 중 최하위라고 한다. 우리나라는 조사가 시작된 2009년 이래 6년째 꼴찌를 벗어나지 못하고 있다.

'중2병'으로 악명(?) 높은 중학교 학생들의 현실은 더욱 충격적이다. 2009년 국제교육협의회IEA는 세계 36개국의 중학교 2학년생 14만 600여 명을 대상으로 '국제 시민의식 교육연구'를 실시했다. 이에 따르면 우리나라 중학교 2학년생의 사회적 상호작용 능력은 전체 조사 대상국 중 35위로 꼴찌에서 두 번째였다고 한다. 오이시디 회원국만 놓고 봤을 때는 최하위였다.

우리나라 중학생들이 받은 사회적 상호작용 역량 지표는 1점 만점에 0.31점이었다. 상위권 국가들인 태국(0.69점), 인도네시아(0.64점) 등의 절반에도 미치지 못하는 점수였다. 지표 항목 중 사회적 협력과 관계 지향성 항목에서는 0점을 기록했다. 중학교 2학년생들은 정부나 학교를 신뢰하는 비율 항목에서도 국제 평균 수치보다 30~40퍼센트 낮게 나타났다.

우리 아이들은 배움과 학교로부터 '도주'하고 있다. 2014년 9월 교육부가 발표한 '2014년 초·중·고 학생 학업 중단 현황 조사 결과'를 보면 2014년 4월 초 기준으로 전체 학업 중단 학생이 6만 568명으로 나타났다. 학업 중단율이 가장 높은 학교급은 고교였다. 재적생의 1.6퍼센트 수준인 3만 382명이 학교를 그만두었으니 하루 평균 100여 명 가까운 고교생들이 교실을 벗어나고 있는 셈이다. 교과에 대한 흥미 상실이나 친구, 교사, 학교와의 갈등 등 학교 부적응이 주요 원인이었다. 문제의 핵심 요인이 학교 교육에 있음을 말해 주는 대목이다.

모든 교육 통계가 우울하지는 않다. 한국 교육의 가능성과 잠재력을 보여 주는 (것처럼 착각하게 만드는) 자료가 간혹 나온다. 오이시디가 주관하는 피사(PISA, Programme for International Student Assessment, 국제학생평가 프로그램) 관련 자료가 대표적인 사례다.

피사는 2000년부터 3년 주기로 시행되고 있다. 중등교육을 이수하고 있는 15세 이상의 학생들을 대상으로 기초 학업 영역인 읽기, 수학, 과학 분야를 평가하고 있다. 우리나라는 최초 조사 시점이었던 2000년부터 꾸준히 참여해 왔는데, 지금까지 최상위권을 벗어난 적이 없다. 평가 영역별로 고루 높은 성적을 거두고 있다. 가장 최근인 2012년 피사에서는 읽기 1~2위, 수학 1위, 과학 2~4위를 차지했다.

한국 교육이 성공한 것이라고 말할 수 있을까. 표면적으로 놀라운 결과의 이면에 놓인 보이지 않는 '진실'을 살피면 그렇다는 대답을 선뜻 내놓기 힘들다. 높은 점수로 나타나는 기초 학업 역량과 달리 학습 효율성이나 학업 흥미도가 낮다. 학교에서 배움의 즐거움을 경험하기 힘들다. 2012년 피사 보고서를 보면 학교에서 행복하다고 느끼는 우리나라 학생 비율이 60퍼센트로 조사 대상 65개국 중 꼴찌였다. 이런 점은 애써 무시된다. '진실'을 외면하고 싶은 교육 당국이나 언론의 의도적인 무관심 탓이다.

핀란드는 우리나라처럼 피사의 대표적인 선두 주자다. 피사 최상위권 국가들 중 거의 유일하게 우리나라를 앞서곤 한다. 놀라운 점은 이런 결과가 핀란드 아이들이 우리나라 아이들의 절반 정도로만 공부하면서 거둔 것이라는 사실이다.

우리나라 아이들이 하루 평균 9시간 가까이 공부할 때 핀란드 아이들은 4시간가량 학습한다. 방과 후인 8교시, 9교시 보충수업과 야간자율학습까지 하는 우리나라 아이들과 달리 핀란드 아이들은 오후 2~3시면 공부를 마친다. 무작정 오래 책상에 앉아 있는 우리나라 아이들에 비해 자기 효능감이나 만족감이 크다.

핀란드에서는 18살 무렵에 고교를 졸업하면서 치르는 국가 수준의 성취도평가 외에 어떤 국가시험도 치르지 않는다. 공교육비는 물론이고 사교육비가 따로 들지 않는다. 우리나라에서는 수년간 초등학생을 포함해 해마다 3개 학년이 국가 수준 학업성취도평가 시험을 치러 왔다.[22] 2013

---

22. 세칭 '일제고사'로 불리는 시험이다. 몇 년 전에 초등학생이 평가에서 제외됐으나 중·고등학생들은 계속 시험을 치른다.

년 기준으로 초·중·고교 1인당 연평균 사교육비는 300만 원에 육박했다. 정부의 갖가지 사교육 대책에도 불구하고 최근 2년 사이에 사교육비 규모가 꾸준히 커진 결과였다.

우리나라 아이들이 느끼는 시험 압박감은 세계 최고 수준이다. 학업 흥미도는 오이시디 국가들 중 최하위권이다. 부모와 교사들은 공부 안 하는 '무식한' 아이들을 공공연히 탓한다. 그런데 우습게도 어른들의 학업 역량이나 성취도 수준은 형편없다.

우리나라 어른들의 '무식'은 객관적인 지표로 증명되고 있다. 오이시디는 2011년 8월부터 2012년 4월까지 한국을 포함한 24개 나라 16~65세 성인 15만 7000명을 대상으로 언어능력, 수리력, 컴퓨터 기반 문제 해결력 등 세 가지 능력에 대한 실제 대면조사를 실시해 국제성인역량(PIAAC, 피악) 지수를 발표했다. 조사 결과 한국은 언어능력 11위, 수리력 15위, 컴퓨터 기반 문제 해결력 15위를 차지했다.

일본 성인은 언어능력과 수리력에서 1위를 차지했다. 핀란드와 네덜란드 등 북유럽 국가의 어른들은 세 영역 모두에서 상위권을 차지했다. 흥미로운 점은 조사 대상을 16~24세의 청년층으로 제한하면 세 영역의 등수가 상위권으로 올라선다는 사실이다. 스스로 공부하지 않으면서 아이들에게 공부를 강요하는 한국 어른들의 민낯이다.

"김고삼은 사약을 받으라"

수능 시즌이 되면 인터넷에 '김고삼' 이야기가 떠돈다. 수능 전에 신처럼 모셔지다가 수능을 망치면 누군가가 "죄인 김고삼은 사약을 받으라"

라고 소리친다는 내용이다. 대학이 거의 모든 사람을 옥죄는 '대학 서열화 공화국'에서 웃어넘길 수만은 없는 이야기다.

당위로서의 진짜 공부는 머릿속에 있다. 공부의 최종 목표는 여전히 대학이다. "왜 대학에 가는가"라며 수능을 거부하고 대학을 거부하는 이들을 향해 우리 사회는 한 입으로 "왜 대학에 가지 않느냐"라고 힐문한다. 대학 교육을 의무교육처럼 받아들이는 사람도 있다.

대학 교육이 진짜 공부로서의 의미를 갖고 있을까. 청년단체인 '청년좌파' 대표 김성일은 다음과 같은 이유에서 대학 교육에 대해 비판적인 반문을 내놓는다.

> 등록금 1000만 원 시대에 사람들은 대출을 해서라도 대학에 다니고 각종 자격증을 따러 다닌다. (중략) 도대체 어디에 써먹을지 알 수 없는, 직무와도 별 관계없는 능력을 열심히 쌓은 대가로 '직장'은 상금처럼 주어진다. 마치 애완견이 생존을 위해 '차렷' '발' 훈련에 적극 임해야 하는 것처럼.
>
> 투명가방끈, 『우리는 대학을 거부한다』, 276쪽.

'발'을 내미는 데 성공한 강아지는 과자를 얻기 힘들다. 김성일은 '발'을 내밀면 '차렷' 훈련이 시작되고, 그 뒤로 차례대로 '빵야', 불타는 링 뛰어넘기가 기다리고 있을 것이기 때문이라고 보았다. 그는 끝없는 숙련 강아지의 길을, 다음 시대에 등장할 어린 강아지들을 위해서라도 그만둬야 하는 게 아니냐고 되묻는다. 대학 이데올로기에 빠져 있는 이들은 그의 물음에 어떤 대답을 줄까.

현실은 너도나도 '김고삼'이 될 수밖에 없는 상황이다. 우리나라의 고등교육 이수율은 2007년부터 줄곧 세계 1위를 유지해 오고 있다. 고교 졸업생 대다수가 가는 대학을 홀로 '거부'하는 일이 쉽지 않다. 대학 교육이 제대로 된 '상품'을 길러 내고 있다면 나름대로 의미가 있을 것이다. 현실은 그렇지 않다. 2014년 기준 오이시디 교육지표에 따르면 우리나라의 인적 자본 경쟁력은 세계 122개국 중 23위에 그치고 있다. 우리보다 대졸자 비중이 낮은 독일이 6위, 일본이 15위다. 세계 최고의 고학력자 양산 시스템을 자랑하면서도 대학 교육이 그에 걸맞은 수준과 질을 확보하지 못하고 있다.

대학에서 이루어지는 공부의 '질' 문제도 있다. '무터킨더'로 널리 알려진 박성숙은 『독일 교육 이야기』에서 흥미로운 분석을 내놓았다. 2009년 『더타임스』의 세계 대학 평가 결과를 보면 독일은 500위권 안에 41개 대학이 포함되었다.[23] 같은 서유럽 국가인 프랑스는 20개 대학이, 우리나라는 12개 대학이 포함되었다.

그런데 50위권만을 놓고 보았을 때 독일 대학은 한 군데도 없었다. 최고 순위는 55위를 한 뮌헨 공대였다. 독일 대학의 '질' 또는 '경쟁력'이 문제가 있다는 것으로 해석될 수 있는 대목이다.

> 한국은 서울대학이 47위를 했고 독일은 뮌헨대학이 그보다 못한 55위를 했지만 이 결과는 전혀 다른 차원으로 봐야 한다. 서울대학은 한국 최고의 수재를 한 곳에 모아 집중적으로 투자해 얻은 결과지만 뮌헨대학은 바이에른 지역을 대표하는, 더 정확히 말하자면 몇몇 학과가 약간 유명할 뿐 다른 대학과 큰 차이가 없는 평범한 대학일 뿐이다. (중략) 독일은 전체적으로 대

---

23. 대학 간 비교 평가는 공정성과 객관성 시비가 불거질 때가 많다. 박성숙은 『더타임스』의 세계 대학 평가가 그 심사 관계자조차 "영어권 대학이 유리하다는 견해를 부정하지 않겠다"라고 말할 정도로 객관성과 공정성에 많은 의문을 갖고 있다고 지적한다. 이러한 점을 고려하면서 대학 평가 결과를 살필 필요가 있다.

학 수준이 고르며, 중간으로 갈수록 두터워진다. 또한 500위 안에 든 대학이 영국 다음으로 가장 많은 나라다. 인재의 고른 분포와 주 정부의 공평한 지원이 대학의 전체 수준까지 끌어올리고 있는 것이다.

박성숙, 『독일 교육 이야기』, 256쪽.

위계 서열화한 시스템에 따라 '그들만의 리그전'을 벌이는 한국 대학의 민낯은 여기서 그치지 않는다. 우리 사회의 미래를 우울하게 만드는 주요 요인들 중 하나가 차별과 불평등이다. 그중에서 특히 심각한 것이 학력이나 학벌에 따른 것이다.

2011년 한국여성정책연구원 조사 결과 '우리 사회에서 가장 심각하다고 생각하는 차별'로 '학력이나 학벌'을 꼽은 사람들의 비율이 29.6퍼센트였다.[24] 2013년 취업 포털 '사람인'은 '지방대' 출신 구직자를 대상으로 한 조사에서 10명 중 8명이 학벌 때문에 불이익을 받는다고 느낀 경험이 있다는 조사 결과를 발표했다.

학력이나 학벌 약자들의 주관적인 판단이 아니다. 한국노동경제학회의 한 논문(〈1999~2008년 한국의 대졸자 간 임금 격차 변화〉)에 따르면, 학벌 '최상위' 13개 대학 출신 취업자들은 14~15위 대졸자보다 14.2퍼센트, 51위 이하 대졸자보다 23.2퍼센트, 전문대졸자보다 42퍼센트 많은 임금을 받고 있었다.

한국고용정보원 조사 결과 'SKY' 졸업자 평균임금은 281만 원, 전문대졸자는 174만 원이었다. 2012년 한국직업능력개발원 자료는 고졸 월 평균임금이 145.5만 원으로, 대졸 이상보다 평균 42.7만 원, 전문대졸자보다

---

24. 아래 통계 수치들은 『우리는 대학을 거부한다』에서 빌려 왔다.

12.7만 원 적다고 보고하고 있다. 우리 모두 '김고삼'이 되어 가짜 공부에 매달릴 수밖에 없는 현실에 살고 있는 것이다.

'상품'을 만들어 내는 학교교육

오이시디는 1998년부터 2000년까지 '데세코(DeSeCo; Definition and Selection of Key Competences)'라는 이름의 교육 프로젝트를 진행했다. 영국을 비롯한 유럽 국가를 중심으로 12개국이 오이시디의 지원을 받아 실시한 프로젝트였다. 급변하는 미래 사회에서 개인에게 필요한 역량이 무엇인지 알아보기 위해서였다.

'데세코'는 미래 사회에서 개인이 반드시 갖춰야 하는 3대 핵심 역량 범주를 가리킨다. '도구를 상호적으로 활용하기Use tools interactively', '이질적인 집단 안에서의 사회적인 상호작용Interact in heterogeneous groups', '자율적으로 행동하기Act autonomously'가 포함되어 있다. 우리나라 아이들은 이들 역량을 얼마나 갖추고 있을까.

'도구를 상호적으로 활용하기' 역량은 뛰어난 편이다. 2010년 9월 한국청소년정책연구원이 수행한 '청소년기 핵심 역량 국제 비교' 결과에 따르면 한국 학생들의 언어적 소양과 수학적 소양이 조사 대상 22개 국가 중 각각 1위와 2위로 나왔다. 도구의 상호적 활용 역량 부문에서는 종합 2위를 차지하였다. 실생활에 필요한 도구(말하기, 셈하기 등)를 활용하는 능력이 그만큼 뛰어나다는 말이다.

나머지 두 개의 역량은 문제가 많았다. 이질적인 집단 안에서 서로 협력할 수 있는 능력을 보여 주는 사회적인 상호작용 역량은 종합 21위로 최하위권이었다. 타인과 소통하면서 문제를 해결하기 위해서는 상대방에게 공감하고 함께 토론하는 자세가 필수적이다. 집단지성에 기여하는 공동체성이 필요하다. 이런 부분에서 우리나라 학생들에게 심각한 문제가 있다고 나타난 것이다. 자율적 행동 역량은 18개 국가 중 종합 7위에 머물렀다.

피사나 데세코 프로젝트는 세계 주요 산업 국가들의 이해관계를 대변하는 보수적인 오이시디가 관장한다. 결과에 일희일비하거나 구체적인 내용을 절대시해서는 안 되는 이유다. 하지만 기존의 획일적인 공부(학업)만으로 미래 사회를 살아가기 힘들다고 인식하는 그들의 관점에는 눈길을 줄 필요가 있다.

데세코 프로젝트에서 제시하는 사회적 상호작용 역량이나 자율적 행동 역량에는 특별히 더 깊은 주의를 기울여야 한다. 지금처럼 아이 혼자 하는 공부로는 진정한 의미의 '사회화'를 이루기 어렵다. 지식을 받는 공부로는 부족하다. 낯선 문제 상황을 타개할 수 있는 능력을 기르는 일이 힘들어지기 때문이다. 스스로 하되 함께하는 공부가 필요하다.

우리나라에서는 '공부工夫'라는 말이 '학업學業'의 유의어처럼 쓰인다. 공부는 학문이나 기술을 배우고 익힌다는 의미를 담고 있다. 기본 의미가 '학습'과 다르지 않다. 그런데 공부를 학습의 차원에서 보는 한 그것은 개인적인 차원에서 진행되기 쉽다. '배우고 익힘'의 대상이 교과서에 실린 지식과 교사의 설명 따위로 이미 정해져 있어서다.

아이들은 여럿이 한 교실에 있어도 각자 열심히 지식과 설명을 받아들인다. 친구나 교사는 협력자가 아니라 방해자로 여긴다. 친구들이 떠들거나 말거나, 선생님이 수업을 하거나 말거나 자기 '공부'에 몰두한다. 왕따나 폭행을 당하는 친구가 있어도 문제집만 보는 '무서운' 집중력을 발휘한다. 파편화하고 고립된 채 홀로 공부하는 그들은 시나브로 '괴물'이 되어 간다.

사회가 대량생산 체제로 작동하던 산업화 시기에는 개별화 공부가 어느 정도 유용한 측면이 있었다. 일사불란함이 중시되는 대량생산 체제에서는 규격화한 지식을 갖춘 사람들이 좀 더 효율적이었다. 학교는 자연스럽게 '인력 생산 공장'으로서 인간 자원을 대량으로 찍어 내는 일에 집중하게 되었다. 한때 우리나라 교육 당국의 명칭인 '교육인적자원부'에 쓰였던 '인적자원Human Resources'이라는 말이 이와 같은 맥락에서 나왔다.

'인적자원'의 관점에서 보면 아이들이 상품이 된다. 구매자는 국가(정부)와 사회(기업)다. 상품은 고유한 본질과 무관하게 상품성(구매 매력)을 갖추는 일이 중요하다. 아이들이 인간성을 잃게 되면서 자신과 타인으로부터 소외되기 시작하는 지점이다. 인간을 자원이나 상품으로 길러 내는 교육 시스템은 교육 자체의 목적과 무관하다. 반교육적이라고 보아도 지나치지 않다.

무엇을 어떻게 공부해야 할까

진짜 공부는 다른 데 있지 않다. 진정한 공부의 조건과 방법은 '학습 學習'이라는 두 음절의 한자어 속에 이미 포함되어 있다. 일본의 대표적인 교육학자로 최근 몇 년 사이 우리나라에 '배움의 공동체' 바람을 전해 준 사토 마나부 교수가 『배움으로부터 도주하는 아이들』에서 펼친 입론이 도움을 준다. 자발적으로 시작하되 여럿이 함께 마무리하는 방식이 핵심이다.

사토 마나부 교수에 따르면 '學習'의 '學'에는 배움의 주체와 조건이 담겨 있다. 배움의 주체는 아이들이다. 글자 아래쪽의 '子'가 그것이다. 주체와 관련되는 또 다른 요소로 ' ' 위쪽에 있는 '爻'가 있다. 사토 교수는 이 글자를 아이들이 서로 손을 맞잡고 있는 모습을 형상화한 것으로 풀이한다. 배움은 혼자서 하는 것이 아니라 다른 이와 함께해 나가는 것이라는 뜻이다. '學'의 일차적인 의미들이다.

'學'에 담긴 배움의 조건은 두 가지다. 먼저 아이들이 편하게 배울 수 있는 공간이 필요하다. 글자 중간에 있는 ' '가 그것이다. '집'이라는 뜻이 담긴 ' '에서 위쪽 한 획이 생략된 것이다. 그곳이 꼭 25평의 획일적인 사각 공간일 필요는 없다. 외부의 부당한 간섭과 침해로부터 벗어날 수 있는 곳이면 된다. 안전하게 숨 쉬고 뛰어놀 수 있는 공간이라면 맨땅이어도 상관없다.

배움의 두 번째 조건은 '爻' 좌우에 있는 글자인 '臼(구)'에 들어 있다. 이 글자는 사람 둘이 양쪽에 서서 두 팔을 앞으로 벌리고 있는 듯한 형상을 갖고 있다. 사토 교수는 서로 손을 맞잡은 아이들('爻') 양편에서 어른들이 그 아이들을 보호하는 모습으로 풀이한다. 한자대사전에서는 양손으로 끌어올리는 모양을 가리킨다고 설명한다. 학교에서는 교사, 집과 사회에서는 부모와 이웃 어른들이다. 학교교육이 학교교육만의 문제가 아니라 가정과 사회가 함께해 나가야 하는 일이라는 것이 드러난다.

학습의 '습習'은 배움의 방법을 함축한다. '習'은 새가 날갯짓하는 법을 배우기 위해 깃털[羽(깃털 우)]을 수없이[百(일백 백)] 퍼덕거린다는 의미를 담고 있는 회의會意 문자다. 어린 새가 날갯짓을 배우기 위해서 깃을 움직거리는 모습을 떠올려 보자. 첫 비행을 위해 끊임없이 날개를 퍼덕이는 연습을 한다. 나무에서 떨어지거나 날개가 가지에 걸려 다칠 때가 있다.

그러면서도 날갯짓을 멈추지 않는다.

어린 새는 날갯짓을 할 때 깃만 사용하지 않는다. 온 힘을 다해 온몸으로 날개를 퍼덕인다. 그 과정에서 약한 깃털이 떨어져 나가는 고통이 뒤따른다. 창공을 힘차게 날게 하는 강한 깃털들은 그런 어려움 속에서 만들어진다. 어린 새의 날갯짓은 고통스럽지만 성숙해지기 위한 필연적인 과정이다.

어미 새는 새끼 새를 가만히 지켜본다. 끼니때가 되어서야 수없는 날갯짓으로 허기진 자식에게 먹이를 가져다준다. 이렇게 퍼덕거려야 한다느니 저렇게 날아야 한다느니 하면서 간섭하지 않는다. 어미 새는 든든한 둥지 지킴이와 먹이 제공자 구실을 할 뿐이다.

'學'이라는 조건과 '習'의 방법으로 무엇을 공부할까. 현재 우리나라 국가교육과정의 밑바탕에는 기본 이념이 깔려 있다. 단군 이래 유구한 역사를 자랑하는 '홍익인간弘益人間'이다. 홍익인간은 단군 신화에 뿌리를 두고 있다. 일부에서 편협한 민족주의적 신화에 바탕을 두고 있는 교육 이념이라며 비판하는 까닭이다.

홍익인간의 '인간'은 그렇게 속 좁은 개념이 아니다. 국가교육과정에서 제시하고 있는 중등교육의 목적(ㄱ)과 인간상(ㄴ)을 보자.

(ㄱ) 인격을 도야하고, 자주적 생활 능력과 민주 시민으로서 필요한 자질을 갖추게 하여 인간다운 삶을 영위하게 하고, 민주 국가의 발전과 인류 공영의 이상을 실현하는 데 이바지하게 함.

(ㄴ) 가. 전인적 성장의 기반 위에 개성의 발달과 진로를 개척하는 사람.
나. 기초 능력의 바탕 위에 새로운 발상과 도전으로 창의성을 발휘하

는 사람.

다. 문화적 소양과 다원적 가치에 대한 이해를 바탕으로 품격 있는
삶을 영위하는 사람.

라. 세계와 소통하는 시민으로서 배려와 나눔의 정신으로 공동체 발
전에 참여하는 사람.

다른 나라는 아랑곳하지 않고 자국의 이익에만 몰두하는 편협한 민족
주의자는 우리 교육이 관심을 갖는 인간형이 아니다. 세계와 소통하는 시
민, 글로벌 의식을 갖춘 세계 시민이 우리 교육이 지향하는 인간상이다.
홍익인간에 터를 잡고 있는 국가교육과정은 그 자체로 미래 지향적이다.

국가교육과정이 규정하는 학교급별 목표 또한 알차다. 경험과 상상력,
비판적이고 창의적인 사고력과 같은 말들이 주요 목표를 기술하는 문구
속에 등장한다. 공감과 협동, 배려, 세계 시민과 같은 말들이 거듭 출현한
다. 세계 어디에 내놓아도 부끄럽지 않을 목표들이다.

교사가 원칙을 지키면 된다. 학교가 학원이 아니라는 사실을 상기하면
더 좋다. 수능 문제 풀이를 정도껏 해야 한다는 말을 당당히 할 수 있게
해 주는 강력한 근거다. 국가교육과정을 숙지하자. 입시 준비도 교육과정
의 틀 안에서 해야 한다는 원론적인 주장을 설득력 있게 해 준다. 파커
파머가 『가르칠 수 있는 용기』에서 한 말을 다시 한 번 떠올린다.

훌륭한 가르침은 하나의 테크닉으로 격하되지 않는다. 훌륭한 가르침은
교사의 정체성과 성실성에서 나온다.

4장
'용'과 '지렁이'가 공존하는 교실을 위해

'개천의 용' 담론이 그리는 입시 풍속도

"개천에서 용 난다"라는 말이 있다. 틀린 말이다. '용'은 '개천'에서 나지 않는다. '개천'은 지렁이가 나는 곳이다. '용'이 날 수 없는 곳이다. 이치가 그렇다. '개천'은 거대한 '용'이 자라 날아오르기에는 여러모로 환경이나 여건이 열악하다.

과거를 말하는 사람들이 있다. 그들은 '개천'에 살던 '지렁이'가 '용'이 될 수 있었다고 주장한다. 사실과 거리가 멀다. 조선시대 과거 급제자에 대해 분석한 글을 읽은 적이 있다. 역사학자인 한홍구 성공회대 교수의 『대한민국史』 2권에 나오는 '쇠사슬에 묶인 학원, 그리고 지식인'이다.

한 교수가 제시하는 자료에 따르면 조선시대 500년간 문과에 합격한 이가 1만 5000명이었다. 문과 급제자를 배출한 씨족이 750개 정도다. 상당한 숫자다. 전국 방방곡곡의 '개천'에 있는 인재들이 고루 등용된 듯하다.

자세히 보니 '반전'이 있다. 조선시대 과거 급제의 양극화나 독과점으로 볼 만한 현상이 보인다. 가령 전체 75퍼센트 정도에 해당하는 하위 560개 씨족 출신 급제자 비중이 10퍼센트에 불과했다. 반면 상위 36개 씨족 출신 급제자 수는 50퍼센트에 달했다.

과거 급제자를 대규모로 낸 씨족 분포를 살펴보면 조선 왕실의 종친인 전주 이씨가 873명으로 가장 많았다. 명문 권세가의 대명사 격인 안동 권씨, 파평 윤씨, 안동 김씨가 각각 359명, 332명, 315명으로 뒤를 이었다. 사계 김장생이 속한 광산 김씨나 연암 박지원의 집안인 반남 박씨 등 명문세가들도 200명을 넘는 급제자를 배출했다.

조선 왕조 500년간 200명 이상의 문과 급제자를 배출한 씨족 수는 14개 정도였다. 중국 명·청 시대 과거 급제자 5만 1695명 중 40명 이상의 합격자를 배출한 씨족이 거의 없었던 사실과 대비된다고 한다. 한 교수에 따르면 일부 특권 가문이 과거 제도를 싹쓸이하면서 급제자 수를 과점하게 되는 현상이 조선 후기로 오면서 더욱 강화되었다.

과거 제도를 능력주의의 대표 사례로 이야기하는 이들이 많지만 실상과 거리가 멀다. 인재를 널리 구한다는 과거 제도의 취지를 살리기 어려웠다. 과거 급제는 기존 지배층이 사회 상층으로 진입하기 위한 추인 과정에 불과할 때가 많았다. 그들에게 필요한 것은 특권적이고 배타적인 환경과 집중적인 훈련이었다.

경제적인 부와 문화적으로 우월한 환경은 '용'이 되기 위한 필수 조건이다. 조선시대와 같은 과거에도 그랬지만 지금은 더욱 그렇다. '용'은 '부촌'에서 난다는 '진실'을 서울 강남구와 서초구 소재 고교 졸업생의 서울대 입학생 수를 통해 살펴보자.

서울의 대표적인 '부촌'인 강남구 소재 고교의 서울대 입학생 수는 2010년 145명에서 2011년 160명을 거쳐 2012년에 224명으로 급증했다. 서초구 역시 2010년 77명, 2011년 75명을 지나 2012년에 102명으로 대폭 상승했다. 반면 서울의 대표적인 '개천'인 금천구는 2012년에 서울대에 12명을 입학시켰다. 성동구, 강북구, 서대문구, 영등포구는 8명, 중랑구는 6

명이었다.

학교 유형에 따른 '부촌'과 '개천'의 격차도 크다. 2014년 교육부와 한국대학교육협의회가 전국 4년제 일반대학 174개교의 공시 항목을 분석한 결과에 따르면 2014학년도 서울대 입학생 3369명 가운데 일반고 출신은 1572명으로 46.7퍼센트에 그쳤다. 일반고 출신 서울대 입학생 비중이 절반 아래로 내려간 것은 서울대 역사상 최초였다고 한다.

서울대 입학생의 나머지는 특목고(801명, 23.8퍼센트), 자율고(683명, 20.3퍼센트) 등 '부촌' 학교 출신들이 차지했다. 우리나라 전체 고교생 가운데 일반고 학생 비중은 71.6퍼센트, 특목고와 자율고는 각각 3.5퍼센트, 7.9퍼센트 정도다. 서울대 입학에 관한 한 '일반고의 몰락'이라는 평가가 틀리지 않아 보인다.

일반고로 대변되는 '개천' 학교의 몰락은 수도권 주요 대학에서도 나타나고 있다. 수도권 66개 대학의 전체 입학생 12만 3441명 가운데 일반고 출신은 8만 9519명으로 72.5퍼센트였다. 전체 대학 기준으로 일반고 출신 학생 비중을 따졌을 때보다 5.5퍼센트포인트 낮은 수치였다.

서울대, 연세대, 고려대, 성균관대, 한양대, 서강대, 이화여대 등 이른바 주요 대학으로 범위를 좁히면 일반고 출신 비율이 더 떨어진다. 전체 대학의 일반고 출신 학생 비중보다 15.1퍼센트포인트가 낮은 62.9퍼센트에 그치고 있다. 반면 이들 주요 15개 대학의 자율고 출신 신입생은 7519명(13.2퍼센트)으로 전체 대학 평균인 9.2퍼센트를 크게 웃돈다. 특목고 출신 비율도 14.1퍼센트에 달한다.

서울대 입학생들은 부모의 학력과 직업, 출신 지역에서 '개천' 출신 '지렁이'들과 차이가 난다. 2013년 서울대의 '신입생 특성 조사 보고서'에 따르면 서울대 신입생 중 아버지와 어머니 학력이 대졸 이상인 경우는 각각

83.1퍼센트와 72퍼센트에 달했다. 2010년 인구총조사에서 집계된 20살 이상 성인 중 대졸자 비율인 43.2퍼센트의 두 배에 가까운 수치다.

부모 직업이나 학생들의 출신 지역 현황도 '개천에서 용 나기'와 거리가 멀어 보인다. 아버지가 사무 종사자나 전문가와 같은 이른바 화이트칼라 계층에 종사하는 입학생 비율이 절반을 넘는 53.5퍼센트나 됐다. 서울대 입학생 중에는 도시 지역 학생도 많았다. 서울 출신이 34.9퍼센트였다. 광역시와 수도권을 포함한 대도시 출신을 모두 합한 비율은 74.3퍼센트에 달했다. 10명 중 7명꼴이었다.

'광탈'하는 '수시충' 담임의 넋두리

수시철이 되면 일선 고교의 3학년 교실은 입시 상담과 서류 준비로 눈코 뜰 새 없이 바쁘다. 학생과 교사 모두 '멘붕'을 호소한다. 낯선 서류, 흡족하지 않은 성적, 복잡한 전형 절차 등 이것저것 챙겨 보고 꼼꼼히 따져야 할 게 한두 가지가 아니다. 밤늦게까지 퀭한 눈으로 입시 정보 시스템을 들여다보는 고3 담임교사와 학생들은 살아 있는 시체 같다.

학생들은 공공연히 '수시충'이라는 말을 쓴다. 정시에 눈길을 주지 않고 수시 전형에서 승부를 보려는 학생들을 비꼰다. 많은 학생들이 수시충이 될 수밖에 없는 배경이 있다. 수시 전형으로 모집하는 인원 때문이다. 2014학년도 입시에서 수시 전형으로 모집하는 인원은 25만여 명에 이르렀다. 전체 모집 정원의 66.4퍼센트에 해당하는 수치였다. 2015학년도에는 전체 수시 정원이 전년보다 약간 줄어든 24만여 명으로 나타났다. 비중 면에서는 여전히 60퍼센트대 중반(64.2퍼센트)을 유지했다.

수시 전형은 정시 전형에 비해 수능 점수의 영향력이 상대적으로 작다. 학교생활기록부나 자기소개서 등 내신 관련 서류가 전형 과정에 더 크게 작용한다. 수능은 상대적으로 더 '부촌'인 지역에서 우수하게 나오는 경향이 있다. '부촌'과 거리가 먼 우리나라 대다수 학교가 수시에 집중하는 모습은 자연스럽다.

이마저 여의치 않다. 복잡하기 짝이 없는 수시 전형 때문이다. 이는 주요 사설 입시 기관에서 내놓는 수시 자료집이 말해 준다. 1천 쪽을 훌쩍 넘는 수시 전형 자료집들이 제목에 '전략서' 등의 거창한 이름을 단 채 학생들을 압박한다. 두께가 5센티미터에 가까운 이들 묵직한 자료집은 차라리 '둔기'에 가깝다.

수시 전형 수는 엄청나다. 2014학년도 4년제 대학에서 실시하는 수시 전형 수는 모두 1846개였다. 2015학년도에는 2000개가 넘었다. 정시까지를 합한 전체 전형 개수는 2014학년도 2883개에서 2015학년도 2988개로 1백여 개가 늘었다. 여기에 각 학교에서 구별해 놓은 세부 전형까지를 더하면 수가 엄청나게 불어난다. 상대적으로 우월한 '부촌'의 정보력과 입시 분석 전략이 영향력을 발휘하는 이유들이다.

한쪽에서는 '개천'에서 '용' 나기가 더 쉬워졌다고 말하는 이들의 목소리가 높다. 수능 연계율 80퍼센트의 '신화'를 이어 가는 이비에스 교재 반영률이 있다. 이비에스 인강은 공짜로 들을 수 있다. 모든 입시 정보가 인터넷을 통해 개방된다. '개천의 용' 담론을 적극 설파하는 이들이 드는 주요 근거들이다. 정작 '개천' 아이들이 '용'이 되지 못하는 이유는 따로 있다. '환경'이 문제가 아니라 공부하려는 '열정'이 부족한 '개인'이 문제라는 것이다.

모두 틀린 말은 아니다. 수능과 이비에스를 연계하는 정책 덕분에 사교육 소외 계층이 한번 해볼 여지가 생기긴 했다. 한국대학교육협의회나 기타 교육기관들이 제공하는 입시 정보도 인터넷만 깔려 있으면 수시로 열람할 수 있다. 문제는 공부 안 하는 아이들 각자의 부족한 '열정'이다. 이유야 어찌 됐든 이 아이들의 학업 '열정'이 공부깨나 하는 아이들의 그것보다 떨어진다는 것이다.

'부촌' 아이들의 학업 열정이 뛰어나다는 점은 부인하기 힘들다. 이런 의문이 든다. 그 아이들은 열정을 타고나는 것일까. '용'들은 강남이나 서초와 같은 서울의 '교육 특구'에서 많이 나온다. 그들 중에는 특목고나 자사고 같은 '부촌' 학교 출신이 많다. '부촌' 출신이라는 사실과 열정의 '생득설' 사이에 상관성이 있는 걸까.

그럴 수 있겠지만 이들 사이의 상관도가 얼마나 큰지는 잘 모르겠다. 과학적으로 밝혀내는 일이 쉬워 보이지 않는다. 교육의 효과나 성과를 생득적인 요인 차원에서 밝히는 일은 만만치 않다. '개천의 용' 담론에서 개개인의 '열정론'을 설파하는 이들의 목소리가 의심스럽게 들리는 까닭이다.

'개천'에서 '용'이 나기를 바라서가 아니다. '부촌' 아이들을 '지렁이'로 만들자고 하는 소리가 아니다. '개천'의 아이들이 '수시충'이 되지 않으면 안 되는 세상에 딴지를 걸고 싶다. 대학에 가지 않으면 영원한 패배자가 될 것이라는 공포를 안겨 주는 악다구니를 꼬집고 싶다. 수시 전형에 지원하는 아이들이 '충(벌레)'이 되어 '광탈'[25]로 절망하는 모습이 안쓰럽다.

---

25. '광속탈락'의 준말이다. 고3 입시생들이 낮은 성적 때문에 수시 전형에 지원해 보았자 탈락할 것이 뻔한 상황을 자조적으로 일컬을 때 쓰는 속어다.

수준별 수업으로 공부가 좋아졌나요

'용'과 '지렁이'가 공존하기에는 아직 가야 할 길이 멀고 험하다. 앞자리에 수준별 교육과정 문제가 있다. 국가교육과정에서 제시하고 있는 수준별 교육과정은 전체 교육과정의 편성이나 학습 진행 방식과 관련한 내용으로 이뤄져 있다. 아이들을 성적별로 나눈 뒤 이들을 서로 다른 반에 집어넣어 수업하라는 지침이 아니다. 한 교실에서 서로 다른 성적을 지닌 아이들을 대상으로 그들 각자의 수준에 맞춰 수업하라는 게 본연의 취지다.

학교 현장에서 이루어지는 수준별 교육과정은 천편일률적이다. 많은 학교가 은밀하게 진행하는 수준별 분반 수업이 그것이다. 가장 일반적인 방식은 아이들 성적을 기준으로 우등반과 열등반으로 가르는 것이다.

학교가 성적으로 아이들을 통제하고 차별하는 방식은 폭력적이다. 아이들의 성적에 영향을 미치는 배경 요인들은 대체로 무시된다. 학교가 중시하는 것은 결과로서의 점수다. 아이들은 임의의 성적을 기준으로 수준이 일방적으로 결정된다. 그들은 수업을 포함한 교육 활동에서 서로 배타적인 관계를 유지한다.

철학자 슬라보예 지젝은 『폭력이란 무엇인가』에서 폭력에 대한 우리의 관성적인 시각을 돌아보게 한다. 지젝에 따르면 폭력을 노골적으로 비난하고 '나쁜 것'으로 매도하는 것은 탁월한 이데올로기적 조작이다. 폭력에 대한 비난과 매도가 사회적 폭력이 가진 근본 형식을 보이지 않게 만드는 일종의 신비화로 작용할 수 있기 때문이라고 한다.

지젝 식의 관점에 따르면 성적으로 아이들을 가르고 차별하는 배제의 폭력은 폭력으로 인지되기 힘들다. '수준별 우열반'에서의 '수준'이 주는 어감은 미묘하다. 이 때문에 정작 문제의 핵심인 '우열'에 깔려 있는 편견의 폭력에 무감각해진다.

지젝은 주체적 폭력과 구조적 폭력을 구분한다. 주체적 폭력은 눈에 보인다. 폭력을 행사하는 주체가 뚜렷하다. 구조적 폭력은 눈에 보이지 않는다. 추상적인 시스템 아래 숨어 있다. 지젝은 이들 두 가지 폭력 사이의 복잡한 관계가 우리에게 교훈을 준다고 말한다. 그에 따르면 폭력은 어떤 특정한 행위의 직접적인 속성이 아니다.

> 폭력은 행위와 그 행위가 이루어진 맥락 사이에, 그리고 어떤 행동이 활동적인 것과 비활동적인 것 사이에도 퍼져 있다. 동일한 행위일지라도 그 맥락에 따라 폭력으로 간주될 수도 있고 비폭력으로 간주될 수도 있다. 때로는 공손한 미소도 야수적인 감정의 폭발보다 더 폭력적일 수 있다.
>
> 슬라보예 지젝, 『폭력이란 무엇인가』, 293쪽.

수준별 우열반의 '폭력성'을 감지하는 데에는 좀 더 현실적인 문제가 장애물로 작용한다. 수준별 우열반 형식을 지지하는 이들은 그것이 아이들의 학업 활동에 효율적으로 작용한다고 주장한다. 개별 수준에 맞춰 공부하게 하니 성적 향상에 도움이 된다는 식이다. 무시할 수 없는 '유혹'이다. 맞는 말일까.

백병부 경희중학교 교사(현재 숭실대학교 교수)가 지난 2010년 고려대학교 교육대학원에 제출한 석사학위 논문「학습부진 학생에 대한 수준별 하반 편성 및 특별보충수업의 교육적 효과」에 따르면, 교사가 학생의 학력 수준에 맞춰 알아듣기 쉽게 수업을 하면 성적이 더 떨어진다. 중학교 2학년일 때 학업성취도가 하위 20퍼센트에 속한 학생들(표본 수 6172명)의

1년 뒤 성적 향상도를 추적 조사한 결과였다.

　백 교사의 분석 결과 하반에 속해 수준별 이동 수업을 받은 아이들이 그렇지 않은 아이들보다 영어가 4점, 수학이 7점 낮게 나왔다. 백 교사는 하위권 학생들을 위한 특별보충수업이 성적을 떨어뜨린다는 분석도 내놓았다.

　수업이 아이들에게 미치는 영향은 여러 가지 요인의 통제를 받는다. 좁게는 교사와 학교, 부모 학력과 가정의 경제적 상황이 있다. 넓게 보면 지역사회 분위기와 사회 문화적인 상황, 국가의 교육철학과 정책이 영향을 준다.

　가장 중요한 요인은 학습자 자신이다. 아이들의 자존감이나 자기 효능감은 학업에 큰 영향을 끼친다. 자기 효능감은 어떤 상황에서 원하는 결과를 얻을 수 있다는 믿음이다. 자기 효능감이 높으면 자신감으로 무장되어 좋은 성과를 낼 수 있다. 공부를 할 때 '나는 할 수 있어'라고 생각하는 태도가 중요한 것이다.

　열등반에 들어가게 된 아이들은 자존감과 자기 효능감이 낮은 상태에 있을 가능성이 크다. 열등반에 속해 있다는 사실 때문에 수업 시작 전부터 그나마 남아 있는 자존감과 '난 할 수 있어' 의식을 떨쳐 버린다. 한번 패배자 의식에 젖어든 아이들은 학습 열의를 회복하는 데 어려움을 겪는다.

　우수반 아이들도 크게 다르지 않다. 2013년 3월 "제 머리가 심장을 갉아먹어 이제 더 이상 못 버티겠어요"라는 글을 남기고 목숨을 끊은 한 아이가 있었다. 전국에서 서울대를 가장 많이 보낸다는 지방 명문 사립고 재학생이었다.

　입학 당시 450명 중 150등 정도였던 아이는 자살하기 2주 전 치른 수

능 모의고사에서 인문계 일등을 차지했다. 그토록 놀라운 성취를 거두고
서 스스로 목숨을 끊었다. 성적에 대한 압박감과 그로 인한 불안이 "머리
가 심장을 갉아먹"게 하지 않았을까.

　성적에 따른 수준별 우열반 수업은 승자(우수반)와 패자(열등반)가 뚜렷
이 구별되는 경쟁 시스템이다. 알피 콘은 『경쟁에 반대한다』에서 경쟁이
나 승리가 중요한 위치를 차지하는 사회일수록 패배가 심각한 심리적 손
상을 가져온다고 지적했다. 경쟁에서 진 패배자가 능력이 부족하고, 패배
할 만하기 때문에 패배한 것이라며 실패를 내면화한다는 것이다.

　　회사의 임원이든, 슈퍼볼의 챔피언이든, 혹은 가장 강한 군사력을 자랑하
　는 나라든, 1등이 되는 것은 또 다른 라이벌의 표적이 되는 것일 뿐이다. '산
　속의 왕(King of Mountain, 높은 곳이나 일정한 장소에 왕이 된 사람이 있고, 나
　머지 아이들은 그 왕을 밀어내고 그 공간을 차지해야만 새로운 왕이 될 수 있는 놀
　이)'은 아이들의 놀이, 그 이상의 의미가 있다. 즉 모든 경쟁의 원형이다. 남
　들의 부러움을 사고, 그 목표가 되는 위치에 올라 있으면 겉으로 만족스러
　워 보일지 모르지만 내면에는 불안감이 쌓인다. 객관적으로 보았을 때 그
　사람이 다시 패하게 되는 것은 시간문제일 뿐이다.

　　　　　　　　　　　　　　　　　　　　　알피 콘, 『경쟁에 반대한다』, 150쪽.

문제는 등수가 아니다

　최근 들어 아이들의 학습이나 학업 성취도가 부모 학력이나 가족의 경
제적인 배경과 같은 교육 외적 요인의 영향을 더 많이 받는다는 연구 결

과가 자주 나오고 있다. 2012년 3월 서울시교육청이 백병부 숭실대학교 교수 팀에게 조사를 의뢰해 발표한 정책연구보고서가 그중 하나다.

백 교수 팀은 2011년 9~10월 사이에 서울지역 초등학교 550개교 전담 강사 471명과 학생 및 학부모 5588명, 중학교 33개교 전담 강사 31명과 학생 및 학부모 632명을 대상으로 조사를 실시했다. 그 결과에 따르면 초등학교 학습 부진 학생은 고졸 이하의 학력을 가진 부모가 각각 57.3퍼센트(부), 65.8퍼센트(모)로 절반 이상을 차지했다. 학습 부진 중학생 역시 고졸 이하의 학력을 가진 부모가 각각 49.7퍼센트(부), 64.3퍼센트(모)로 가장 높았다. 부모 학력과 아이들의 학습 부진 사이에 모종의 상관관계가 있는 것으로 해석할 수 있는 결과다.

학습 부진 학생들은 가족 경제 소득이 전체적으로 낮게 나타났다. 월 평균 총 가구 소득이 200만 원 이상 400만 원 미만인 경우가 전체 학습 부진 학생의 41퍼센트로 나타나 비중이 가장 높았다. 200만 원 미만 또한 39.1퍼센트나 되는 것으로 조사되었다. 가정의 경제적인 수준이 학습 부진과 일정한 상관관계를 맺고 있음을 보여 주는 결과로 볼 수 있다.

부모의 학력이나 경제력은 자녀나 학교가 통제할 수 있는 요인이 아니다. 성적에 따른 수준별 분반 수업은 다르다. 앞서 살핀 것처럼 기존 연구 결과는 수준별 분반 수업의 한계와 문제를 분명히 보여 준다. 학교에서 개선할 수 있을뿐더러 현실적으로 바꾸기 쉽다. 그런데 쉽게 안 된다.

수준별 수업은 학교 당국이 "우리는 학생들의 학업 신장을 위해 이렇게 노력하고 있습니다"라며 생색내기에 좋은 수단이다. 교사들의 반대나 아이들이 갖는 심리적인 부담감은 고려되지 않는다. 실증적인 연구 결과나 양심적인 목소리를 보거나 들으려 하지 않는다.

국가교육과정에서 제안하는 수준별 교육과정은 아이들 각자의 다양성과 교육적 선택권을 존중하자는 취지에서 나왔다. 열쇳말인 '수준'을 여러 가지 차원에서 다채롭게 해석해야 할 필요가 있다.

아이들의 수준을 성적에 따라 맞춰야 하는 법은 원래 없다. 성적 수준에 따라 반을 나누는 것 역시 강제 사항이 아니다. 수준별 수업의 근본 정신은 아이들 각자가 잠재 능력을 맘껏 발휘할 수 있게 하는 데 있다. 개인차를 반영한 개별화 교육이 중요하다. 분반 시스템을 통해 학급당 학생 수를 최소화해야 한다.

다양한 '수준'이 여유롭게 만나는 교실에서 아이들과 교사들은 '함께'와 '같이'를 기반으로 한 협력적인 공동체 교육을 펼쳐 나갈 수 있다. 교육 당국의 획기적인 의식 변화와 행·재정적인 지원, 교사 충원을 통한 교원 법정정원 확보가 절실하다.

교육의 질은 교사의 수준을 뛰어넘을 수 없다. 교사의 수준은 고도의 교과 전문성을 기본으로 안정적인 직무 환경과 자기 효능감을 통해 결정된다. 신자유주의가 밀려오기 시작한 2000년대 초반 이후 우리나라 교원정책은 이와 정확히 반대되는 길을 걸어왔다. 교원능력개발평가와 개인·학교성과급제처럼 현장과의 교감이 없는 각종 평가 기제가 교사의 목을 죄고 있다.

교원 법정정원 확보율은 지난 세 정부를 거치면서 지속적으로 떨어지고 있다. 중등교사의 법정정원 확보율은 김대중 전 대통령의 국민의 정부 시절만 하더라도 84퍼센트에 이르렀다. 이 비율은 노무현 전 대통령이 집권한 참여정부 시기로 넘어오면서 82퍼센트로 떨어졌다. 이명박 전 대통령 정부에 이르러서는 사상 최초로 교원 법정정원 확보율이 70퍼센트대로 추락했다.

현재 교원 법정정원 확보 비율은 78퍼센트 선에 그쳐 있다. 학급당 학생 수는 오이시디 평균보다 높다. 〈초·중등교육법 시행령〉상의 초·중등 교원 배치 기준에 따르면 학교 현장에 4만 명이 넘는 교사가 더 필요하다고 한다. 심각한 상황이다.

교육 당국이 손을 놓고 있는 것은 아니다. 교사 1인당 학생 수를 오이시디 수준으로 개선하겠다는 것은 현 박근혜 대통령의 대선 공약이었다. 서남수 전 교육부 장관도 2017년까지 4만여 명의 교원을 증원하려는 계획을 갖고 있었다. 그런데 2013년 9월 교육부로부터 교원 증원 협조 부탁을 받은 안전행정부는 2014학년도 교원 정원 1만 6000여 명 증원 요구를 거부했다. 이런저런 명분을 내놓았다. 가장 큰 이유는 돈 문제였던 것으로 보인다.

교원 법정정원 문제가 나올 때마다 정부 당국이 꺼내 놓는 단골 반대 논거가 있다. 학생 수 감소와 예산 부족 문제다. 저출산 등의 영향으로 학령인구(초·중·고교, 대학교에 다니는 연령대인 만 6살~21살까지의 인구)가 자연 감소하고 있는 것이 사실이다. 교원 법정정원을 채우려 하지 않아도 자연스럽게 법정정원을 채울 수 있다는 논리가 가능하다. 학령인구 감소 카드는 민감한 예산 문제까지 덮을 수 있다. 교원정책과 관련하여 정부가 쥔 '꽃놀이패'라고 해도 지나치지 않다.

학령인구 감소 문제를 도외시할 수 없다. 교육과 교원정책의 근본 틀을 바꾸어야 하는 결정적인 단서가 될 수 있겠기 때문이다. 그럼에도 그것이 교원 정원 문제와 관련하여 전가의 보도처럼 쓰이는 상황은 납득하기 어렵다. 정부가 해결해야 할 일을 하지 않은 채 학령인구 감소와 같은 외적 상황에서 핑곗거리를 찾는 듯해서다. 표면적으로 드러나는 지표들이 증거다.

공교육비는 유치원, 초·중·고교, 대학교 등 각 교육 단계에 쓰이는 총비용을 말한다. 크게 정부 부담과 민간 부담으로 나누어 계산한다. 정부가 발표한 '2013년 오이시디 교육지표'에 따르면 국내총생산GDP 대비 공교육비의 민간 부담 비율이 2.8퍼센트였다. 오이시디 평균인 0.9퍼센트의 3배가량이다. 우리나라는 이 지표에서 13년째 1위를 차지하고 있다. 반면 정부 부담 비율은 4.8퍼센트로 오이시디 평균인 5.4퍼센트에 미치지 못한다.

교육은 '창조교육'과 같은 구호만으로 이루어지지 않는다. 실질적이고 실효적인 정책, 현장의 목소리를 살리고 이를 최대한 반영하는 제도가 필요하다. 교육 주체인 학생과 교사를 최우선에 놓는 교육철학이 있어야 한다. 법률이 규정해 놓은 교사의 임무는 아주 간명하다.

교사는 법령에서 정하는 바에 따라 학생들을 교육한다.

〈초·중등교육법〉 제20조 제4항.

4부

학교 혁신을 넘어
교육 공화국으로

1장
교사 승진 제도, 이대로 안 된다

교포 교사와 이무기 이야기

2003년 여름 1급 정교사(1정) 자격 연수를 받았다. 교직 입직 3년 차였다. 이 시기에 이른 교사라면 누구나 신청해 받을 수 있다. 4주간 연수를 이수하면 거의 '자동적으로' 1정 자격증을 받는다.

연수 일정의 마지막인 4주 차에 시험을 치렀다. 점수를 내 각 교과별로 연수생들의 순위를 매기기 위해서였다. 돌이켜 보면 시험 결과나 순위에 대한 부담감이 별로 크지 않았던 것 같다. 분임 토의나 토론을 하면서 또래 선생님들과 교류하는 것이 좋았다. 유연한(?) 강사 선생님 시간이면 시간을 넉넉하게 달라고 해 대화하며 고민을 나누었다. 하루 일정이 끝난 뒤 축구를 하거나 막걸리 추렴을 한 기억도 남아 있다.

추억팔이 하려고 꺼낸 이야기가 아니다. 요사이는 1정 연수 분위기가 조금 달라진 모양이다. 그때도 점수 관리 차원에서 그날 공부한 내용을 복습하는 선생님들이 없지 않았다. 타고난(?) '범생이'들답게 공책 정리를 꼼꼼히 하는 선생님들이 많았다. 나도 시험 주간에는 교재를 뒤적거렸다.

지금 1정 연수생들은 예습까지 하는 모양이다. 연수원에 전화해 전년도 교재를 요청하는 연수 교사들이 있다는 말도 들었다. '성실'과 '열심'

의 증표로 볼 수 있겠지만 기분이 개운치 않았다. 점수 관리 잘해서 승진에 대비하자는 삿된 욕심이 숨어 있는 것 같아서다.

교사상은 상투적인 정형성을 띤다. 영화나 일일드라마에서 묘사되는 교사의 이미지를 그려 보라. 소박한 차림의 평범한 인물로 연출된다. 집과 학교를 시계추처럼 오간다. 자식과 제자들을 묵묵히 건사한다. 말법이 세속의 거친 언어와 거리가 있다. 표정이 진지하고 동작은 차분해 보인다.

평범과 성실과 모범은 교사를 정의하는 열쇳말처럼 보인다. 그는 일상에서 벗어나는 것을 두려워한다. 변화는 번거롭다. 수업은 초임 교사 시절과 크게 다르지 않다. 아이들을 바라보는 시선 역시 마찬가지다. 처음 들어간 교실에서 얻은 학생관이 평생 동반한다. 교과 지식은 대학 문을 나설 때와 비슷하다.

교사는 보수주의의 수문장이다. 학교는 기존 질서를 유지하는 전초 기지다. 아무리 세상이 급변하더라도 학교는 그 대열에 가장 뒤늦게 합류하는 조직들 중 하나다. 19세기 학교에서 20세기 교사가 21세기 아이들을 가르친다는 세간의 말은 과장이 아니다.

교사가 이렇게 된 것은 우연 때문이 아니다. 하루아침에 만들어지지도 않았다. 그는 학창 시절 평범하고 성실하고 모범적인 교사를 본받아 평범하고 성실하고 모범적인 태도를 배웠다. 집과 학교를 시계추처럼 묵묵히 오갔다. 친구들과 두루 원만한 관계를 맺었다. 교사의 지시에 말없이 순종했다.

시선을 교실 밖으로 돌리는 일이 인생 망치는 길이라고 배웠다. 두 눈은 늘 교사와 칠판을 향했다. 수업 시간에 열심히 공부했다. 시험 기간이 아닐 때도 그랬다. 손에서 교과서와 문제집이 벗어나는 일이 없었다. 갈수록 엉덩이가 묵직해졌다. 마침내 평범과 성실과 모범이 삶의 길이 되었다.

　연수 점수 관리해서 승진하겠다는 교사만 탓할 일이 아니겠다. 평범과 성실과 모범 없이는 넘쳐나는 학교 일과 질주하는 아이들을 건사하기가 쉽지 않다. 이 사회와 시스템은 '교포 교사(교장 되기를 포기한 교사)'를 실패자나 낙오자처럼 취급한다. 묵묵히 아이들을 만나는 평교사들을 무능력자로 만들어 버린다.

　초등학교는 남교사가 여교사보다 훨씬 적다. 숫자에서 밀리므로 심리적으로 위축될 법하건만 실상은 남교사가 초등학교 교무실의 주류이자 '갑'이라고 한다. 남자 초등교사 99퍼센트가 일찍부터 승진 준비 대열에 합류한다는 말까지 들었다.

　교직 입문 초기부터 각자의 인맥 네트워크에 가입한다. 배구 모임과 같은 '사조직'이 이들을 이끌어 간다. 선배(교장, 교감)들은 암암리에 승진 비법을 전수한다. 밀어주고 끌어주는 '동업자 의식'이 승진이라는 공동의 목표를 위해 활발하게 작동한다. 교포 교사로 있는 한 선배는 그런 교사들 사이의 관계를 '조폭의 의리'에 빗댔다.

　요새는 젊은 교사들 중 상당수가 교직 입직 직후부터 승진을 준비한다고 한다. 30살 전후에 이른바 교육전문직(장학사·관, 연구사·관을 포괄하는 말)을 준비하는 '청춘'들이 있다. 대개 교직 경력 15년 시점부터 전문직 지원 자격을 갖게 되는데, 입직 4~5년 차에 시험 준비를 시작하는 것이다. 근무지 학교가 점수 높은 '가 지역'인지 그렇지 않은 '나 지역'인지에 따라 '이무기'에서 '용'으로 승천하는 길이 달라진다. 인사철이 다가오면 교사들 사이에 근무지 낙점 문제 때문에 눈치작전이 뜨겁다.

　교장 되자고 교직에 들어서는 교사들이 얼마나 있겠는가. 승진에 목을 매며 점수 관리에 최선을 다하는 젊은 교사들을 보면 이런 '믿음'이 순진

한 '착각'이라는 생각이 부쩍 든다. 1정 연수에서 좋은 점수를 받기 위해 예습을 하는, '평범하고 성실하고 모범적인' 청년 교사가 '교포 교사'를 우울하게 만든다.

평교사는 교장의 부하직원?

2015년 7월 1일 교육부가 교원평가제도 개선 공청회를 개최했다. 교육부가 내놓은 개선안의 골자는 기존의 근무성적평정(근평)과 성과급제를 '교원 업적 평가'라는 이름으로 통합하는 것이었다. 교장, 교감이 하는 관리자 평가와 교원 상호 평가로 구성되는 교원 업적 평가가 교원 승진에 활용되는 것도 핵심 내용 중 하나였다. 교원 상호 평가 결과는 개인 성과급 지급의 기준으로 이용한다고 한다.

기존 성과 평정 등급은 표면적으로 '돈' 문제에 국한되었다. 교원평가에 따른 점수가 강제 연수 지정이나 특별 혜택 부여 등 인사상 영향을 주는 측면이 없지 않았으나 교사들의 주요 관심사인 승진에는 직접적으로 관여할 수 없었다. 그런데 개선안은 교원 업적 평가 결과를 성과급제과 승진제에 두루 활용할 수 있도록 하는 시스템으로 짜여 있었다.

관리자 평가 결과를 성과급 산정과 연동하는 내용을 최종안에 포함하게 되면 그렇지 않아도 무소불위의 인사권을 행사하는 교장, 교감의 입김이 더 커질 우려가 있다. 교사들은 이미 성과 평정과 평가 시스템이라는 이중의 통제 장치에 단단하게 묶여 있다. 교육부의 교원평가 개선안은 교사들이 '돈'과 관리자에게 복종할 수밖에 없는 통제 시스템을 더욱 공고화할 것이다.

교사 사회는 관료적이다. 표면적으로는 서로 '동료'라는 말을 자연스럽게 쓰는 수평적인 시스템이다. 이면에서는 상하 위계 서열이 교무실을 통제한다. 교장, 교감, 부장 교사, 평교사로 이어지는 수직적 위계 구조가 점수제로 운영되는 승진 체제에서 위력을 발휘한다. 평교사가 관리자로 승진하려면 거의 만점 가까운 점수를 받아야 한다. '0.1점', '0.01점' 차이로 당락이 결정된다. 교포 교사로 '찌질한' 삶을 살고 싶지 않다면 교장의 '수족'이 되어 승진 준비를 하는 수밖에 없다. 교장은 자연스럽게 '제왕'이 된다.

서울성원중학교 권재원 교사는 『교장제도 혁명』에서 평교사들이 교장으로 승진하기 위해 벌이는 일련의 행태들을 교육으로부터 벗어나기 위한 교사들의 치열한 경쟁으로 규정했다. 평교사가 교감 지명을 받으려면 승진 점수를 관리해야 한다. 그 과정에서 교육에서, 아이들에게서 자연스럽게 멀어진다. 교육을 하지 않을수록, 아이들이 중심에 놓이는 학교 일을 하지 않을수록 교장에 가까워지는 곳이 지금의 학교 현장이라는 권 교사의 말은 과장이 아니다.

학교에는 교사들이 교장, 교감 같은 관리자가 되려는 이유가 아이들과 부대끼는 수업이 부담스럽기 때문이라는 말이 '농담'처럼 오간다. 2014년 12월 이재정 경기도교육감이 교장과 교감의 수업 참여를 제안했을 때 한국교원단체총연합회(한국교총)와 한국초중고등학교장총연합회 등 교원단체들이 교장권 침해라며 격렬하게 반발한 적이 있다. 평교사는 수업을, 교장은 연구를 해야 한다는 주장까지 있었다.[26] 예의 '농담'이 농담처럼 들리지 않는 까닭이다.

---

26. 수업하는 관리자가 전혀 없는 것이 아니다. 이재정 경기교육감이 교장, 교감 수업 참여를 제안한 뒤 한창 논란이 일었을 때 교육부가 경기 지역 초·중·고 교장 2100여 명 가운데 수업이나 특강에 참여하는 교장을 조사했다. 그 결과 전체의 6.3퍼센트에 해당하는 142명의 교장이 수업이나 특강에 참여하는 것으로 조사되었다. 적지 않은 수치다.

학교는 교사가 학생을 교육하는 기관이다. 학생이 배우고 교사가 가르치는 일이 중요하다. 적어도 학교의 본질이 이런 것들이라면 학생들과 좋은 관계를 맺고 수업을 잘하는 교사가 우대받는 게 마땅하지 않을까. 그런데 학교를 지배하는 기본 작동 원리는 서열 시스템에 따른 위계 구조다. 평교사는 역량 여하와 무관하게 교장, 교감의 지시를 따르는 '부하직원'처럼 취급된다.

교장이 무소불위의 권력을 휘두르며 교사들 위에서 전횡을 일삼는 학교를 진정한 의미의 교육기관이라고 말하기는 힘들다. 교장이 아이들로부터 가장 멀리 떨어진 곳에 있으면서 '제왕'이 되는 시스템이 '정상'이라고 보기 어렵다.

승진 점수를 쥐고 있는 관리자들의 현실적인 힘은 크다. 사회적 평판이나 이미지도 마찬가지다. 수업 잘하는 평교사보다 교장, 교감의 권위가 모든 측면에서 높게 취급된다. 문제가 없을까. 교장 공모제를 통해 교장 '자격증' 없이 교장 직무를 무난하게 수행한 고춘식 전 한성여자중학교 교장의 말을 들어 보자.

> 지금 우리는 자격증은 곧 '자격'이라는 등식을 전제와 고정관념으로 심한 착각에 빠져 있고 더 나아가 맹신까지 하고 있다. 마치 '경쟁'을 시키면 곧 '경쟁력'이 생긴다고 착각하거나, 진도를 나가면 다 가르치고 다 배우고 아는 것으로 착각하는 것과 유사한 것이다. (중략) 누구나 교장이 될 수 있다. 누구나 교장이 될 수 있어야 한다. 그러나 아무나 교장이 되어서는 안 된다. 그것은 왜일까? 교장이라는 직책의 중요성 때문이다. 그가 가지는 권한이 절대적이고 책임이 아주 막중하기 때문이다.
>
> 한국교육연구네트워크, 『교장제도 혁명』, 168~172쪽.

너희가 교장을 아느냐

『교장제도 혁명』에는 일반인의 상식과 상상을 초월하여 '슈퍼 갑질'을 일삼는 교장들이 두루 소개되어 있다. 교장제도 '혁명'이 교육 '혁명'을 위한 현실적인 지름길이라는 생각이 들 정도다.

어느 초등학교 교장은 일제강점기 황국신민화 교육의 하나였던 애국조회나 훈화 교육을 실시한 뒤 아이들에게 소감을 쓰게 했다고 한다. 방학 중에 있는 비정규직 교무보조 교사에게 자기 딸이 운영하는 약국으로 출근하라고 지시하는 중학교 교장이 있었다. 비정규직 행정보조사들을 교무실에 모이게 한 뒤 집에서 가지고 온 나물을 다듬으라고 지시하는 교장, 주차장 바닥에 '교장 전용'이라는 글씨를 칠하라고 요구하는 교장도 있었다.

외국 교장들은 상상하기 힘든 행태들이다. 그들은 행정 업무를 전담하면서 교육과 상담에 눈코 뜰 새 없이 바쁘다. 일본 교장들은 일이 너무 힘들다며 교사로 돌아가고 싶다고 전보를 낸다. 미국 교장은 수업과 평가 이외의 모든 일을 행정실 직원 서너 명과 함께 도맡아 처리해야 한다. 영국이나 독일 교장은 수업을 하면서 각종 교무를 총괄한다.

우리나라 교장들의 직무 만족도는 평교사들보다 훨씬 높다. 2012년 한국고용정보원의 직업 만족도 조사에서 초등학교 교장은 1위, 중·고교 교장은 49위로 나타났다. 평교사는 90위에 지나지 않았다. 2년간 우리나라 759개 직업의 현직 종사자 2만 6000여 명을 대상으로 사회적 평판, 정년 보장, 발전 가능성, 시간적 여유를 종합적으로 고려해 주관적으로 평가한 결과였다.

권 교사는 교장의 직무 만족도가 높은 이유를 다음과 같이 정리했다.

별로 일 안 하고도 월급 받는다.

누구의 제어도 받지 않는 유일한 행위자로서의 권력을 만끽한다.

해 먹는다.

앞의 책, 68쪽.

일부 '막가파' 교장들만의 문제가 전부가 아니다. 교장은 점잖고 교양 있는 교육자다. 사회적 평판이 나쁘지 않다. 그런 그들이 권력구조나 이해 타산의 논리에 따라 학교 현장을 지배하는 '제왕'으로 군림한다. 열 교사 한 교장을 못 당한다는 말이 있다. 교장제도라는 구조가 가져오는 폐해나 시스템의 문제가 사안의 본질임을 말해 주는 단서들이다.

교장의 자율성이 학교의 자율성이라고들 한다. 학교와 교육 문제를 논의할 때 기득권을 쥔 보수주의자들이 즐겨 쓰는 논거다. 착각이다. 문제의 핵심은 교장제도를 포함한 승진제도와 일련의 평가 시스템이다. 구조를 개선하지 않은 채 교장의 자율성으로 학교와 교육 문제를 해결하려는 시도는 교장 권력을 더욱 강화하는 결과를 가져올 뿐이다.

〈초·중등교육법〉 제20조 제1항은 교장의 업무와 권한을 "교장은 교무를 통할하고, 소속 교직원을 지도·감독하며, 학생을 교육한다"로 규정하고 있다. 권 교사의 분석에 따르면 교무는 교무실의 교무가 아니라 학교의 제반 사무, 즉 교육을 제외한 일체의 학교 일이다. 그런 점에서 교장은 원칙적으로 학교 행정 일까지 해야 한다. 여기에 학생 교육이 덧붙여진다. '법대로' 한다면 교장은 학교의 교원(교장, 교감, 교사를 묶어 일컫는 말)과 직원(학교 행정실 종사자)을 통틀어 가장 바쁜 사람이어야 한다.

교감 역시 교장과 별로 다르지 않다. 〈초·중등교육법〉 제20조 제2항에서는 교감의 업무와 권한을 "교장을 보좌하여 교무를 관리하고 학생을 교육하며, 교장이 부득이한 사유로 직무를 수행할 수 없는 때 그 직무를 수행한다"라고 규정한다. 교장과 교감은 학교 관리자인 동시에 교육자다.

우리나라 교육법이 교장과 교감에게 이렇게 많은 임무를 부여한 까닭이 있다. 교사가 학생을 대상으로 교육 본연의 일에 충실할 수 있게 하기 위해서다. 〈초·중등교육법〉 제20조 제3항에 따르면 교사의 임무는 "법령이 정하는 바에 따라 학생을 교육한다"라는 단 한 문장으로 규정되어 있다.

> 교사가 해야 하는 일은 오로지 교육뿐이다. 그런데 법에 정해진 바에 따라 교육 이외의 업무는 교사가 하지 않도록 돕겠다던 곽노현 교육감의 교원 업무 정상화 방안이 도리어 이상적이고 급진적이라는 말을 듣는 이상한 나라에 우리가 살고 있다. 실제 학교에 가 보면 그렇다. 우리나라에서 교사가 법에 정해진 바에 따라 수업하고 평가하고, 학생을 지도하고 상담하는 일에만 전념하는 학교를 찾기란 거의 불가능한 일이다. 물론 학교 밖에서는 교사가 으레 그럴 거라 짐작하면서 교사가 뭐가 바쁘고 힘드냐며 교원 평가에 성과급제를 하면서 더 뺑뺑이 돌려야 한다고 가학적인 주장을 한다.
>
> 앞의 책, 54쪽.

교장은 학교 운영이나 문화에 가장 큰 영향을 끼치는 권위적인 개인이다. 문제는 교장의 권위가 그의 도덕성과 윤리의식, 능력에서 비롯되는 것이 아닌 경우가 많다는 점이다. 성열관과 이형빈은 『교장제도 혁명』에서 한국 교장이 차기 교장을 만들 수 있는 권한을 가지고 있다는 점에서 권력 행사의 주체라고 본다. 승진 점수를 매개로 차기 권력 주체를 좌지우지할 수 있는 교장의 권위를 비꼰 지적이라고 할 수 있다.

교장·교감 없는 학교가 좋은 학교라고 생각하는 교사들이 있다. 교장·교감 지명자가 자격 연수로 장기간 학교를 비우게 되면 그들이 있을 때보다 학교가 무난하게 잘 돌아간다고 여긴다. 그러나 교장 없는 학교는 있을 수 없다. 문제는 이것이다. 어떤 교장이어야 하는가.

교장 자격과 교장 자격증

모든 교장이 열 교사를 압도하는 것은 아니다. 제왕적인 권위로 교사들에게 군림하는 일부 교장들이 문제다. 열 교사가 당해 내기 힘든 이들 문제 교장은 '직책'이나 '직위'를 '자격'과 혼동하는 것 같다. 이들은 교장 자리에 앉는 순간 지난날을 잊는다. 평교사 시절의 그와 교장 자리에 앉은 그는 달라 보인다. 교육에 관한 한 '평범한' 교사일 뿐이었던 그가, 교장이 되면서 교육 문제에 도통한 전문가가 된다. 묘한 일이다.

평교사가 교감으로 승진하기 위해서는 근무 평점에서 '수'를 여러 번 받는 게 좋다. '1수', '왕수'라는 말들이 있다. 근무 평점에서 '수'를 받은 그룹 구성원 중 1등을 의미하는 말들이다. 승진에 관심을 둔 평교사들은 '1수', '왕수'를 받기 위해 교장, 교감의 오른팔 노릇을 마다하지 않는다. 현금과 선물은 기본이다. 교장 바람막이가 되곤 하는 초빙교사가 초빙권에 영향력을 행사하는 교장과 교감에 주는 뇌물을 빗대는 '감오장천'이란 말을 들어 본 적이 있을 것이다.

승진에 목을 매는 교사들이 최종적으로 가는 자리가 교장이다. 자격이나 역량이 아니라 '자격증'으로 교장 자리에 오른 교장들, 입으로 민주주의를 외치면서 실제로는 민주주의에 대한 불신과 냉소를 키우는 반민주적인 교장을 찾아보기란 어렵지 않다. 열 교사 한 교장을 못 당한다는 말이 그저 나온 게 아니다.

군림하면서 명령하고 지시만 내리는 교장은 최악이다. 그들 때문에 많은 교사가 스스로 교육에 대한 열정을 접는다. 유능한 교사들이 진정한 교육으로부터 벗어나 승진 경쟁에 매달린다.

교장제도 혁신의 첫 번째 핵심은 교장의 '자격'을 어떻게 규정할 것인가다. 성열관과 이형빈은 분산적·변혁적 리더십을 중심으로 교장의 리더십이 갖춰야 할 조건을 분석하고 있다. 이들 리더십은 교장 개인의 생각이 조직의 방침이라는 군주적 리더십이나, 교사들 각자에게 직무에 따른 역할을 나누고 이를 관리 감독하는 관료주의적 리더십과 다르다.

> 분산적 리더십은 한마디로 말해 구성원들에게 리더의 권한을 위임하는 것을 의미한다. 변혁적 리더십은 분산적 리더십을 바탕으로 학교의 구조와 문화를 보다 바람직한 방향으로 변화시키는 것을 의미한다.
>
> 분산적 리더십에서는 구성원들에 대한 신뢰를 바탕으로 그들이 자신의 전문성과 역량을 갖고 의사결정의 권한을 행사하게 된다. 학교의 경우 분산적 리더십은 교장의 권한을 부장 교사에게, 부장 교사의 권한을 평교사에게 위임하고, 교사의 권한을 학생과 학부모와 함께 나눔으로써 참여적 의사결정을 활성화시키는 것을 의미한다.
>
> 앞의 책, 19~20쪽.

분산적 리더십 자체가 민주적인 학교 운영을 보장해 주지는 않는다. 성열관과 이형빈은 '위로부터 부여되는 권한 위임'이 아니라 '아래로부터 쟁취되는 권한 위임'을 강조했다. 전자는 하급자에게 일부 권한을 맡기고 그 권한의 행사가 제대로 이행되는지 감시하는 책무성 정책에 가깝다고 보았다. 그 근거로 2008년 교육과학기술부가 '학교 자율화 조치'를 발표한 뒤 민주주의가 확대되는 대신 학교장의 권한 남용이 커지고 교육 공공성이 훼손된 사례를 들었다.

'아래로부터 쟁취되는 권한 위임'은 학교 구성원을 학교 주체로 만든다. 학교 구성원들이 부과된 권한을 수동적으로 이행하고 성과를 입증하는 것이 아니라 자발성과 역량에 따라 스스로의 권리를 확대하고 이를 바탕으로 학교 운영에 민주적으로 참여할 수 있게 되기 때문이다. 교장제도의 '혁명'을 상상할 때 깊이 고려되어야 하는 점들이다.

교장 공모제를 살려 내라

'자격' 갖춘 교장을 어떻게 찾아내야 할까. 승진 점수를 기반으로 유지되는 현재의 교장 선발 제도로는 어렵다. '소프트웨어'의 개변이 필요하다. 전교조를 비롯한 교육시민단체에서 제안하는 교장 선출 보직제가 유력한 대안으로 자주 거론된다. 다만 '학교정치'의 과열 가능성 때문에 우려가 만만치 않다. 나는 법적 뒷받침을 받으면서 이미 학교 현장에 적용되고 있는 교장 공모제가 현실적인 대안이 될 수 있다고 본다.

교장 공모제는 2007년부터 시작되었다. 응모 자격을 기준으로 교육계 외부 인사에게도 교장직을 허용하는 개방형, 교장 자격증 소지자를 대상으로 하는 초빙형, 15년 이상 교직 경력만 있으면 지원할 수 있는 내부형이 있다. 교장 자격증 소지 여부나 연공서열보다 교육자로서의 자질이나 역량을 평가해 선발함으로써 공교육 혁신을 이뤄 보자는 취지에서 나온 제도다.

출발은 좋았다. 열정적이고 개혁적인 공모 교장들이 새바람을 불러일으켰다. 제도 도입 초기 교장 공모제의 효과를 분석한 일련의 보고서들이 공모 교장들의 직무 수행력을 높게 평가했다.

나민주 충북대학교 교수가 2009년 당시 교육과학기술부(교과부) 의뢰로 작성한 '교장 공모제의 공모 교장 직무수행에 대한 효과 분석' 보고서에 따르면 임명제 교장보다 공모제 교장의 직무 수행력이 높은 것으로 나타났다. 2008년 교과부 의뢰로 충북대학교 지방교육발전센터가 작성한 '교장 공모제 학교의 효과 분석'에서도 내부형(85.1), 개방형(83.5), 초빙형(81.7)의 순서로 직무수행 점수가 높게 나왔다. 내부형 공모제 교장 중 평교사 출신 교장의 직무수행 만족도가 높다는 분석도 있었다.

2008년 이명박 정권 출범 이후 상황이 바뀌었다. 교장 공모제 시행 원년인 2007년 내부형 공모 교장은 69퍼센트, 초빙형은 22퍼센트 정도였다. 이 비율은 4년 뒤인 2011년에 내부형 17퍼센트, 초빙형 82퍼센트로 뒤바뀌었다. 2014년에는 전체 공모 교장 108명 중 평교사 출신의 내부형 교장이 7명에 지나지 않았다.[27]

교장 공모제는 '교장 자격증 만능주의'의 폐해에 빠진 기존 교장제도를 보완할 목적으로 도입되었다. 그런데 기존의 '교장 자격증 만능주의' 문제가 그대로 교장 공모제의 발목을 잡고 있다. 왜 이렇게 되었을까. 교장 공모제의 도입 취지를 무력화하는 교육공무원 임용령(대통령령 제25890호)의 공모 학교 지정 비율 제한 규정 탓이 크다.

교장 공모제는 제17대 국회 당시 이주호 한나라당 의원이 2005년에 대

---

27. 2014년 3월 1일자로 교장 공모제를 실시한 전국 256개 학교 중 96퍼센트에 해당하는 245곳에서 교장 자격증 소지자가 뽑혔다. 평교사 출신은 4명이었다.(『경향신문』 2014년 12월 30일자 기사 "평교사 출신 제한… '껍데기'만 남은 교장 공모제" 참조)

표 발의한 〈교육공무원법〉 개정안에 터를 잡고 있다. 이 개정안에는 "과열된 승진 경쟁을 완화하고 교장 자격증을 가지지 아니한 교원이라도 교장 공모제를 실시할 수 있도록 한다"라는 내용이 명시되어 있었다.[28] 교장 자격증 소지 유무와 무관하게 평교사라면 누구나 교장 공모에 지원할 수 있었다.

상황이 틀어지기 시작한 것은 이명박 정부 시기인 2011년이었다. 당시 정부는 교장이 공석 상태인 자율학교의 15퍼센트만 내부형 교장 공모제를 신청할 수 있도록 하고, 이 중 또다시 15퍼센트만이 교장 자격증이 없는 교사 지원이 가능하도록 교육공무원 임용령을 바꾸었다. 극소수(2퍼센트)의 학교에서만 평교사가 교장 공모에 지원할 수 있도록 함으로써 교장직 진입 문턱을 높인 것이다.

2015년 7월 1일 경기도교육청에 따르면 9월 2학기 인사를 맞아 경기도 내 49개교를 대상으로 교장 공모제를 시행하기로 하고 지원자를 접수한 결과 69퍼센트에 해당하는 34개교에서, 1명만 단수 지원하거나 지원자가 0명인 것으로 나타났다. 64개교에서 공모를 실시한 올해 초도 비슷했다. 평균 경쟁률이 0.98 대 1이었고, 15개교에서는 지원자가 한 명도 없었다.

10년 역사를 바라보고 있는 교장 공모제는 허울만 남아 있다. 일각에서는 교장 자격증 소지자를 대상으로 하는 초빙형이 공모 교장의 대다수를 점하면서 끼리끼리 나눠 먹기, 담합 의혹 등의 비판을 지속적으로 제기하고 있다.

교장 공모제는 잔여 재직 연수가 오래 남은 '젊은' 교장들의 임기 연장 수단으로도 악용되고 있다. 현행 법률상 교장직은 4년 중임이 가능하다.

---

28. 위의 기사 참조.

임기를 모두 채우면 8년이다. 여기에는 교장 공모제에 따른 임기가 제외된다. 퇴임까지 시간이 상대적으로 많이 남은 젊은 교장들이 눈독을 들이기 쉬운 구조다.

교장 공모제의 이면에는 최근 큰 문제가 되고 있는, 꼬리가 몸통을 흔드는 격의 '과잉 시행령 통치' 문제가 깔려 있다. 2014년 4월 30일 국회 입법조사처가 교장 자격증이 없는 평교사의 교장 공모 학교 비율(15퍼센트)을 대통령령으로 제한하는 것이 교장 공모제 입법 취지에 부합한다고 보기 어렵다는 법률 해석을 내놓은 것도 이런 맥락에서였다.

교장 공모제 도입의 취지를 살려 내기 위해서는 교육공무원 임용령을 손보는 수밖에 없다. 초빙형이 공모제 교장직 대다수를 점하는 것을 가능케 하고 있는 이른바 '15퍼센트 제한 규정' 조항을 없애거나 비율을 조정하면 된다. 교장 공모제 효과 분석 보고서들이 직무 수행력과 학교 구성원 만족도 측면에서 초빙형보다 내부형을 높게 평가하고 있는 점을 무시해서는 안 된다.

구체적인 선발 과정도 고쳐야 한다. 개방형 교장 공모제가 특히 그렇다. 현행 개방형 공모 교장 선발 절차는 1차 학교(3배수 추천), 2차 교육청(2배수 추천) 심사 뒤 교육감이 1명을 최종 선정해 교육부장관에게 임용 추천하는 방식을 따르고 있다. 문제는 1차 심사에서 지원자들의 교육 전문성을 객관적이고 공정하게 검증할 수 있는 절차를 제대로 진행하기 힘들다는 점이다.

학교 운영의 세부 영역별로 개방형 교장 공모제 심사 전문가 인력 풀을 구성해 1차 심사 주체로 활용하는 방안을 대안으로 고려해 볼 수 있다. 교장 공모제 추진 시 인력 풀에서 전문가 심사위원을 무작위로 추첨해 이들에게 1차 심사 과정을 맡기는 식으로 하면 된다. 이렇게 하면 심사 과정의 불공정 시비로부터 상대적으로 자유로울 수 있다.

6개월짜리 연수를 받으면 주어지는 교장 '자격증'이 교장 '자격'을 보증하지 않는다. 헌신적이고 능력 있는 평교사들을 '승진'과 '점수'의 노예로 만드는 현행 교장제도로는 학교 생태계의 다양성을 확보하기 힘들다. 평교사나 교육계 외부 인사들의 교장직 입직을 넓게 보장하는 교장 공모제를 되살려 내 교육 생태계의 다양성을 확보해야 한다.

2장
혁신교육이라는 이름의 견인차

모든 길은 혁신으로 통한다?

우리나라의 일반적인 학교 시스템은 학생과 교사를 대상화한다. 학생은 관리와 통제를 받는다. 교사는 교육 당국이 세운 교육정책과 제도를 '대리' 집행하는 '가짜 주체'다. 이들이 온전하게 제 목소리를 내는 일은 드물다.

그 한편에 학생과 교사가 주체가 되어 교육 역량을 뽐내는 학교들이 있다. 2009년 처음 도입된 지 7년째를 지나고 있는 혁신학교다. 현재 전국적으로 서울형혁신학교, 경기혁신학교, 전북혁신학교 외에 강원행복더하기학교, 빛고을혁신학교(광주), 무지개학교(전남) 등 다양한 이름의 혁신학교들이 활발하게 운영되고 있다.

공교육 시스템과 학교 혁신에 자극을 주고 있는 혁신⁺학교 바람은 여전히 거세다. 찬성 여론이 전반적으로 높다. 전교조가 2014년 3월 28일 ~31일 사이에 여론조사 전문기관인 리서치플러스에 의뢰해 만 19세 이상 성인 1000명을 대상으로 실시한 주요 교육 의제 관련 여론조사에서 혁신학교 확대에 찬성한 비율이 62.9퍼센트였다. 대표적인 '진보교육 의제'인 '자사고 폐지 및 평준화 정책 유지(55.7퍼센트)나 무상교육의 고교 확대

(55.2퍼센트)' 의견보다 높았다.

전교조 산하 참교육연구소가 2015년 6월 30일 제2기 직선제 교육감 취임 1주년 기념으로 조사해 발표한 자료에서도 조사 대상자(전국 초·중·고 교원 3300여 명)의 62.5퍼센트가 혁신학교 정책이 '잘됐다'고 평가했다. 진보 교육감 지역인 광주, 세종, 경남 지역에서는 긍정 평가가 80퍼센트를 넘었다.

혁신학교 구성원들의 학교 만족도가 높다는 점이야말로 혁신학교가 가지고 있는 가장 큰 강점 중 하나다. 혁신학교에 다니는 많은 아이들이 학교에 가고 싶어 한다. '일반학교'에 다니는 많은 아이들이 학교 가기를 꺼려 하는 모습과 다르다. 교사들은 수업과 학교생활에서 더 많은 보람과 즐거움을 느낀다. 학부모들 사이를 오가는 입소문이 좋다. 혁신학교 주변 아파트 값이 들썩인다는 말까지 나온다.

혁신학교의 성과나 만족도와 관련해서는 실증적인 증거가 제법 쌓여 있다. 2014년 2월 25일 경기도교육청이 '2013 후반기 혁신학교 중간평가 보고서'를 경기도혁신학교정보센터를 통해 발표했다. 이에 따르면 경기혁신학교에서는 초등과 중등 모두 학생 만족도가 5년간 꾸준히 상승한 것으로 나타났다. 2009년에서 2013년으로 오면서 초등은 3.27점(5점 만점 척도)에서 4.35점으로, 중등은 2.34점에서 3.79점으로 뛰었다. 학생, 학부모, 교사를 대상으로 조사한 학교행복지수 역시 일반학교보다 높았다.

경기혁신학교는 김상곤 전 경기교육감이 심혈을 기울인 정책이었다. 2009년 9월부터 시작된 경기혁신학교는 이재정 현 교육감 취임 이후 크게 확대돼 2015년 9월 1일 기준으로 총 383개교에 이른다. 전국 최대 규모다. 이 교육감은 2014년 3월 교육감 선거 출마 선언을 하면서 당시 300개교가 안 되는 경기혁신학교 수를 2015년 이후 1300개교로 확대하겠다는 공약을 내놓았었다.

혁신학교의 또 다른 선봉에 전북혁신학교가 있다. 전북혁신학교는 현재 초·중·고교 각각 80개교, 35개교, 7개교를 합쳐 모두 122개교가 운영되고 있다. 전체 규모 면에서 경기혁신학교에 이어 전국 2번째다. 전북혁신학교는 김승환 교육감이 재임 중 추진한 업무 목록의 맨 앞자리에 놓이는 핵심 사업이다.

경기혁신학교와 마찬가지로 전북혁신학교 또한 학교 구성원들의 만족도가 높다. 전북교육청의 2014 유·초·중등 전문직 연찬회 자료(2014년 4월 3일자 공개)에 실린 '2013년 혁신학교 전체 학교 효과성 분석 결과'에 따르면 전북혁신학교 학생들은 미래핵심역량, 수업공동체, 학교생활 만족도 등 3대 평가 영역 모두에서 일반학교 학생들보다 높은 점수를 주었다. 교사, 학부모들의 평가 점수 역시 마찬가지였다.

전북혁신학교는 2015년 현재 도입 6년 차에 접어들었다. 김승환 교육감이 2010년 제1기 직선제 교육감 선거에 당선되면서부터 야심차게 추진한 사업이었다. 전북교육청은 지난 5년간의 성과를 바탕으로 혁신학교를 뛰어넘는 학교 혁신을 꿈꾸고 있다. 외형적 확대보다 안정적인 질 확보를 위해 2015학년도부터 '혁신+학교'[29]를 지정해 추진하고 있다.

2015년 3월 기준으로 전국에 816개교의 혁신학교가 운영 중이다. 도입 7년 차를 지나는 시점의 성적치고는 괄목할 만한 수준이다. 양적 성장에 걸맞게 질적 수준이 확보되고 있을까. 혁신학교 등급을 'A급 혁신학교' '흉내학교' '기만학교'로 나누는 세간의 시선이 일부 존재한다. 모든 교육이 혁신으로 통하는 것 같지만 다른 길을 주장하는 이들도 있다.

29. 전북교육청 관계자에 따르면 '혁신+학교'는 전북혁신학교만의 특색을 모색해 보기 위한 의도가 있다고 한다. 혁신학교의 '모델' 학교 정도로 간주하면 될 듯하다.

평등교육인가 선별교육인가

2014년 치러진 6·4 교육감 선거에서 서울 지역 진보 진영의 단일 후보로 나온 조희연 성공회대 교수가 서울교육감에 당선되었다. 조 교육감은 출마 당시 자율형사립고(자사고)를 폐지해 '사립형 혁신학교'로 전환하는 작업을 포함한 모든 학교의 혁신학교화를 주요 공약으로 내세웠다.

반면 당시 보수 후보로 분류된 문용린 전 서울교육감과 고승덕 변호사는 혁신학교 축소와 선별적 흡수, 보완을 기조로 각각 '행복한 학교' 전환과 '서울형 새학교' 도입을 내세웠다. 진보 교육의 상징적 아이콘인 혁신학교 대신 보수 교육을 위한 새로운 '학교 상품'을 심겠다는 의지가 강해 보였다. 선거 결과 보수 후보들의 낙선으로 새로운 '학교 상품'은 들어서지 못했다.

서울 사례에서 알 수 있듯이 혁신학교 이슈는 자사고 문제와 밀접하게 관련되어 있다. 이명박 정권 시절 도입된 자사고는 그간 일반학교보다 비싼 학비(최고 3배 이상)와 성적 우수 학생 독점(내신 상위 50퍼센트 이상) 등으로 특권학교, 귀족학교라는 비판을 받아왔다. 서울 지역은 전국 자사고의 절반인 25개교가 지정되어 있어 그 어느 곳에서보다 논란이 거셌다.

폐지 의견을 내걸 정도로 자사고에 비판적이었던 조 교육감과 달리 당시 보수 후보를 자처한 문 전 서울교육감은 자사고에 우호적이었다. 2014년 5월 25일 열린 기자간담회에서 문 전 교육감은 자사고 평가 결과에 따라 합격 기준 점수를 받지 못한 학교가 스스로 존속을 원하면 학교 구성원의 의사를 존중하겠다는 의견을 내놓았다. 자사고 지정 취소를 해당 학교의 판단에 맡기겠다는 것이었다. 당시 조 후보 쪽에서는 고양이에게 생선가게를 맡기는 꼴이라며 강하게 비판했다.

믿기 힘들겠지만 혁신학교와 자사고는 각각의 반대론자들로부터 비슷한 논지의 비판을 받는다. 6·4 교육감 선거 당시 혁신학교 폐지를 외친 문 전 서울교육감은 일부 특정 학교에만 매년 1억 원이 넘는 돈을 지원하는 현행 혁신학교 제도의 균형성과 공평성 문제를 제기했다. 자사고 폐지론자인 조 교육감은 입시 위주 교육과 고교 서열화를 조장하는 자사고의 특권·불평등 교육을 비판했다. 두 입장 모두 형평성의 문제를 지적하고 있는 것이다.

어느 쪽 주장이 타당한지 가늠하기가 쉽지 않다. 핵심적인 단서가 있기는 하다. 혁신학교와 자사고 중 어느 쪽이 진정으로 공교육에 기여하느냐가 그것이다. 이른바 공교육 정상화나 학교 살리기에 더 큰 도움을 주는 게 무엇이냐는 것이 혁신학교와 자사고를 둘러싼 논란의 고갱이처럼 보인다.

앞서 살핀 것처럼 혁신학교는 전체적으로 학생, 교사, 학부모 만족도가 높다. 자사고는 논란이 거세다. 무엇보다 학교교육과정이나 수업 방식이 과거와 같은데도 고비용 학비를 받는 이른바 '무늬만 자사고'인 경우가 많아 전체적으로 비판적인 여론이 우세하다.

2014년 3월 28일부터 31일 사이에 실시된 예의 전교조 여론조사에서도 자사고를 폐지하고 고교평준화를 유지해야 한다는 의견에 55.7퍼센트의 시민들이 찬성한 것으로 나타났다. 전교조의 논평대로 그동안 자사고를 중심으로 하는 특권학교 정책이 서열화를 조장하고 있다는 비판 여론이 꾸준히 있어 왔다. 이런 비판 여론에 상당수 국민들이 동의하고 있는 것으로 풀이된다.

혁신학교와 자사고를 둘러싸고 벌어지는 논란은 단순한 학교 정책 차원의 대립이 아니다. 여기에는 상호 이질적인 교육철학과 이념 차이에서 비롯된 기 싸움이 내포되어 있다.

혁신학교는 민주, 자치, 협력, 소통을 바탕으로 공교육 전체 혁신을 위해 만들어진 일종의 모델 학교다. 학생 하나하나를 모두 배움의 장으로 이끌자는 보통·평등교육의 정신이 깔려 있다.

자사고는 사립학교의 건학 이념과 교육과정, 학사 운영의 자율성이 최대한 보장되는 학교 형태다. 일정한 기준에 따라 선발된 일부 학생들을 대상으로 하는 특권·선별교육을 학교 운영의 기조로 삼고 있는 것처럼 보인다. 우리나라 공교육의 발전에 어느 쪽이 도움을 줄까.

무명 교사들의 분투기

우리나라에서 교육 분야는 한국 사회의 병폐와 한계, 나아가 미래의 가능성과 잠재력까지가 두루 뒤섞인 용광로 같다. 100개의 교육 문제에 100개의 해법이 있다는 세간의 말은 우리 사회의 뜨거운 교육열을 방증한다. 그만큼 복잡하고 풀기 어려운 게 교육 문제다. 어쩌면 단계와 과정에 맞춰 천천히 풀어 나가는 '상식적인' 방법이 아니라 일대 '혁명'을 치르듯이 하는 게 더 효율적일지 모르겠다.

실증적인 사례가 있다. 교육과 관련한 일종의 사회적 대타협 위원회 같은 것을 만들어서 고질적인 교육 문제를 풀어 보려고 한 북유럽의 몇몇 나라가 그렇다. 핀란드가 대표적이다. 우리나라에서도 비슷한 시도가 이뤄지고 있다. 2014년 초 교학사 『고교 한국사』 교과서 검정 합격으로 촉발된 역사 교과서 파동 국면에서 전교조와 한국교총이 각각 '(가칭)사회적교육과정위원회'와 '(가칭)국가교육과정위원회'를 제안한 일이 그 한 예다. 현재로서는 좌우 이념과 정치적 이해관계를 초월한 교육 대타협 기구의 출현이 요원해 보인다. 해법이 없을까.

나는 혁신학교에서 답을 찾고 싶다. 문제는 '어떤' 혁신인가다. '혁신革新'은 묵은 풍속, 관습, 조직, 방법 따위를 완전히 바꾸어서 새롭게 한다는 뜻이 있다. 바꾸거나 고친다는 뜻을 갖는 '革'은 '개혁改革', '혁명革命'의 '혁'과 같은 글자다. '혁'의 대상은 낡은 것이다. 낡은 것을 깨뜨려 새로운 무언가를 만드는 것이 '혁신'이고 '개혁'이며 '혁명'이다. 혁신에서는 과거의 틀을 고집해서는 안 된다.

나는 지금 군산교육지원청에서 주관하는 수업 컨설팅 프로그램인 '수업동행'에 참여하고 있다. 전북형 혁신교육의 '군산식 버전'이다. 교사들이 학생의 '배움' 활동에 초점을 맞춰 수업을 관찰한 뒤 틀에 얽매이지 않은 자발적인 협의를 통해 각자의 수업을 돌아보게 하자는 취지로 시작된 수업 개선 프로그램이다. 기존에는 교사의 '교수' 활동에 초점을 맞추는 수업 장학이 수업 연구 협의의 일반적인 형식이었다.

올해 3기 차를 맞은 수업동행 프로그램에 70여 명에 이르는 군산 관내 중학교 교사들이 참여하고 있다. 자발적 참여자가 많고, 초임부터 원로 교사까지 교사 연령대가 비교적 다양하게 분포되어 있다. 지역 교육지원청 차원에서 주도하는 수업 컨설팅 프로그램으로는 전국에서 손꼽히는 사례라고 평가하고 싶다.

2014년 2기 때부터 합류했다. 그 전 2011년경 군산 관내 중·고교 평교사들이 자발적인 수업 연구 모임을 시작했다. 전북혁신학교인 군산회현중학교 선생님들의 수업 연구 모임이 주된 모태였다. 전교조 군산지회에 소속된 선생님들이 활동의 주축을 이루었다. 그때부터 동참했으니 4년째다. 수업동행 프로그램은 초창기의 자발적인 수업 연구 모임이 자연스럽게 확대, 발전한 것이다. 교육청과 교원 조직 사이에 이루어진 교육 협력 사례의 하나로 볼 만하다.

2015년 공개 수업 때였다. 교내 동료 교사 일곱 분이 참관했다. 2014년 공개 수업에는 한 분도 오지 않았다. 교사들에게 수업 공개는 쉬운 일이 아니다. 수업 공개가 필요한가에 대해 서로 다른 생각을 가진 분들이 많다. 수업 공개가, '정답'이 있을 수 없는 수업에 어떤 정형화한 틀을 강요하는 게 아니냐고 비판하는 교사들이 있다.

나름대로 일리 있는 지적들이다. 다만 교사들로 하여금 각자의 수업을 돌아보게 하자는 취지로 실시하는 공개 수업에 반대하기는 힘들지 않을까. 이런 취지에 공감하는 선생님들이 수업에 들어오셨으니 나로서는 '감격' 자체였다.

수업이 끝난 뒤 끝까지 자리를 같이한 선생님 네 분과 함께 협의회를 가졌다. 1시간 남짓 허심탄회하게 대화를 나누었다. 각자 관찰한 학생들에 대한 이야기를 주고받으며 평소 갖고 있던 고민과 어려움을 풀어 놓았다. 교감 선생님은 학교 역사상(?) 거의 '최초의 자연스러운' 협의회였다고 자평했다. 형식적이고 의례적인 기존 수업 장학을 염두에 둔 말이었다.

수업 고민을 함께 나누는 교사들이 늘고 있다. 교사의 교수법보다 학생의 배움에 초점을 맞추는 수업 연구 동아리가 많아졌다. 자발적으로 동아리를 만들어 책을 읽고 토론을 하는 교사 모임들이 생겨나고 있다. 교육청은 이들에게 예산을 지원함으로써 실질적인 '교학상장教學相長'을 도모한다. 한국 교육의 패러다임이 바뀌어 가고 있다는 증표의 하나로 볼 수 있지 않을까.

그런 변화의 선봉에 혁신학교로 대변되는 학교 혁신, 교육 혁신 시스템이 자리 잡고 있다. 6년의 '실험' 기간 중 적지 않은 혼란과 시행착오를 경험했다. 하지만 전국 곳곳의 혁신학교가 보여 준 가능성은 학교 혁신과 교육 혁신의 미래를 밝게 만들고 있다. 적어도 지금까지 차분하게 순항하고 있는 수업동행이나, 역사상 '최초의 자연스러운' 협의회들이 나만의 구체적인 근거들이다.

걱정되는 대목이 없는 게 아니다. 올해(2015년) 수업동행에 참여하고 있는 교사는 70여 명이다. 30여 명이었던 작년에 비해 두 배 이상 늘었다. 교장이나 교감의 반강요(?)로 신규 발령 교사들이 대거 합류했기 때문인 것으로 보인다. 이들 '강제 참여파'가, 순수한 자발성이 주는 흥을 만끽하고 제대로 보람을 얻을 수 있을까. 수업 참관과 협의회를 이끌기 위해 교실을 공개한다고 해도 그런 말이 텅 빈 메아리로 끝나는 해가 한두 번이 아니다. 학교 현장에서 수업 공개와 협의 문화는 여전히 '이상적'으로 보인다.

공개 수업이 끝난 뒤 함께 대화를 나눠 보면 영혼 없는 수업을 하면서 하루하루 소진해 가는 무명교사로 살고 싶은 사람은 하나도 없다. '혁신'을 실천해 보겠다는 마음가짐만은 확실히 갖고 있다. '정답 수업'을 찾지 못하고 헤매는 나 역시 마찬가지다. 수업 공개를 부담스러워하거나 수업 협의를 서먹하게 여기는 선생님들도 '조용히' 모둠 수업을 하면서 새로운 시도를 한다. 희망의 조그마한 증표들이다. 무명교사들의 그런 보이지 않는 '분투기'가 훗날 기분 좋은 '회고담'으로 남았으면 좋겠다.

혁신학교, 이 정도가 '기본'

아쉬움이 조금 있다. 혁신학교 바람이 학교와 교사가 전면적으로 참여하는 '운동'으로 질적 도약을 하지 못하는 한계다.[30] 이유가 있을 것이다.

혁신학교 추진 과정에서 불거진 구조적인 난점과 실제 운용상의 문제를 중심으로 살펴보자.[31]

혁신학교는 일종의 '모델학교'다. 혁신학교 정책은 변하려 하지 않는 학교와 교사에게 교육의 새로운 방향과 지향을 제시할 목적으로 추진된 측면이 강하다. 세계적인 시대 조류의 변화, 해가 다르게 변해 가는 아이들, 사회 구조와 의식 변동의 흐름에 맞춰 학교를 혁신해 학교교육을 업그레이드해 보자는 취지가 바탕에 깔려 있다.

학교 혁신, 교육 혁신의 주체는 교사다. 교사의 자발성 없이 진정한 의미의 혁신은 이루어지기 힘들다. 혁신학교 출범 초기에는 그러한 분위기가 강해 보였다. 전북에서는 혁신학교 출발기였던 2010년을 전후로 자생적인 수업 연구 동아리, 교사 독서 토론 동아리, 학교 내 교과 모임 등이 우후죽순처럼 생겨났다. 자발성이 주는 역동적인 기운이 팽배했다.

혁신학교가 본격적으로 확대되기 시작한 2013년을 전후로 문제가 불거지기 시작했다. 혁신학교 정책의 목적과 취지에 대한 이해 부족에서 비롯된 문제들이었다. 학교 구성원 간 충분한 토론과 협의를 거치지 않고 혁신학교 공모에 지원하는 학교가 생겨났다. 사전 토론이나 협의가 혁신학교 '성공'의 충분조건은 아니다. 하지만 혁신학교 공모 준비와 지원 과정에서 혁신학교 추진에 대한 공감대가 전체적으로 형성되지 않으면 '무늬만' 혁신학교가 될 가능성이 높다. 그런 점에서 충분한 토론과 협의는 혁

---

30. 혁신학교 바람이 중학교를 중심으로 불면서 '혁신 고등학교' 사례가 상대적으로 눈에 띄지 않는 점 또한 중대한 문제로 제기될 수 있다. 수능 중심의 강고한 대학입시제도 '전통'이 고등학교에서의 혁신 바람을 차단하는 주요 요인일 것이다. 전체 중등학교에 혁신학교 '철학'을 확산시키는 데 대입제도 개선과 같은 구조적인 차원의 뒷받침이 함께해야 하는 이유다.
31. 아래 서술되는 내용은 전북혁신학교를 중심으로 전북 교육 안팎을 두루 관찰하고 분석한 결과를 바탕으로 나온 것이다. 나의 직간접적인 경험도 내용 속에 녹아 들어가 있다. 나의 견해를 전국에 있는 혁신학교를 포함한 혁신교육 일반에 대한 평가로 확대하지 말았으면 한다. 전북혁신학교에서 남다른 열정을 갖고 아이들을 만나고 있는 교사들 모두에 대한 이야기가 아님은 물론이다.

신학교 추진 과정에서 최소한의 필요조건이다.

양적 팽창에 따른 불가피한 현상으로 볼 수 있다. 문제는 그즈음 학교 현장에 일부 부정적인 흐름이 형성되기 시작했다는 점이다. 현장 교사들 사이에 혁신에 대한 '저항감'이나 '피로감' 같은 것이 감지되면서 저변의 자발적인 움직임이 일부 왜곡되는 것처럼 보이는 현상들이 관찰되고 있기 때문이다.

지역교육청에서는 교사들이 자발적으로 혁신 분위기를 만들 수 있게 하기 위해 일찍부터 동아리 공모 사업을 의욕적으로 펼쳐 왔다. 교사 동아리 관련 예산을 편성하고 공모 신청을 받은 뒤 최종 선정된 동아리들에 100만~500만 원의 활동비를 지원하는 방식이다. 세부 예산 운용의 자율권을 각 동아리에 일임하는 방식이어서 나름대로 '획기적인' 사업으로 평가되었다.

언젠가부터 동아리 공모 사업 주변에 성과주의의 '망령'이 보이기 시작했다. 다음과 같은 방식으로 출현했다. 동아리 공모에 지원하는 교사들과 그렇지 않은 교사들 사이에 은근한 신경전이 벌어진다. 혁신을 위해 애쓰는 교사와 그렇게 하지 않는 교사라는 이분법적 논리가 작동한다. 교무실에 암묵적인 편 가르기 분위기가 조성된다. 정량 평가 시스템이 공모 동아리 수로 학교의 혁신 노력을 재단한다. 활동 방향에 대한 고민 없이 일단 신청해 공모 예산을 따내자는 '묻지 마'식 시도가 생겨난다.

학교와 교사의 자발성을 왜곡할 수 있는 공모 중심의 사업 추진이나 성과 평가 기류는 혁신 자체에 대한 저항감 같은 것을 불러올 수 있다. 기존의 것을 깨뜨리지 않으면 안 되는 혁신이 기본적으로 보수주의자에 가까운 교사 집단에 본능적으로 거부감을 주기도 한다. 혁신 과정에서 겪을지 모를 '대상화'의 두려움도 혁신에 알레르기 반응을 보이게 만든다.

더 근본적인 요인이 있을 수 있다. 2011년 전북혁신학교에 지정된 이래 폐교 위기 학교를 '전국구'로 바꿔 놓기까지 학교 혁신 과정에 꾸준히 참여한 군산회현중학교(군산회현중) 양은희 선생님은 다음과 같이 진단해 주었다.

혁신학교 운동은 교사들의 힘을 모아 학생들을 중심에 두고 학교를 통으로 바꾸자는 운동이다. 여기에서 핵심은 교사들의 자발성, 학생 중심으로 학교 운영 전반을 바라보는 관점의 전환, 나 혼자에서 모두의 힘을 모으는 협력적 배움과 실천의 전개이다. 이 세 가지 모두 우리에게 그다지 익숙한 과제가 아니며, 익숙하지 못한 과제 앞에서 기존 체제를 유지하고자 하는 세력들은 편하게 교직 생활을 하고 싶다는 욕망에 맞장구치며 달콤하게 반작용의 논리를 펼치고 있다. 혁신의 걸림돌이다.

혁신교육 추진을 위해서는 구체적인 전술을 어떻게 운용할 것인지가 중요하다. 많은 이가 학교·교육 혁신의 방점이 '수업'에 있는 것처럼 보고 있다. 수업이 학교교육의 '꽃'임을 전제로 본다면 자연스러운 논리적 귀결이다. 예의 수업동행과 같은 수업 컨설팅 프로그램, 일본 교육학자 사토 마나부 교수가 주창한 배움의 공동체 수업, 수업 관찰과 비평, 모둠형·협력형 수업, 거꾸로교실 등등 다양한 수업 (연구) 방식이 학교 현장에 '유행'처럼 번졌다.

얼마 전 한 지역교육청 장학사와 혁신학교에 관한 얘기를 나눈 적이 있다. 그가 '권력화'라는 표현을 썼다. 혁신학교가 저변의 운동으로 확산되지 못하고 정체하는 이유를 설명하면서 꺼낸 말이었다. 혁신학교 교사와 일반학교 교사들 사이의 상호 교류의 확대 필요성을 강조하는 대목에서였다. 강연과 연수 등으로 여기저기 뛰어다니는 혁신학교 '활동가' 교사들의 노고와 남다른 사명감을 알기에 동의하기 힘들었다.

귀담아들을 대목이 전혀 없지는 않았다. 혁신의 '철학'이나 '내용'은 어떨지 모르겠지만 '방법'에는 정답이 있기 힘들다. 군산회현중의 양 선생님은 "10인 10색 혁신학교"라고 말했다. "이것이 혁신교육(학교)이다"라고 말하기 힘들다는 점을 강조하기 위해서였다.

혁신의 '방법'에 대해서 똑같이 말할 수 있을 것이다. 배움의 공동체 수업이나 거꾸로교실이 수업 혁신의 '정답'일 수 없다. 모둠 활동에서 (배움의 공동체 수업 식의) '도약'을 잘하는 아이가 있겠지만 일제식 수업에서 지적 성취를 경험하는 아이가 있을 수 있다.

최근 들어 모둠을 통한 협력형·토론식 수업이 수업 혁신의 전부나 '정답'이 아니라고 조심스럽게 말하는 선생님들이 보이기 시작했다. 수업이 학교교육의 '꽃'임에 분명하지만 수업에 대한 고민과 모색만으로 학교 혁신을 이루기는 힘들다는 인식이 바탕에 깔려 있다. 학교 문화를 바꾸고, 구성원 간 관계 맺기 풍토를 함께 개선해 나가는 것이 중요하다. 혁신학교 바람을 '운동'으로 확산시키고자 할 때 고민해야 하는 지점들이다.

혁신학교가 갈 길은 멀다. '혁신'이라는 말이 학교교육 차원에서 견지해야 하는 철학적 의미가 무엇인가. 혁신교육을 통해 우리가 이르러야 하는 궁극적인 지향점이 어디인가. 양적 팽창기를 지나고 있는 지금 시점에서도 혁신교육의 총론에 대한 논의는 충분치 않아 보인다. 각론으로 들어갈수록 해결해야 할 난제들이 더 많다.

『혁신교육 미래를 말한다』는 6명의 현장 교사들이 "학교란 무엇인가"라는 질문을 중심에 놓고 이론적·실천적 차원에서 혁신교육 전반을 살핀 책이다. 혁신교육의 총론과 각론을 고민할 때 참조할 만한 대목이 적지 않다. 이 책을 읽으면서 혁신교육의 특징을 크게 세 가지로 요약해 보았다. 철저한 민주주의, 역량 중심의 교육, 학교교육과정의 재구성이다.

교사들은 갈수록 파편화·개별화하고 있다. 구래의 근무 평정과 2000년대 이후 도입한 교원평가, 교원 성과급 평가 등 갖가지 평가 체제가 굴레가 되어 있다. 교사들은 상호 견제와 대립, 반목의 불씨를 안은 채 살아가고 있다. 상대평가로 이루어지는 성과급 등급 산정 문제로 낯 뜨거운 설전을 벌이는 풍경이 낯설지 않다. 이런 분위기 속에서 교사들이 자발적인 학습 공동체를 꾸리기는 거의 불가능하다.

학교 민주주의 역시 요원해 보인다. 학교 민주주의는 단순한 제도나 형식으로서가 아니라 구성원들의 자율·자치 역량을 통해 이루어진다. 수직적인 위계구조 중심으로 돌아가는 현재의 학교 문화에서는 실현되기 어렵다. 수평적인 평등구조가 지배하는 학교 문화로 바꿀 필요가 있다.

교장 리더십, 학내 인사 고과, 성과 중심의 교원 인센티브제 등 시스템 층위의 개선과 변화가 뒤따라야 함은 물론이다. 교사들 간 협의를 통한 자치 역량 강화, 이를 위한 일상적인 토론 풍토가 마련되어야 한다. 이런 토대 위에 설 때 자발성에 기초한 일상적인 학습 공동체가 꾸려지고 학교 민주주의가 가능해진다.

혁신+학교의 또 다른 주안점은 역량 중심 교육과 학교교육과정의 재구성이다. 혁신학교 교육은, 국·영·수와 같은 개별 주지 교과 중심의 지식 습득이 아니라 통합적인 교수학습과정에서 길러지는 문제 해결력이나 창의력, 비판적 사고력 등에 그 초점이 놓여야 한다. 앞서 언급한 데세코 프로젝트가 시사하는 것처럼 미래 사회에 필요한 핵심 역량으로 진작부터 중시되었어야 할 것들이다. '성공한' 것으로 보이는 혁신학교 사례를 통해 이를 좀 더 구체적으로 알아보자.

'혁신'이라 쓰고 '미래'라 읽는다

서울강명초등학교의 혁신교육 2년을 기록한 책 『서울형 혁신학교 이야기』에서 32년 차 초등 교사인 이부영 선생님은 '무늬'만 있는 '가짜' 혁신학교가 있다고 말했다. 그의 '진짜·가짜 혁신학교 감별법'을 보자.

> 교사회가 없거나 잘 이뤄지지 않는 학교 / 교사의 지시와 전달로 학교가 운영되는 학교 / 교문에 어디서 상 받았다는 것을 주렁주렁 걸어 알리는 학교 / 학사력에 인증제, 경시대회, 각종 대회와 행사가 빼곡한 학교 / 상을 많이 주는 학교 / 중간고사, 기말고사가 있는 학교 / 학습이나 행동이 남다른 아이가 무시당하는 학교 / 학급이나 전교어린이회를 아이들의 필요에 의해서가 아니라 형식적으로 운영하는 학교 / 중앙 현관과 교장실과 교무실 앞을 아이들이 다니지 못하게 하는 학교 / 학부모회 임원 구성을 담임의 강요로 뽑는 학교 / 학교 행사에 부모를 동원하는 학교 / 전화를 걸었을 때나 묻는 말에 짜증을 내거나 친절하지 않은 학교 / 얼굴이 어둡고 화난 표정이고, 짜증이 가득한 교사가 많은 학교 / 학습지를 많이 사용하고, 텔레비전을 보면서 공부하는 학급이 많은 학교

이부영, 『서울형 혁신학교 이야기』, 201~202쪽.

이 선생님이 제시한 '가짜' 혁신학교의 모습이다. '진짜' 혁신학교는 위에 제시한 감별 기준들을 반대로 적용하면 된다. 수평적인 교사 문화, 자발성, 민주주의의 원칙, 공공성, 학부모·지역과 함께하는 지역성 등이 '진짜' 혁신학교를 꾸려 나가는 데 필요한 기본 원칙들이다.

전북 군산에는 군산회현중이 있다. 군산 도심에서 훌쩍 떨어진 군산시

회현면 면 소재지에 있는 농촌 중학교다. 여느 중소도시 외곽에 있는 농촌 중학교와 마찬가지로 회현중 역시 2000년대 들어서면서 학생 수가 **빠**르게 감소하기 시작했다. 학교와 교사를 불신한 학부모들이 버스를 20여 분 타고 나가야 도착하는 시내 학교로 아이들을 보냈다. 2008년 자율학교로 지정될 즈음 전교생이 70여 명 수준으로까지 줄었다. 폐교 직전의 위기에 몰렸다.

2008년 자율학교로 지정되면서 변화를 모색하기 시작했다. 2011년 전북혁신학교로 선정된 뒤 학교 혁신 작업을 적극적으로 추진하면서 큰 변화가 생겨났다. 2015년 2월에는 전라북도교육청으로부터 '선도 모델' 개념의 혁신학교인 '혁신⁺학교'에 지정되어 제2의 도약을 준비하고 있다.

군산회현중의 현재진행형인 '혁신사'를, 2011년 이래 학교 혁신 과정에 꾸준히 참여한 주체로부터 직접 전해 듣고 싶어 양은희 선생님과 이야기를 나누었다. 양 선생님은 군산회현중의 혁신교육이 크게 4단계로 진화했다고 분석했다. 체험과 방과 후 활동 중심의 1단계, 역량 중심 교육과정에 초점을 맞춘 2단계, 수업 개선에 방점을 둔 3단계, 교과통합 교육과정 재구성을 중심으로 한 4단계가 그것이다.

경기도 시흥시에 있는 장곡중학교(장곡중)는 경기혁신학교의 대표 주자 중 하나다. 양 선생님은 장곡중이 수업 개선을 시작으로 생활 지도, 교과통합 교육과정 재구성, 마을과의 연계 등의 순서로 혁신교육을 펼쳐 왔다고 말한다.

학교·교육 혁신의 방점이 '수업 개선'에 있는 것처럼 좁게 이해하는 사람들이 있다. 군산회현중과 장곡중의 사례는 그러한 시각이 일반적인 것이 될 수 없음을 보여 준다. 양 선생님은 혁신학교의 '혁신교육'이 이래야 한다거나 저러면 안 된다는 식의 고정된 생각이 위험하다고 지적했다.

학교가 처한 상황이나 조건, 학생들의 수준, 교사들의 태도나 준비 정도에 맞는 방식과 목표를 통할 때 학교의 변화를 일궈 낼 수 있다는 이유에서다.

양 선생님은 학교의 변화를 밀고 가는 힘이 민주주의에 있다고 강조했다. 그 중심에 학교 민주주의의 '꽃'인 교사 학습 공동체가 있다고 자가 진단했다. 매주 수요일 수업 공개 후 협의회를 열고, 의결형 교무회의와 독서 토론과 연수를 지속적으로 펼쳐 왔다고 한다. 군산회현중의 교사 학습 공동체는 학교의 변화에 대한 철학을 정립하고, 교사들의 자발성을 유도하며, 사람이 바뀌어도 학교 혁신이 유지될 수 있도록 하는 기본 시스템이었다.

혁신학교가 아이들과 교사, 학부모들로부터 뜨거운 호응을 얻기 시작하면서 전국적으로 이에 대한 '벤치마킹'이 들불처럼 번지고 있다. 한편에서는 혁신학교를 향한 견제가 거세다. 평교사들의 적극적인 학사 참여와 교장의 분산적·수평적 리더십 등 혁신학교 운영의 기본 원리가 교육 보수주의자들에게 '위기'로 다가서고 있는 듯하다.

보수 언론이 혁신학교 '디스'의 선봉에 있다. 전교조가 혁신학교를 '접수'했다는 식의 마타도어matador, 곧 흑색선전이 기조다. 혁신학교 소속 전교조 교사를 표적 삼아 이념 편향을 우려한다. 혁신학교를 '교사 절반이 전교조', '전교조 거점 학교', '전교조 해방구'라는 식으로 악의적으로 선전한다.

2014년 6·4 교육감 선거 기간 중 이재정 경기도교육감 후보는 경기혁신학교의 전교조 교사 비율이 14퍼센트, 한국교총 교사가 31퍼센트라고 밝힌 적이 있다. 당시 이 교육감후보는 "교원단체를 이념적 잣대로 구분하는 것은 교사들에 대한 모독"이라고 반박했다.

대다수 혁신학교에는 전교조나 한국교총 교사보다 '무소속' 교사가 더 많다. 전체 교원 대비 교원단체별 소속 교원의 비중[32]을 고려할 때 한국교총 회원이 전교조 교사를 초과하는 혁신학교가 있을 수 있다. 그렇다고 이들 학교에 '무노조 혁신학교'니 '교총 거점 학교'니 하는 이름을 붙일 수 있을까.

만약 보수 언론의 '디스'가 사실이라면 학부모들은 '전교조가 점령한 학교'에서 만족감을 느끼고 있는 셈이다. 그런데 혁신학교는 소속 교사가 어떤 단체에 가장 많이 가입해 있는가와 무관하게 학교 구성원들로부터 두루 높은 만족도를 얻고 있다.[33] 교사들이 소속 교원단체에 관계없이 혁신학교 운영에 대해 유사한 평가를 내리고 있다는 조사 결과도 있다.[34]

혁신학교가 우리나라 공교육의 유일무이한 대안이 되어서는 안 될 것이다. 중요한 것은 혁신학교가 추구하는 근본 철학을 굳건히 지켜 나가는 데 있지 않을까. 혁신학교에서 중시하는 관계와 소통, 협력과 민주 시민 의식은 백 번 강조해도 지나치지 않다. 이들은 서구에서 미래 인재가 갖추어야 할 역량의 핵심 가치들로 일찍부터 주목을 받아 온 것들이다. '혁신'이라 쓰고 '미래'라 읽는 까닭이다.

---

32. 최근 수년간 한국교총 회원 수는 15만 명 내외를 오르내리고 있다. 40여만 명에 이르는 전체 교원 중 30퍼센트 정도다. 전교조 소속 교원은 5만 명 안팎으로 전체 교원의 10퍼센트를 조금 넘는다.
33. 2013년 2월 한국교육개발원이 교육부에서 연구비를 받아 충북대학교에 용역을 준 연구 보고서 '자율학교 성과분석 연구: 혁신학교 모형을 중심으로'(연구 책임자: 충북대학교 나민주)는 2012년 12월 현재 혁신학교 운영 기간이 2년 이상인 전국 157개 혁신학교의 교원과 학부모 1289명을 대상으로 조사, 분석한 결과를 담고 있다. 이 조사에서 응답자들은 학교 만족도에 관한 3개의 질문에서 70퍼센트 넘게 긍정적인 답변을 내놓았다. 그 밖에 학교의 대외적 이미지, 학교의 긍정적인 변화 체감도, 혁신학교 교사의 자질 향상, 민주적 의사결정 항목 등에서도 긍정적인 답변이 70퍼센트 이상으로 나왔다. 이러한 수치는, 전라북도교육청에서 실시한 혁신학교 운영 만족도 평가 결과(교사 81.8퍼센트, 학부모 85퍼센트, 학생(초) 84.8퍼센트가 긍정적인 답변을 함)와 궤를 같이한다.
34. 전교조 참교육연구소가 2015년 6월 30일 발표한 '직선 교육감 취임 1년에 대한 교원 의견조사 보고서'에 따르면 혁신학교 운영에 대해 전교조 조합원 교사 62.2퍼센트가, 교총 회원 교사 61.3퍼센트가 잘 추진되고 있다고 평가했다.

3장
교육 다양성은 우리의 생명

전교조 출신 교사와 장학사

전교조 출신 교사와 교육전문직은 별로 어울리지 않는 조합이다. 전교조 교사는 교육 '노동자'다. 교육전문직인 장학사, 연구사는 흔히 '교육관료'로 분류된다. '사용자' 쪽에 가깝다. 몇 년 전 그 어색한 조합의 주인공이 될 뻔한 적이 있다. 2013년 전라북도교육청 교육전문직 공채 전형에 지원했다. 전교조 교사 경력 13년째 되던 해였다.

당시 나는 2008년 민주노동당에 당우회원으로 가입한 이후 18개월여간 매달 1만 원씩 후원금을 기부한 혐의로 형사재판을 받고 있었다. 교원의 정치 중립 의무를 규정하는 국가공무원법과 정치자금법, 정당법 등을 위반했다는 이유에서였다. 1차 서류 심사 단계에서 떨어졌다. 서류 준비 과정에서 형사재판 소송이 진행 중인 교사는 지원 자격이 없다는 규정을 인지하지 못했다.

많은 이가 오해하는 것과 달리 교원인 교사가 장학사나 연구사 같은 교육전문직이 되는 것은 '승진'이 아니라 '전직'이다. 교사가 전문직에 진출하게 되면 하는 일의 색깔이 크게 달라진다. 교육전문직으로 있다가 교감, 교장이 되어 다시 학교로 돌아오는 경우가 있지만 교육자에서 일종의 행정가로 바뀌는 '변신'에 해당하기 때문이다. 지원을 결심하기 전에 고민을 크게 한 이유다.

서류를 준비하는 내내 머리를 떠나지 않은 질문이 있었다. "교사가 있어야 할 곳은 어디인가?" 교사는 학교에, 학생들 곁에 있는 게 당위다. 질문은 '우문'이었다. 그것은 "학교 아닌 다른 곳에 있을 수 있다"라는, 논리적으로 모순적인 전제를 깔고 있었다. '궤변'이기도 했다.

질문이 머리에서 떠나지 않은 이유가 무엇이었을까. 교사직에서 벗어나는 것이 학생들과의 소통을 중시하는 평소 내 입장과 어긋나는 게 아닌가 하는 마음이 있었기 때문이다. '우문'을 붙잡고 펼쳐지던 고민은 쉽사리 사라지지 않았다. 궤변적 논리에서 비롯된 자괴심이 머리를 맴돌았다. 그러던 어느 날 『교장제도 혁명』이라는 책을 펼쳐 읽다가 성열관과 이형빈이 함께 쓴 서론의 한 대목에 눈길이 꽂혔다.

많은 진보적인 교사들이 교장이 되는 데 관심이 없었던 것에는 적어도 두 가지 이유가 있지 않을까? 첫째는 교장이 될 수 있는 사람(예를 들어, 승진 점수 관리 교사)은 정해져 있다고 기정사실화했기 때문이다. 많은 교사들이 그 승진 트랙에 들어가기보다는 차라리 아이들에게 더욱 충실한 교육자이길 원해 왔기 때문이다. 둘째는 교장의 리더십 자체에 대한 기대가 적어서이다. 그동안 경험해 왔던 교장들의 리더십에 실망해서, 차라리 '가만히 있어 주는 교장'이 제일 훌륭한 교장이라는 생각이 지배적이었기 때문이다.

하지만 이러한 사고방식에는 문제가 있다. 이는 교장의 리더십 자체에 대한 이해 부족에서 나온 것일 수 있다. 교장의 리더십은 다수의 교사들을 통제하는 권력이 아니라, 학생들이 경험하는 교육의 질을 결정하는 핵심적인 요소이다. 이러한 오해는 지금까지의 '훌륭하지 못한' 교장의 '훌륭하지 못한' 리더십에 길들여진 학교 문화 때문에 발생한 것이다.

한국교육연구네트워크, 『교장제도 혁명』, 15쪽.

'교장' 대신 '교육전문직'을 넣어 보았다. 전직의 핑곗거리가 보였다. 학교와 교사 위에 군림하고 승진에 목을 매는 '관료'로서의 교육전문직이 아니라 학교, 학생, 교사를 중심으로 일하는 '교육자'로서의 교육전문직이 될 수 있지 않을까. 성열관과 이형빈의 말을 빌려 바꿔 보면, "장학사는 그들이 하는 것이고, 우리는 그들을 견제하면서 아이들에게만 충실하겠다"는 사고는 과거의 방식일 뿐이다.

전교조 출신 교육전문직이 어떤 존재 의의를 가질 수 있을까. 나는 전북교육청이 전국 17개 지역교육청 중 전교조 교사 출신 교육전문직의 비중이 강원도 다음으로 높은 곳으로 알고 있다. 이곳의 현재 분위기를 살펴보면 전교조 출신 장학사의 성과와 한계를 엿볼 수 있지 않을까.

2015년 7월 사단법인 좋은교사운동이 2015년 4~6월 사이 전국 17개 시·도교육청 소속 초·중·고교 교사 1200명을 대상으로 온라인 설문조사를 진행했다. 2010년부터 시작된 직선제 교육감에 대한 중간 평가 차원에서였을 것이다. 현재 전국 시·도교육청은 2014년에 들어선 제2기 직선제 교육감 체제로 운영되고 있다.

좋은교사운동의 설문 내용은 "교육감 취임 이후 관료주의적 문화가 얼마나 개선되었다고 생각하느냐"였다. 조사 결과 전북교육청이 89.1퍼센트 ('매우 좋아졌다' 64.4퍼센트, '약간 좋아졌다' 24.7퍼센트)로 1위로 나타났다.

좋은교사운동은 교육 혁신을 위해 교육청의 권한을 축소하고 단위 학교의 자율성을 확보하는 것이 중요함을 지적하면서, 설문 결과가 전북교육청이 학교 혁신 노력에 가까이 다가가고 있음을 나타내고 있다고 해석했다. 다른 요인은 없을까.

2014년 6월 제2기 김승환 교육감 체제 출범 이후 전북교육청에는 '새로운 피'가 상당히 수혈되었다. 전교조 조합원 출신 장학사, 연구사들이 적지 않았다. 전북교육청 관계자에 따르면 현재 전교조와 직간접적으로 연결되는 교육전문직이 20~40여 명에 이른다고 한다. 전북교육청 전체로 놓고 보면 10퍼센트에 가까운 비중이라고 한다. 혹시 이들이 전북교육청의 관료주의적 문화 개선에 일정한 역할을 했다고 볼 수 없을까.

얼마 전, 평소 이런저런 일로 가끔 소통하는 장학사 한 분과 이 문제를 놓고 길게 대화를 나눈 적이 있다. 그는 전교조 출신 장학사들이 교육청 내에서 갖는 역할과 위상을 그다지 크게 보지 않고 있었다. 전북교육청이 강원교육청 다음으로 전교조 출신 교육전문직 비중이 높다는 점을 고려할 때 그의 발언은 애초의 내 예상과 달랐다.

이야기를 더 들어 보니 나름대로 이유가 있었다. 교육청은 시스템에 따라 움직인다. 장학사, 장학관은 거시적인 교육정책을 기획하거나 실행하는 주체가 아니다. 학교와 교사가 국가교육정책을 내려받아 실행하거나, 교육감 고유의 특색사업을 추진하는 데 지원하는 구실을 한다. 교육자(교사) 출신이면서도 교육 '전문직'이 아니라 '행정가'나 '관료'처럼 움직이는 시스템에 갇혀 있는 것이다.

그는 교육전문직을 포함한 교육청 직원 전체를 거대한 시스템의 '부품'에 비유했다. 평소 그들이 몰두하고 관심을 두는 지점이 인사와 징계 문제, 승진 등에 있다는 말을 덧붙였다. 어느 정도 수긍할 수 있는 분석이다. 우리나라 행정·관료 시스템의 작동 원리나 방식이 대체로 그렇게 이루어진다. 전교조 조합원 출신 교육전문직이라고 '특별한' 존재가 되기 힘들다는 말이다.

그럼에도 불구하고 나는 앞으로 전교조 조합원 출신 평교사들이 좀 더 '전직'하기를 바란다. 후술하겠지만 전교조 강령의 핵심은 민족, 민주, 인간화 교육이다. 건국이념인 홍익인간을 바탕으로 민주 시민 양성을 목표로 하는 우리나라 국가교육과정의 주요 가치와 자연스럽게 연결된다. 전교조 조합원 출신 장학사라고 지레 특정 이념이나 사상에 편향되었다고 볼 이유가 없다. 그들이 교육전문직 입직을 '승진'이 아니라 '전직'으로 생각하면서 학교 현장과 교사들을 최우선시하는 교육행정을 펼치는 일에 매진했으면 좋겠다.

전교조 조합원 교사들은 비노조 교사들에 비해 상대적으로 국가교육제도, 교원정책, 학교 시스템 문제를 비판적으로 바라본 경험이 많다. 그런 '특수함'이 교육청의 경직된 구조와 분위기를 바꾸는 데 도움이 될 수 있지 않을까. 관료주의 시스템의 굳은 '혈관'에 틈을 내는 역할만으로도 그들의 존재 의의는 충분해 보인다. 다만 끊임없이 '공부'하고 성찰하는 태도를 유지해야겠지만 말이다.

한국교총과 전교조의 '색깔 있는' 역사

한국교총과 전교조는 국내 양대 교원단체다.[35] 이들의 역사는 해방 이후 한국 현대사의 흐름과 밀접하게 연관되어 있다.

우리나라 최대 교원단체인 한국교총은 그 역사가 1947년으로 거슬러

---

35. 아래 한국교총, 전교조 역사에 관한 내용은 한국교총 누리집(https://www.kfta.or.kr), 전교조 누리집(http://www.eduhope.net), '위키백과', 포털 사이트 다음(Daum) '백과사전', 『경향신문』 2015년 2월 13일자 기사("[광복 70주년 기획 – 우리는 과연 해방됐는가] '아래로부터 개혁' 일교조, 정권 견제 역할… 한국은 '관리자 중심' 교총이 강력한 지위 누려") 등을 두루 참조해 정리했다.

올라간다. 1947년 11월 당시 미군정청 문교부장이던 오천석(1901~1987)이 중심이 되어 만든 조선교육연합회(조선교련)가 최초의 전신이었다. 단체 운영비의 상당 부분이 문교부의 지원금과 방학 책 독점 판매에서 나왔다. 교원들의 단체로서보다 '반관반민'의 관변관체 성격이 강했다.

조선교련은 1948년 대한민국 정부가 수립되면서 대한교육연합회(대한교련)으로 바뀌었다. 대한교련은 일반 교사가 아니라 교장과 같은 관리자를 중심으로 운영되었다. 교육개혁이나 교사 이익 증진을 위한 활동보다 정부 교육정책 홍보나 새 정권 지지 표명 등 친정부 활동을 강조해 '어용단체' 딱지가 붙여졌다. 대한교련은 박정희가 유신을 선포하고 전두환 정권이 본격화했을 때 지지 결의문을 채택했다.

1980년대까지 대한교련은 '가만히 앉아서' 신입 회원을 받았다. 교원이 되면 자동적으로 대한교련 회원이 되어 회비가 공제되는 시스템이 운영되고 있었다. 그런데 교육민주화 운동의 바람이 거세지기 시작한 1980년대 이후 회원 자동 가입 및 회비 공제 시스템에 대한 비판과 항의가 이어지면서 대한교련 탈퇴 운동이 이어졌다.

대한교련은 1989년 12월 조직 개편을 단행하면서 단체 이름을 '한국교원단체총연합회'로 바꾸었다. 평교사의 영향력을 강화하는 제도 개선을 추진하며 변화를 꾀하자는 취지에서였다고 한다.

조선교련과 대한교련은 노동관계법의 테두리 안에 있는 노동조합이 아니라 교원들의 임의단체였다. 이에 따라 노동조합이 일반적으로 가질 수 있는 단체교섭권을 가질 수 없었다. 그런데 교육 당국은 그 '실체'를 인정해 사용자(정부)와의 교섭·협의권을 인정해 주고 있다. 〈교원 지위 향상을 위한 특별법〉을 통해서였다.

다만 한국교총은 출범 초창기부터 교장, 교감과 같은 학교 관리자 중심으로 운영돼 왔기 때문에 평교사들의 권익을 보장하는 데 일정 부분 한계가 있을 수밖에 없었다. 1960년 4·19혁명 후인 5월 22일 평교사들을 중심으로 한국교원노동조합(교원노조)이 결성된 배경이었다.

교원노조는 평교사의 노동권 보장과 대한교련 해체를 주장하면서 대대적으로 조직 확산 운동을 벌였다. 그 결과 8만 2000명에 이르던 대한교련 회원 수가 5만여 명으로 줄고 교원노조 조합원 수가 4만 명으로 늘어났다. 그러나 박정희가 5·16 군사정변으로 교원노조를 강제 해산하면서 오래 유지되지 못했다. 이후 교원의 노동조합 결성은 1990년대 말까지 법적으로 금지되었다.

1989년 전교조가 출범했다. 1960년 태동한 교원노조가 '상징적인' 전신이었다. 실질적인 뿌리는 1987년 9월 27일 창립된 '민주교육추진전국교사협의회(전교협)'였다. 그 직전 해인 1986년 5월 10일 '교육민주화선언'을 이끈 교사들이 주축이었다. 이후 1987년의 6월 민주화운동이 전교협 출범에 큰 영향을 끼쳤다.

1989년 5월 28일 평교사 중심의 노동조합인 '전국교직원노동조합'이 창립되었다. 정부 당국은 '불법', '좌경 의식화 교사' 등으로 매도하며 지속적인 방해 공작을 벌였다. 창립 과정에서 1527명의 교사들이 파면을 당하거나 해임되었다. 이들은 문민정부(김영삼 대통령) 시절인 1993년 정부의 '조건부 복직 방침'에 따라 대거 교단으로 복귀하였다.

그때까지 전교조는 합법단체가 아니었다. 전교조 합법화는 1999년 7월 1일자로 이루어졌다. 창립 10년 만이었다. 1999년 1월 6일 교원노조법이 국회를 통과하면서였다. 비합법노조인 전교조는 노동부에 조합원 6만 2654명으로 된 설립신고서를 제출함으로써 10년간의 비합법 시대를 마감하였다.

한국교총과 전교조는 앙숙지간?

한국교총과 전교조는 일반적으로 보수와 진보 성향 교원단체로 대별된다. 출범 과정에서 보여 준 상이한 역사적 성격 요인이 클 것이다. 조직 운영의 주안점이나 주요 구성원들의 특성이 다른 점도 있다. 언론은 주요 교육 이슈가 불거질 때마다 이들 단체를 좌우에 놓고 기계적인 양립론을 펼친다. 실제로 이들은 의견의 대척점에 설 때가 많다.

한국교총은 회원 수가 15만 명 내외다. 전교조 조합원 수는 5만 명 정도 된다. 수적으로 한국교총이 3배쯤 된다. 그런데 양대 교원단체라는 이미지 때문인지 한국교총과 전교조의 사회적 위상이나 영향력은 엇비슷하게 나타난다.

『중앙일보』와 동아시아연구원EAI은 2005년부터 2년마다 전국 성인 남녀를 대상으로 '파워 조직 영향력-신뢰도 조사'를 실시해 오고 있다. 최근 2013년 조사에서 전교조는 영향력(16위)과 신뢰도(15위)에서 10위권 중반대를 기록했다.[36] 2011년 조사에서는 한국교총의 영향력과 신뢰도가 각각 20위와 16위, 전교조가 18위, 18위를 차지했다. 2009년에는 한국교총이 14위와 16위, 전교조가 13위와 15위였다.

보수와 진보로 대별되는 이념적 차이, 양대 교원단체 이미지에 따라 형성된 비슷한 사회적 위상 등은 두 단체의 독자적인 목소리를 갈수록 높이고 있다. 그 때문인지 사회 전체적인 분위기나 일반인의 의식은 한국교총과 전교조를 앙숙지간처럼 만드는 데 일조한다. 이들을 잇는 징검다리는 없는 걸까.

36. 한국교총은 2013년에 조사 대상의 순환 평가 과정에서 제외되었다.

한국교총의 '헌법'에 해당하는 '한국교총헌장'(아래 '헌장')은 1959년 5월 8일 제13회 대의원회에서 제정되었다.[37] 1989년 제52회 대의원회에서 1차 강령 개정이 이루어졌고, 창립 60주년을 맞아 교원단체로서의 이념 및 정체성을 재정립하고 지향점과 실천 방향을 담은 새로운 강령을 2007년 11월 23일 제87회 대의원회를 통해 선포하였다.

한국교총은 헌장의 위상을 조직의 교육 이념과 철학을 반영하고 교육 본질 회복을 위한 교육공동체 전체의 의지와 신념의 지표로 규정한다. 헌장은 5개 문장으로 된 전문과 9개 내용으로 이루어진 각론으로 짜여 있다.

전문

교육은 개인의 자아를 실현하며 국가의 발전을 선도하는 기초다. 교육은 바른 인성을 갖춘 창의적 인재를 키워 세계 시민으로 성장시킴으로써 인류 공영에 이바지하는 노력이다. 우리는 전문직 교원단체로서 한국 교육이 나아갈 바를 제시하고 부단한 연구와 질 높은 교육을 통해 학생의 행복한 삶이 실현될 수 있도록 교원의 책무를 다한다. 우리는 교원의 지위 향상과 교권 보호를 통해 교원이 보람과 긍지를 느끼며 우리 사회의 진정한 스승으로서 존경받을 수 있도록 적극 노력한다. 이에 모든 교원의 뜻을 모아 우리의 나아갈 바를 밝힌다.

각론[38]

전인교육 지향, 교육 수월성 확보, 교육권 보장, 교직 전문성 확보, 교육정

---

37. 한국교총 헌장은 한국교총 누리집에 실린 내용을 참조했다.
38. '각론'은 각각 1개의 문장 형식으로 되어 있다. 소개하는 내용은 누리집에서 각론의 각 내용을 주요 골자 중심으로 정리해 놓은 것이다.

책 선도, 교육 자주성 확립, 지위 향상과 교권 수호. 소통협력 지향, 국제교류 증진.

전교조는 '창립선언문'에서 4·19 교원노조와 5·10 교육민주화 선언, 전교협으로 이어지는 교육민주화 대장정의 역사를 강조했다. 전교조를, "민주 시민으로 자라야 할 학생들에게 교원 스스로 민주주의 실천의 본을 보일 수 있는 최선의 교실"로 규정했다.

전교조의 목표와 지향을 보여 주는 '강령'[39]은 1개 문장으로 된 전문과 4개 항의 구체적인 내용으로 구성되어 있다.

전교조는 민족·민주·인간화 교육을 위해 다음의 강령을 채택했습니다.

우리는 교육의 자주성, 전문성 확립과 교육민주화 실현을 위해 굳게 단결한다.

우리는 교직원의 사회·경제적 지위 향상과 민주적 권리의 획득 및 교육 여건 개선에 모든 노력을 기울인다.

우리는 학생들이 민주 시민으로서의 자주적 삶을 누릴 수 있도록 민족, 민주, 인간화 교육에 앞장선다.

우리는 자유, 평화, 민주주의를 사랑하는 국내 여러 단체 및 세계 교원 단체와 연대한다.

---

39. 이 외에 구체적인 교육 실천 내용을 전문과 14개 항목으로 정리한 '참교육실천강령'이 있다.

헌장과 강령만 놓고 봤을 때 한국교총과 전교조가 앙숙지간이 되어야 하는 이유는 별로 없는 것 같다. 한국교총의 교육관은 "개인의 자아를 실현하며 국가의 발전을 선도하는 기초", "바른 인성을 갖춘 창의적 인재를 키워 세계 시민으로 성장시킴으로써 인류 공영에 이바지하는 노력" 등이다. 전교조의 교육관은 "민족·민주·인간화 교육"이다. 한국교총의 '개인의 자아실현'과 '바른 인성을 갖춘 창의적 인재'에서 전교조의 '인간화 교육'을, '국가 발전을 선도하는 기초'에서 '민족 교육'을, '세계 시민'에서 '민주 교육'을 떠올릴 수 있지 않을까.

우리나라 국가교육과정은 '홍익인간'을 기본 이념으로 채택하고 있다. 국가교육과정 총론은 민주 시민 양성을 교육의 핵심 목표로 명시해 놓았다. 국가교육과정이 규정하는 학교급별 목표들은 경험과 상상력, 비판적이고 창의적인 사고력 등으로 구성되어 있다. 공감과 협동, 배려, 세계 시민과 같은 미래 역량 요소들도 있다. 한국교총과 전교조가 강령에서 강조하는 내용들과 크게 다르지 않은 것들이다.

두 단체의 강령에 실린 각론 역시 연관성이 크다. 한국교총의 '교직 전문성 확보', '교육 자주성 확립'은 전교조의 '교육의 자주성, 전문성 확립'과 동일하다. '교육권 보장', '지위 향상과 교권 수호'는 '교직원의 사회·경제적 지위 향상과 민주적 권리의 획득 및 교육 여건 개선'으로 연결할 수 있다.

우리 학교에는 전교조 교사가 10명 있다. 한국교총 소속 교사는 3명이다. 학교 일을 하고 학생들을 만나는 데 전교조 조합원이나 한국교총 회원이라는 사실이 큰 영향을 주지 않는다. 회의에서 이런저런 의견 차이가 나는 경우가 있지만 전교조 조합원이나 한국교총 회원이어서 생긴 차이라고 보기 힘들다. 평상시 한국교총 헌장과 전교조 강령을 의식하면서 교직 생활을 하는 교사가 없을 것이라는 점을 고려하면 당연하다.

더 중요한 사실은 선생님들 다수가 중립적인(?) 비전교조·비한국교총 교사라는 점이다. 물론 외부의 부당한 억압이나 간섭으로부터 자유로울 권리라는 의미의 '교육의 정치적 중립'을 제외하면 교육에는 중립이 있을 수 없다. 그래서 교육노동자로서의 정체성을 의식하면서 살고 싶어 전교조에 가입해 활동한다. 그렇다고 학교에서 다수를 점하는 이들 '비조직파'들을 폄훼하거나 무시하지 않는다. 한국교총과 전교조가 교육 현안을 만날 때 이들의 존재를 의식하면서 대화를 나누어야 하는 이유다.

무엇보다 학부모들은 한국교총 교사와 전교조 교사를 가리지 않는다. 그들이 바라는 것은 아이들을 따뜻한 사랑으로 대하는 교사들이다. 아이들을 끝까지 믿고 기다릴 줄 아는 교사라면 그가 한국교총 회원이든 전교조 조합원이든 아무 상관하지 않을 것이다. 한국교총과 전교조가 학교에서 앙숙지간으로 지낼 이유는 없다.[40]

"배움 없는 학교를 떠나자"

2015년 5월 경남 진주에 사는 김다운 학생이 "나는 꼭두각시가 아니다. 그렇기에 실을 끊겠다"라며 학교를 자퇴했다. 하고 싶은 것 하면서 잘 살려면 명문대학 가야 한다기에 공부 열심히 하면서 살아온 평범한 학생이었다. 어느 날 스스로에게 "나 지금 행복해?"라고 물었다고 한다. 그가

---

40. 한국교총과 전교조 관계 문제의 핵심은 학교 현장 교사들 사이보다 한국교총과 전교조 '본부' 간의 헤게모니 다툼과 같은 정치 영역에 걸쳐 있다고 보는 것이 자연스럽다. 교육 현안이 불거질 때마다 과도하게 부각되는 이념과 철학의 차이, 언론에 의해 스테레오타입처럼 그려지는 정치적·사회적 입각점의 대립 구도 등이 두 단체의 거리를 갈수록 벌리고 있는 것처럼 보인다. 교육 생태계의 다양성 확보 측면에서 진지하게 되짚어 볼 점들이다.

내린 결론은 "배움 없는 학교를 떠나자"였다.

교사는 학생들에게 "이렇게 살아야 한다"라고 말하는 순간 자신도 그렇게 살아야 한다. 한 시대의 교사로 살기 힘든 까닭이다. 교사의 말과 행동이 천금보다 무거워야 하는 이유다.

40만 명이 넘는 교사가 있다. 그들의 '무거운 가르침'에도 불구하고 학교를 떠나는 아이들이 해마다 평균 6만여 명 가까이 된다. 최근 3년간 20퍼센트나 증가했다. 언론 보도에 의하면 현재 전국적으로 학교 밖 청소년이 약 28만 명으로 추산된다.

학교와 교사가 제 몫의 책임을 다했더라도 이런 결과가 나왔을까. 행동하기보다 말부터 앞세우는 교사들이 수많은 '김다운'을 만들어 내는 건 아닐까. 경쟁과 효율이 표준이 된 사회와 학교는 눈에 보이는 성과를 요구한다. 아이들과 부모들은 위계 서열화한 학교 시스템을 자연스럽게 받아들인다. 이들이 28만여 명의 아이들을 세상으로 밀어낸 게 아닐까.

학교를 떠나 세상으로 나온 아이들이 자유로운 삶을 사는 것 같지는 않다. 2010년부터 2013년까지 학교 밖 청소년의 비율은 전체 청소년의 약 1퍼센트 내외였다.[41] 그런데 2010년부터 2014년 7월 말까지 검거된 청소년 범죄자 42만 4611명 중 학교 밖 청소년이 17만 1127명으로 전체의 40퍼센트를 차지했다고 한다. 학교를 떠난 아이들 상당수가 방황하고 있다는 얘기다.

〈학교 밖 청소년지원에 관한 법률〉(〈청소년지원법〉)에 따르면 '학교 밖 청소년'은 크게 세 부류다. 초등학교나 중학교, 또는 이와 동일한 과정을 교육하는 학교에 입학한 후 3개월 이상 결석하거나 취학 의무를 유예한 청

---

41. 『서울신문』 2015년 5월 15일자 기사 "1% 남짓 '학교 밖 청소년'이 전체 10대 범죄 40% 저질러" 참조.

소년, 고등학교 또는 이와 동일한 과정을 교육하는 학교에서 제적·퇴학 처분을 받거나 자퇴한 청소년, 고등학교 또는 이와 동일한 과정을 교육하는 학교에 진학하지 아니한 청소년 들이다.

이들이 '학교 밖'으로 나서게 된 데는 구조적인 요인이 크다. 탈학교 대열의 선두에 고등학교가 있다. 2014년 9월 교육부가 제출한 '2014년 초·중·고 학생 학업 중단 현황 조사 결과'에 따르면 전체 고등학교 재적생의 1.6퍼센트에 해당하는 3만 382명이 학교를 벗어났다. 하루 평균 100여 명의 학생들이 교실에서 이탈한 셈이다. 주로 교과에 대한 흥미 상실이나 친구, 교사, 학교와의 갈등 등 학교교육 문제에서 비롯된 요인들이 많았다.

많은 나라가 '학교'를 사회 시스템 유지의 주요 근간으로 삼는다. "왜 학교에서 공부를 하지 않느냐"라는 물음은 '우문'처럼 취급된다. 학교교육의 종착점인 대학이 사람들에게 '의무교육'의 단계처럼 받아들여지게 된 지 오래다. 이런 사회에서 학교를 벗어난다는 것은 상당한 희생을 감수한다는 말과 다를 바 없다.

존 테일러 개토는 『학교의 배신』에서 미국의 공교육 시스템을 일종의 '학교산업'처럼 바라보았다. 그에 따르면 공립학교는 사립학교보다 수배나 많은 예산을 세금으로 지원받으면서도 비효율적이고 반교육적인 방식으로 운용된다. 강제적인 의무교육은 아이들에게 우둔함을 가르친다. 공적이어야 할 공립학교가 공적이지 않은 파행을 보여 준다.

1990년 미국의 백만장자 열다섯 명 가운데 한 명꼴로 학교 중퇴자였다. 맥도널드를 창립한 레이 크록은 학교 탈락자가 되어 사회의 낙오자 취급을 받은 사람이었다. 20세기 중반까지 전설적인 텍사스 주지사였으며 서부에서 가장 엄정한 법조인의 한 사람이었던 코크 스티븐슨은 어렸을 때

화물운송 사업을 벌였고, 15살 전에 진흙길을 110킬로미터 넘게 오가는 일을 했다. 그때까지 교실 구경을 한 번도 못했다.

미국 '건국의 아버지'인 벤자민 프랭클린(1706~1790)은 사립학교에 두 번 입학했다가 두 번 모두 쫓겨난 뒤 학교교육 '게임'에 시간을 낭비하지 않았다. 천재 과학자 앨버트 아인슈타인(1879~1955)이나 발명왕 토머스 에디슨(1847~1931)이 학교에서 학습부진아와 문제아 취급을 받은 이야기는 유명하다. 눈에 보이는 그대로가 교육의 전부가 아님을 강조하면서 개토가 든 사례들이다.

진짜 교육은 학교에만 있지 않다. 오히려 학교교육은 문제투성이다. 1900년 무렵 미국 교육부 장관으로 현대적인 의미의 학교 의무교육 시스템을 규격화하는 데 가장 큰 영향력을 행사한 윌리엄 토리 해리스[42]는 학생 100명 가운데 99명은 이미 정해진 길을 따라 걷고 이미 굳어진 관행을 따르면서 기계처럼 움직인다고 보았다. 과학적인 교육이 개인을 로봇처럼 행동하도록 만드는 것이라면서 학교는 바깥 세계와 단절하는 힘을 키워야 한다고 주장했다.

새로운 우둔함, 곧 아무 비판 없이 남의 생각을 받아들이는 것은 단순한 무지보다 훨씬 위험합니다. 이것이야말로 사고통제와 관련되어 있기 때문입니다. (중략) 새로운 우둔함은 중류 또는 중상류 계급 사람들에게 더욱 심각합니다. 그들은 체제 순응에 대한 복합적인 필요성 때문에 이미 깊이 생각하지 않게 되었습니다.

존 테일러 개토, 『학교의 배신』, 45~46쪽.

42. 해리스는 나이가 같은 아이들을 한 학년으로 묶고 나눈 뒤 한 교실에 몰아넣어 가르치는 시스템을 개발한 주역이기도 했다.

학교와 교사는 교과서와 교육과정에 따라 '기계'를 만들어 낸다. 개토에 따르면 교육과정을 가리키는 '커리큘럼curriculum'은 '경주마가 목표 지점까지 도달하는 길'을 뜻한다. 개토의 말을 빌리면 아이들은 "무책임한 사람을 기르는 양성소"가 된 학교에서 질주하듯 살아간다. 경주마의 눈에는 가리개가 있다. 주변을 보지 말고 앞만 보면서 달리게 하기 위해서다.

> 그(학교 의무교육-필자) 철학 기반은 우리가 서로 먹고 먹히는 세상에 살며, 그런 세상에서 피조물들은 한정된 자원을 놓고 경쟁하며 통제될 필요가 있습니다. 학교 이론가들은 자유의지를 믿지 않습니다. 그들은 사람들이 (기계처럼-필자) 하나의 메커니즘이라고 믿으며, 아이들에 대한 중앙통제가 사라지는 순간 재앙이 뒤따른다고 믿습니다. (중략) 그럴 때 학교는 스스로를 믿지 못하는, 또는 권위자의 말밖에는 믿지 못하는 사람들을 가르치는 곳이 됩니다.
>
> 앞의 책, 94~95쪽.

미국의 공교육 시스템은 프러시아의 의무교육 시스템을 주된 기반으로 해서 출발했다. 우리나라의 학교 시스템은 일제강점기 시절 미국식 교육 시스템이 일본 제국주의자들의 손을 거쳐 들어와 정립된 것이었다. 그 뒤 한국 교육은 큰 변화 없이 과거의 시스템을 답습해 오고 있다. 화려해 보이는 교육지표들에도 불구하고 우리 사회가 "배운 괴물들의 사회"가 돼 버린 이유가 아닐까. 학교 밖 학교를, 세상 속 교실을, 직선의 경주로가 아니라 꼬불꼬불한 산길과 들길에서의 배움을 상상해야 하는 까닭이 여기에 있다.

나오며

1

1968년 4월 4일 마틴 루서 킹이 암살되었다. 미국 아이오와 주의 작은 시골 마을 라이스빌에서 초등학교 3학년을 가르치고 있던 제인 엘리엇 선생님은 큰 충격을 받았다. 엘리엇은 소수 인종이 별로 없는 농촌의 백인 아이들에게 '형제애'와 '관용'을 가르쳐야겠다고 마음먹었다.[43]

엘리엇 선생님은 아이들이 눈 색깔에 따라 우열이 갈라진다는 기준을 정했다. 아이들을 납득시키기 위해 파란색 눈을 가진 조지 워싱턴, 아버지가 자신을 때렸다고 불평했던 한 아이의, 갈색 눈을 가진 아버지를 구체적인 '증거'로 제시했다.

아이들은 엘리엇으로부터 파란색 눈을 가진 아이들은 우등반에, 갈색 눈을 가진 아이들은 열등반에 배정될 것이라는 말을 들었다. 파란 눈의 아이들에게는 특권이 부여되었다. 갈색 눈의 아이들은 멀리서 사람들이 이들의 낮은 지위를 알아볼 수 있도록 특별한 깃을 착용하고 다니는 '낙

---

43. 제인 엘리엇 선생님의 '실험' 내용은 필립 짐바르도가 쓴 책 『루시퍼 이펙트』에서 빌려 왔다.

인' 규칙을 따라야 했다.

엘리엇 선생님의 '특별 수업'이 시작되었다. 놀라운 일들이 벌어졌다. '우수한' 파란 눈의 아이들은 '열등한' 갈색 눈의 아이들과 같이 놀지 않으려고 했다. 파란색 눈을 가진 아이 하나가 갈색 눈의 아이들이 물건을 훔칠지 모른다며 학교에 알려야 한다고 제안했다. 친하게 지내던 아이들이 쉬는 시간에 주먹다짐을 벌였다. 하루 사이에 갈색 눈의 아이들은 숙제를 하지 않고, 침울해졌으며, 화를 냈다. 이들은 자기 자신을 "슬프고", "나쁘고", "멍청하고", "비열하다"라며 비하했다.

다음 날 엘리엇 선생님은 아이들이 서로 역할을 바꾸도록 했다. 원래 한 말이 틀렸으며, 사실은 파란 눈의 아이들이 갈색 눈의 아이들보다 열등하다는 말을 보탰다. 선과 악에 대한 색채이론을 지지하는 그럴듯한 증거를 제시했다. 일과가 시작되자 파란 눈의 아이들과 갈색 눈의 아이들은 하루 전의 모습과 정확히 반대로 바뀌었다.

실험의 후유증은 오래갔다. 아이들 사이에 존재하던 우정은 사라지고 적대감이 자리 잡았다. 실험의 전모를 조심스럽게 설명하여 원래 모습을 되찾을 때까지 아이들 사이에는 불편한 관계가 지속되었다. 엘리엇 선생님은 자신이 잘 안다고 생각했던 아이들이 그렇게 빨리 변한 데 크게 놀랐다.

2

교사로 살아온 지 16년째를 지나고 있다. 교직에 입문한 뒤 처음 몇 년은 교사임을 자각하는 일에 매진했다. 햇병아리 시절이었다. 교사의 정체성이 무엇이고, 책무의 핵심이 어떤 것인지 궁금했다. 넓게 세상을 돌아보는 일, 교육 시스템을 살피는 일에는 소홀했다. 솔직히 별로 관심을 가지려 하지 않았다.

2008년 재벌 건설회사 사장 출신인 이명박 대통령이 이끄는 정권이 들어섰다. 교육계를 포함해 온 나라가 '비상시국'의 상황으로 빠져들었다. 2008년 봄 거대한 '촛불'이 켜졌으나 곧 어두운 변화가 시작되었다.

2009년 두 차례에 걸쳐 이루어진 교사 시국 선언과 이에 대한 탄압 국면에서 많은 교사들이 혁신의 꿈을 접었다. 이탈자가 생겨났다. 활발하게 움직이던 교육 활동가들이 무기력에 빠졌다. 냉소주의와 '귀차니즘'이 교사들을 엄습했다. 쓰린 눈물을 감출 수 없었다.

마냥 그러고 있을 수 없었다. 세상이 엄혹했다. 무기력과 냉소주의가 치명적인 바이러스처럼 다른 이에게 전염되었다. 부지런한 일꾼이 돼보자고 다짐했다. 이곳저곳 팔랑개비처럼 돌아다녔다. 냉소주의의 늪 아래로 빠지고 싶을 때마다 스스로에게 속삭였다.

'이젠 바닥이야. 지금이 바닥이라고.'

바닥은 보이지 않았다. 쉽게 사라지지 않았다. 저 멀고 높은 곳에 있던 이명박 대통령이나, 그의 뒤를 이어 들어선 '독재자의 딸' 박근혜 대통령 탓이 아니었다. '가카'들을 옹위하는 새누리당이나 그들을 지지하는 사람들 때문이 아니었다. 냉소주의와 귀차니즘과 무기력에 빠져 아무것도 하지 않으려는 '나'와 '우리'에게서 비롯된 문제였다.

바닥에서 벗어나기 위해 책을 읽고 글을 썼다. 나 자신의 눈으로 세상을 보려고 스스로를 돌아보았다. 사태와 문제의 원인이 '그들'이 아니라 '나'와 '우리'에게 있다는 것을 깨달으려고 했다. 중요한 것은 '그들'이 아니다. '나'와 '우리'에 대한 자각, '나'와 '우리' 자신을 중심으로 한 세계 이해다. 문제 상황의 원인을 직접 찾아보는 일, 현장과 활동에 적극 참여하고 다른 이와 함께하는 일, 그것들이 해법이었다.

교사들은 왜 무기력한가. 귀차니즘에 빠진 이유가 무엇인가. 교사들 스스로 무언가를 해야겠다는 고민을 하지 않았기 때문이 아닐까. 지식의 전달자나 중개꾼에 불과한 교사에서 벗어나 아이들의 힘을 믿는 진정한 교육 전문가로 다시 태어나고 싶다. "만일 제가 전문가라면, 저의 전문성은 제가 전문가가 아니라는 점을 알고 있으며, 전문가를 어떻게 이용해야 하는지를 알고 있다는 데 있습니다"라고 한, 세계적인 교육운동가 마일스 호튼(Myles Horton)의 말을 새삼 되새긴다.

3

한 가지 의문이 든다. 교사가 자신의 눈으로 세상을 보다 보면 우물 안 개구리가 되지 않을까. 옹색하게 자기 논리에 빠져 살아가는 외곬수가 되지 않을까. 인식의 한계와 삶의 경계 확장 문제가 부각되는 지점이다.

교사가 우물 안 개구리가 되지 않으려면 자신의 한계를 뛰어넘어 경계를 넓히지 않으면 안 된다. 한계와 경계 바깥을 경험한 사람은 사고의 지평이 넓어지면서 더 큰 행복과 자유를 누릴 수 있다. 중요한 것은 한계를 경험하고 경계를 확장하려는 자세다.

파울루 프레이리와 마일스 호튼은 『우리가 걸어가면 길이 됩니다』에서 "희망을 찾는 유일한 방법은 기존의 방식을 벗어나는 것"이라고 말했다. 그들은 우리 사회가 갖고 있는 가장 비극적인 병 중 하나가 "마음의 관료화bureaucratization of the mind"라고 했다. '단절'의 경험 없이, 그리고 옛것과 결별하지 않고 무언가를 창조할 수 없다고 단언했다.

몇 년 전 지인에게서 들은 20대 후반의 한 젊은 선생님 이야기가 떠오른다. 전공 교과가 '역사'였던 젊은 선생님은 지난 2012년 대선 토론회를 통해 일제강점기 박정희가 창씨개명을 했으며, 그 이름이 '다카키 마사오高木正雄'라는 사실을 처음으로 알게 되었다고 한다.

기존의 '박정희=박정희'와 새로운 '박정희=다카키 마사오' 사이에는 차이가 있다. 젊은 선생님은 근현대사에 대한 관점을 다시 세울 가능성이 높다. 사회와 역사를 관성적으로 바라보는 태도에 변화를 가져올 수 있다. '역사' 교사인 자신도 무언가를 모를 수 있다는 점을 인정하지 않았을까. 이것이야말로 희망과 창조의 단서다.

파울루 프레이리가 『우리가 걸어가면 길이 됩니다』에서 들려주는 이야기 한 토막을 들려주고 싶다. 어느 학구적인 대학생이 낚시를 하고 돌아오는 어부를 만났다. 어부에게 지금 대통령이 누구인지 물었다. 모른다고 대답했다. 대학생은 참지 못하고 주지사와 주州의 이름을 물었다. 한결같이 모르겠다고 말했다. 어부가 되물었다.

"하지만 사람 이름을 물어보니 나도 좀 묻겠습니다. 당신은 이 물고기의 이름을 알고 있습니까?"

대학생은 모른다고 대답했다. 두세 종의 물고기 이름을 더 물어보았지만 아무 말도 못했다. 어부가 말했다.

"아시겠지요? 누구나 모르는 게 있는 법입니다."

모른다는 것을 인정하는 것은 새 삶의 출발점이다. 모름에 대한 자각에서 멈추어서는 안 되는 이유다.

벽돌공 세 명이 뙤약볕 아래에서 땀을 뻘뻘 흘리며 벽돌을 쌓고 있었다.[44] 지나가던 어떤 사람이 이들에게 똑같은 질문을 던졌다.

"당신은 지금 무슨 일을 하고 있나요?"

한 명은 "보면 모르나. 지금 벽돌을 쌓고 있다"라고 대답했다. 다른 한 사람은 "몰라서 묻나. 나는 지금 돈을 벌고 있다"라고 대꾸했다. 마지막으로 남은 한 사람이 말했다.

"나는 지금 아름다운 성당을 짓고 있는 중이다."

교사가 스스로를 새롭게 하고자 할 때 어떤 교육적 태도나 관점을 취해야 하는지 말해 주는 우화가 아닐까. 교육은 아이들에게 약과 독 모두될 수 있다. 어떤 교사를 만나 그와 어떻게 관계를 맺느냐에 따라 아이들의 일상이 달라진다. 기형도(1960~1989)는 「먼지투성이의 푸른 종이」라는 시의 마지막 두 문장을 다음과 같이 갈무리했다.

> 먼지투성이의 푸른 종이는 푸른색이다.
> 어떤 먼지도 그것의 색깔을 바꾸지 못한다.
>
> 기형도, 「먼지투성이의 푸른 종이」 중 마지막 연.

아이들의 '먼지'가 아니라 '푸른색'을 볼 줄 아는 눈을 갖고 싶다.[45] 나는 교사다.

44. 서용선 외 5명이 지은 『혁신교육 미래를 말한다』에서 빌려 온 이야기다.
45. 전남 순천 효산고에 계시는 안준철 선생님 강연을 들으면서 깨달은 내용이다. 날카로운 통찰의 계기를 선사해 주신 안 선생님께 감사드린다.

도움 받은 책들

김성윤(2014), 『18세상』, 북인더갭.

김준형·윤상헌(2013), 『언어의 배반: 언어학자와 정치학자 권력에 중독된 언어를 말하다』, 뜨인돌.

노명우(2013), 『세상물정의 사회학: 세속을 산다는 것에 대하여』, 사계절.

문은희(2011), 『엄마가 아이를 아프게 한다: 아이를 행복하게 하는 좋은 엄마의 필독서』, 예담.

밀양구술프로젝트(2014), 『밀양을 살다: 밀양이 전하는 열다섯 편의 아리랑』, 오월의봄.

박성숙(2010), 『독일 교육 이야기』, 21세기북스.

서근원(2012), 『학교 혁신의 패러독스: 교민(教民)에서 회인(誨人)으로』, 강현출판사.

서용선 외(2013), 『혁신교육 미래를 말한다』, 맘에드림.

엄기호(2013), 『교사도 학교가 두렵다: 교사들과 함께 쓴 학교현장의 이야기』, 따비.

오찬호(2013), 『우리는 차별에 찬성합니다: 괴물이 된 20대의 자화상』, 개마고원.

이관희(2015), 『선생으로 사는 길』, 삼인.

이부영(2013), 『서울형 혁신학교 이야기』, 살림터.

이성우(2015), 『교사가 교사에게: 교사는 무엇으로 사는가』, 우리교육.

이오덕(2005), 『내가 무슨 선생 노릇을 했다고』, 삼인.

이원석(2013), 『거대한 사기극: 자기계발서 권하는 사회의 허와 실』, 북바이북.

이창욱(2014), 『사춘기 쇼크』, 맛있는책.

장대익(2014), 『다윈의 식탁: 논쟁으로 맛보는 현대 진화론의 진수』, 바다출판사.

전성은(2011), 『왜 학교는 불행한가: 전 거창고 교장 전성은 대한민국 교육을 말하다』, 메디치미디어.

최광현(2014), 『가족의 발견: 가족에게 더 이상 상처받고 싶지 않은 나를 위한 심리학』, 부키.

투명가방끈(2015), 『우리는 대학을 거부한다: 잘못된 교육과 사회에 대한 불복종 선언』, 오월의봄.

한국교육연구네트워크(2013), 『교장제도 혁명: 학교 혁신의 지름길』, 살림터.

한상봉(2014), 『행동하는 교황 파파 프란치스코』, 다섯수레.

한지혜 외(2014), 『대학거부 그 후』, 교육공동체 벗.

한병철(2012), 『피로 사회』, 문학과지성사.

한홍구(2006), 『대한민국史』, 한겨레출판.

다니엘 페낙(2014), 『학교의 슬픔』, 문학동네.

로랑 베그(2013), 『도덕적 인간은 왜 나쁜 사회를 말하는가: 철학이 묻고 심리학이 답하는 인간 본성에 대한 진실』, 부키.

로런스 피터(2009), 『피터의 원리』, 21세기북스.

로버트 액설로드(2009), 『협력의 진화: 이기적 개인의 팃포탯 전략』, 시스테마.

밀턴 마이어(2014), 『그들은 자신들이 자유롭다고 생각했다: 나치 시대 독일인의 삶, 선한 사람들의 침묵이 만든 오욕의 역사』, 갈라파고스.

베르너 지퍼(2013), 『우리 그리고 우리를 인간답게 해 주는 것들』, 소담.

사토 마나부(2003), 『배움으로부터 도주하는 아이들: 학력을 묻는다 1』, 북코리아.

스탠리 밀그램(2009), 『권위에 대한 복종』, 에코리브르.

슬라보예 지젝(2011), 『폭력이란 무엇인가: 폭력에 대한 6가지 삐딱한 성찰』, 난장이.

알피 콘(2009), 『경쟁에 반대한다』, 산눈.

오카다 다카시(2014), 『나는 상처를 가진 채 어른이 되었다』, 프런티어.

우치다 타츠루(2013), 『하류 지향: 배움을 흥정하는 아이들, 일에서 도피하는 청년들, 성장 거부 세대에 대한 사회학적 고찰』, 민들레.

윌리엄 데이비스(2015), 『행복 산업』, 동녘.

제러미 리프킨(2010), 『공감의 시대』, 민음사.

조너선 코졸(2011), 『교사로 산다는 것: 학교교육의 진실과 불복종 교육』, 양철북.

존 테일러 개토(2005), 『바보 만들기: 왜 우리는 교육을 받을수록 멍청해지는가』, 민들레.

존 테일러 개토(2015), 『학교의 배신: 학교종은 누구를 위하여 울리나』, 민들레.

테리 이글턴(2015), 『악: 우리 시대의 악과 악한 존재들』, 이매진.

파울루 프레이리(2009), 『페다고지』, 그린비.

파울루 프레이리·마일스 호튼(2006), 『우리가 걸어가면 길이 됩니다』, 아침이슬.

파커 파머(2008), 『가르칠 수 있는 용기: 가르침의 진정한 정신을 발견하는 유쾌하고 감동적인 여행』, 한문화.

피터 싱어(2014), 『이렇게 살아가도 괜찮은가: 이기적인 사회에서 살아가는 사람들을 위한 희망의 실천윤리』, 시대의창.

필립 짐바르도(2007), 『루시퍼 이펙트: 무엇이 선량한 사람을 악하게 만드는가』, 웅진지식하우스.

한나 아렌트(2006), 『예루살렘의 아이히만: 악의 평범성에 대한 보고서』, 한길사.

헨리 데이비드 소로(2011), 『시민의 불복종』, 은행나무.

삶의 행복을 꿈꾸는 교육은 어디에서 오는가?

미래 100년을 향한 새로운 교육 　혁신교육을 실천하는 교사들의 필독서

▶ 교육혁명을 앞당기는 배움책 이야기
혁신교육의 철학과 잉걸진 미래를 만나다!

한국교육연구네트워크 총서

01 핀란드 교육혁명
한국교육연구네트워크 엮음 | 320쪽 | 값 15,000원

02 일제고사를 넘어서
한국교육연구네트워크 엮음 | 284쪽 | 값 13,000원

03 새로운 사회를 여는 교육혁명
한국교육연구네트워크 엮음 | 380쪽 | 값 17,000원

04 교장제도 혁명
한국교육연구네트워크 엮음 | 268쪽 | 값 14,000원

05 새로운 사회를 여는 교육자치 혁명
한국교육연구네트워크 엮음 | 312쪽 | 값 15,000원

06 혁신학교에 대한 교육학적 성찰
한국교육연구네트워크 엮음 | 308쪽 | 값 15,000원

07 진보주의 교육의 세계적 동향
한국교육연구네트워크 엮음 | 324쪽 | 값 17,000원
2018 세종도서 학술부문

08 더 나은 세상을 위한 학교혁명
한국교육연구네트워크 엮음 | 404쪽 | 값 21,000원
2018 세종도서 교양부문

09 비판적 실천을 위한 교육학
이윤미 외 지음 | 448쪽 | 값 23,000원

10 마을교육공동체운동:
세계적 동향과 전망
심성보 외 지음 | 376쪽 | 값 18,000원

한국교육연구네트워크 번역 총서

01 프레이리와 교육
존 엘리아스 지음 | 한국교육연구네트워크 옮김
276쪽 | 값 14,000원

02 교육은 사회를 바꿀 수 있을까?
마이클 애플 지음 | 강희룡·김선우·박원순·이형빈 옮김
356쪽 | 값 16,000원

03 비판적 페다고지는
세상을 변화시킬 수 있는가?
Seewha Cho 지음 | 심성보·조시화 옮김 | 280쪽 | 값 14,000원

04 마이클 애플의 민주학교
마이클 애플·제임스 빈 엮음 | 강희룡 옮김 | 276쪽 | 값 14,000원

05 21세기 교육과 민주주의
넬 나딩스 지음 | 심성보 옮김 | 392쪽 | 값 18,000원

06 세계교육개혁:
민영화 우선인가 공적 투자 강화인가?
린다 달링-해먼드 외 지음 | 심성보 외 옮김 | 408쪽 | 값 21,000원

07 콩도르세, 공교육에 관한 다섯 논문
니콜라 드 콩도르세 지음 | 이주환 옮김 | 300쪽 | 값 16,000원

혁신학교
성열관·이순철 지음 | 224쪽 | 값 12,000원

행복한 혁신학교 만들기
초등교육과정연구모임 지음 | 264쪽 | 값 13,000원

서울형 혁신학교 이야기
이부영 지음 | 320쪽 | 값 15,000원

혁신교육, 철학을 만나다
브렌트 데이비스·데니스 수마라 지음
현인철·서용선 옮김 | 304쪽 | 값 15,000원

대한민국 교사, 어떻게 가르칠 것인가?
윤성관 지음 | 320쪽 | 값 15,000원

아이들을 어떻게 가르칠 것인가
사토 마나부 지음 | 박찬영 옮김 | 232쪽 | 값 13,000원

모두를 위한 국제이해교육
한국국제이해교육학회 지음 | 364쪽 | 값 16,000원

경쟁을 넘어 발달 교육으로
현광일 지음 | 288쪽 | 값 14,000원

혁신교육 존 듀이에게 묻다
서용선 지음 | 292쪽 | 값 14,000원

 다시 읽는 조선 교육사
이만규 지음 | 750쪽 | 값 33,000원

 대한민국 교육혁명
교육혁명공동행동 연구위원회 지음 | 224쪽 | 값 12,000원

 독일 교육, 왜 강한가?
박성희 지음 | 324쪽 | 값 15,000원

 핀란드 교육의 기적
한넬레 니에미 외 엮음 | 장수명 외 옮김 | 456쪽 | 값 23,000원

 한국 교육의 현실과 전망
심성보 지음 | 724쪽 | 값 35,000원

▶ 비고츠키 선집 시리즈
발달과 협력의 교육학 어떻게 읽을 것인가?

 생각과 말
레프 세묘노비치 비고츠키 지음
배희철·김용호·D. 켈로그 옮김 | 690쪽 | 값 33,000원

 도구와 기호
비고츠키·루리야 지음 | 비고츠키 연구회 옮김
336쪽 | 값 16,000원

 어린이 자기행동숙달의 역사와 발달 Ⅰ
L.S. 비고츠키 지음 | 비고츠키 연구회 옮김
564쪽 | 값 28,000원

 어린이 자기행동숙달의 역사와 발달 Ⅱ
L.S. 비고츠키 지음 | 비고츠키 연구회 옮김
552쪽 | 값 28,000원

 어린이의 상상과 창조
L.S. 비고츠키 지음 | 비고츠키 연구회 옮김
280쪽 | 값 15,000원

 비고츠키와 인지 발달의 비밀
A.R. 루리야 지음 | 배희철 옮김 | 280쪽 | 값 15,000원

 수업과 수업 사이
비고츠키 연구회 지음 | 196쪽 | 값 12,000원

 비고츠키의 발달교육이란 무엇인가?
비고츠키교육학실천연구모임 지음 | 412쪽 | 값 21,000원

 비고츠키 철학으로 본 핀란드 교육과정
배희철 지음 | 456쪽 | 값 23,000원

 성장과 분화
L.S. 비고츠키 지음 | 비고츠키 연구회 옮김
308쪽 | 값 15,000원

 연령과 위기
L.S. 비고츠키 지음 | 비고츠키 연구회 옮김
336쪽 | 값 17,000원

 의식과 숙달
L.S 비고츠키 | 비고츠키 연구회 옮김
348쪽 | 값 17,000원

 분열과 사랑
L.S. 비고츠키 지음 | 비고츠키 연구회 옮김
260쪽 | 값 16,000원

 성애와 갈등
L.S. 비고츠키 지음 | 비고츠키 연구회 옮김
268쪽 | 값 17,000원

 관계의 교육학, 비고츠키
진보교육연구소 비고츠키교육학실천연구모임 지음
300쪽 | 값 15,000원

 비고츠키 생각과 말 쉽게 읽기
진보교육연구소 비고츠키교육학실천연구모임 지음
316쪽 | 값 15,000원

 교사와 부모를 위한 비고츠키 교육학
카르포프 지음 | 실천교사번역팀 옮김 | 308쪽 | 값 15,000원

▶ 살림터 참교육 문예 시리즈
영혼이 있는 삶을 가르치는 온 선생님을 만나다!

 꽃보다 귀한 우리 아이는
조재도 지음 | 244쪽 | 값 12,000원

 성깔 있는 나무들
최은숙 지음 | 244쪽 | 값 12,000원

 선생님이 먼저 때렸는데요
강병철 지음 | 248쪽 | 값 12,000원

 서울 여자, 시골 선생님 되다
조경선 지음 | 252쪽 | 값 12,000원

아이들에게 세상을 배웠네
명혜정 지음 | 240쪽 | 값 12,000원

행복한 창의 교육
최창의 지음 | 328쪽 | 값 15,000원

밥상에서 세상으로
김흥숙 지음 | 280쪽 | 값 13,000원

북유럽 교육 기행
정애경 외 14인 지음 | 288쪽 | 값 14,000원

우물쭈물하다 끝난 교사 이야기
유기창 지음 | 380쪽 | 값 17,000원

▶ 4·16, 질문이 있는 교실 마주이야기
통합수업으로 혁신교육과정을 재구성하다!

통하는 공부
김태호 · 김형우 · 이경석 · 심우근 · 허진만 지음
324쪽 | 값 15,000원

미래교육의 열쇠, 창의적 문화교육
심광현 · 노명우 · 강정석 지음 | 368쪽 | 값 16,000원

내일 수업 어떻게 하지?
아이함께 지음 | 300쪽 | 값 15,000원
2015 세종도서 교양부문

주제통합수업, 아이들을 수업의 주인공으로!
이윤미 외 지음 | 392쪽 | 값 17,000원

인간 회복의 교육
성래운 지음 | 260쪽 | 값 13,000원

수업과 교육의 지평을 확장하는 수업 비평
윤양수 지음 | 316쪽 | 값 15,000원
2014 문화체육관광부 우수교양도서

교과서 너머 교육과정 마주하기
이윤미 외 지음 | 368쪽 | 값 17,000원

교사, 선생이 되다
김태은 외 지음 | 260쪽 | 값 13,000원

수업 고수들 수업 · 교육과정 · 평가를 말하다
박현숙 외 지음 | 368쪽 | 값 17,000원

교사의 전문성, 어떻게 만들어지나
국제교원노조연맹 보고서 | 김석규 옮김 392쪽 | 값 17,000원

도덕 수업, 책으로 묻고 윤리로 답하다
울산도덕교사모임 지음 | 320쪽 | 값 15,000원

수업의 정치
윤양수 · 원종희 · 장군 지음 | 280쪽 | 값 14,000원

체육 교사, 수업을 말하다
전용진 지음 | 304쪽 | 값 15,000원

학교협동조합,
현장체험학습과 마을교육공동체를 잇다
주수원 외 지음 | 296쪽 | 값 15,000원

교실을 위한 프레이리
아이러 쇼어 엮음 | 사람대사람 옮김 | 412쪽 | 값 18,000원

거꾸로 교실,
잠자는 아이들을 깨우는 수업의 비밀
이민경 지음 | 280쪽 | 값 14,000원

마을교육공동체란 무엇인가?
서용선 외 지음 | 360쪽 | 값 17,000원

교사는 무엇으로 사는가
정은균 지음 | 292쪽 | 값 15,000원

교사, 학교를 바꾸다
정진화 지음 | 372쪽 | 값 17,000원

마음의 힘을 기르는 감성수업
조선미 외 지음 | 300쪽 | 값 15,000원

함께 배움
학생 주도 배움 중심 수업 이렇게 한다
니시카와 준 지음 | 백경석 옮김 | 280쪽 | 값 15,000원

작은 학교 아이들
지경준 엮음 | 376쪽 | 값 17,000원

공교육은 왜?
홍섭근 지음 | 352쪽 | 값 16,000원

아이들의 배움은 어떻게 깊어지는가
이시이 준지 지음 | 방지현 · 이창희 옮김 | 200쪽 | 값 11,000원

자기혁신과 공동의 성장을 위한
교사들의 필리버스터
윤양수 · 원종희 · 장군 · 조경삼 지음 | 280쪽 | 값 14,000원

대한민국 입시혁명
참교육연구소 입시연구팀 지음 | 220쪽 | 값 12,000원

폭력 교실에 맞서는 용기
따돌림사회연구모임 학급운영팀 지음 | 272쪽 | 값 15,000원

 학교자율운영 2.0
김용 지음 | 240쪽 | 값 15,000원

 그래도 혁신학교
박은혜 외 지음 | 248쪽 | 값 15,000원

 학교자치를 부탁해
유우석 외 지음 | 252쪽 | 값 15,000원

 학교는 어떤 공동체인가?
성열관 외 지음 | 228쪽 | 값 15,000원

 국제이해교육 페다고지
강순원 외 지음 | 256쪽 | 값 15,000원

 교사 전쟁
다나 골드스타인 지음 | 유성상 외 옮김 | 468쪽 | 값 23,000원

 미래교육, 어떻게 만들어갈 것인가?
송기상·김성천 지음 | 300쪽 | 값 16,000원

 인공지능 시대의 사회학적 상상력
홍승표 지음 | 260쪽 | 값 15,000원

 선생님, 페미니즘이 뭐예요?
염경미 지음 | 280쪽 | 값 15,000원

 시민, 학교에 가다
최형규 지음 | 260쪽 | 값 15,000원

혁신교육지구와 마을교육공동체는 어떻게 만들어지는가?
김태정 지음 | 376쪽 | 값 18,000원

▶ 교과서 밖에서 만나는 역사 교실
상식이 통하는 살아 있는 역사를 만나다

 전봉준과 동학농민혁명
조광환 지음 | 336쪽 | 값 15,000원

 교과서 밖에서 배우는 역사 공부
정은교 지음 | 292쪽 | 값 14,000원

 남도의 기억을 걷다
노성태 지음 | 344쪽 | 값 14,000원

 팔만대장경도 모르면 빨래판이다
전병철 지음 | 360쪽 | 값 16,000원

 응답하라 한국사 1·2
김은석 지음 | 356쪽·368쪽 | 각권 값 15,000원

 빨래판도 잘 보면 팔만대장경이다
전병철 지음 | 360쪽 | 값 16,000원

 즐거운 국사수업 32강
김남선 지음 | 280쪽 | 값 11,000원

 영화는 역사다
강성률 지음 | 288쪽 | 값 13,000원

 즐거운 세계사 수업
김은석 지음 | 328쪽 | 값 13,000원

 친일 영화의 해부학
강성률 지음 | 264쪽 | 값 15,000원

 강화도의 기억을 걷다
최보길 지음 | 276쪽 | 값 14,000원

 한국 고대사의 비밀
김은석 지음 | 304쪽 | 값 13,000원

 광주의 기억을 걷다
노성태 지음 | 348쪽 | 값 15,000원

 조선족 근현대 교육사
정미량 지음 | 320쪽 | 값 15,000원

 선생님도 궁금해하는 한국사의 비밀 20가지
김은석 지음 | 312쪽 | 값 15,000원

 다시 읽는 조선근대 교육의 사상과 운동
윤건차 지음 | 이명실·심성보 옮김 | 516쪽 | 값 25,000원

 걸림돌
키르스텐 세룹-빌펠트 지음 | 문봉애 옮김
248쪽 | 값 13,000원

 음악과 함께 떠나는 세계의 혁명 이야기
조광환 지음 | 292쪽 | 값 15,000원

 역사수업을 부탁해
열 사람의 한 걸음 지음 | 388쪽 | 값 18,000원

 논쟁으로 보는 일본 근대 교육의 역사
이명실 지음 | 324쪽 | 값 17,000원

진실과 거짓, 인물 한국사
하성환 지음 | 400쪽 | 값 18,000원

 다시, 독립의 기억을 걷다
노성태 지음 | 320쪽 | 값 16,000원

 우리 역사에서 사라진 근현대 인물 한국사
하성환 지음 | 296쪽 | 값 18,000원

 한국사 리뷰
김은석 지음 | 244쪽 | 값 15,000원

 꼬물꼬물 거꾸로 역사수업
역모자들 지음 | 436쪽 | 값 23,000원

 경남의 기억을 걷다
류형진 외 지음 | 564쪽 | 값 28,000원

▶ 더불어 사는 정의로운 세상을 여는 인문사회과학
사람의 존엄과 평등의 가치를 배운다

 밥상혁명
강양구·강이현 지음 | 298쪽 | 값 13,800원

 좌우지간 인권이다
안경환 지음 | 288쪽 | 값 13,000원

 도덕 교과서 무엇이 문제인가?
김대용 지음 | 272쪽 | 값 14,000원

 민주시민교육
심성보 지음 | 544쪽 | 값 25,000원

 자율주의와 진보교육
조엘 스프링 지음 | 심성보 옮김 | 320쪽 | 값 15,000원

 민주시민을 위한 도덕교육
심성보 지음 | 500쪽 | 값 25,000원
2015 세종도서 학술부문

 민주화 이후의 공동체 교육
심성보 지음 | 392쪽 | 값 15,000원
2009 문화체육관광부 우수학술도서

 교과서 밖에서 배우는 인문학 공부
정은교 지음 | 280쪽 | 값 13,000원

 갈등을 넘어 협력 사회로
이창언·오수길·유문종·신윤관 지음 | 280쪽 | 값 15,000원

 오래된 미래교육
정재걸 지음 | 392쪽 | 값 18,000원

 동양사상과 마음교육
정재걸 외 지음 | 356쪽 | 값 16,000원
2015 세종도서 학술부문

 대한민국 의료혁명
전국보건의료산업노동조합 엮음 | 548쪽 | 값 25,000원

 교과서 밖에서 배우는 철학 공부
정은교 지음 | 280쪽 | 값 14,000원

 교과서 밖에서 배우는 고전 공부
정은교 지음 | 288쪽 | 값 14,000원

 교과서 밖에서 배우는 사회 공부
정은교 지음 | 304쪽 | 값 15,000원

 전체 안의 전체 사고 속의 사고
김우창의 인문학을 읽다
현광일 지음 | 320쪽 | 값 15,000원

 교과서 밖에서 배우는 윤리 공부
정은교 지음 | 292쪽 | 값 15,000원

 카스트로, 종교를 말하다
피델 카스트로·프레이 베토 대담 | 조세종 옮김
420쪽 | 값 21,000원

 한글 혁명
김슬옹 지음 | 388쪽 | 값 18,000원

 일제강점기 한국철학
이태우 지음 | 448쪽 | 값 25,000원

 우리 안의 미래교육
정재걸 지음 | 484쪽 | 값 25,000원

 한국 교육 제4의 길을 찾다
이길상 지음 | 400쪽 | 값 21,000원

 왜 그는 한국으로 돌아왔는가?
황선준 지음 | 364쪽 | 값 17,000원

 마을교육공동체 생태적 의미와 실천
김용련 지음 | 256쪽 | 값 15,000원

▶ 평화샘 프로젝트 매뉴얼 시리즈
학교폭력에 대한 근본적인 예방과 대책을 찾는다

 학교폭력 어떻게 만들어지는가
문재현 외 지음 | 300쪽 | 값 14,000원

 아이들을 살리는 동네
문재현 · 신동명 · 김수동 지음 | 204쪽 | 값 10,000원

 학교폭력, 멈춰!
문재현 외 지음 | 348쪽 | 값 15,000원

 평화! 행복한 학교의 시작
문재현 외 지음 | 252쪽 | 값 12,000원

 왕따, 이렇게 해결할 수 있다
문재현 외 지음 | 236쪽 | 값 12,000원

 마을에 배움의 길이 있다
문재현 지음 | 208쪽 | 값 10,000원

 젊은 부모를 위한 백만 년의 육아 슬기
문재현 지음 | 248쪽 | 값 13,000원

 별자리, 인류의 이야기 주머니
문재현 · 문한 외 지음 | 444쪽 | 값 20,000원

 우리는 마을에 산다
유양우 · 신동명 · 김수동 · 문재현 지음 | 312쪽 | 값 15,000원

 동생아, 우리 뭐 하고 놀까?
문재현 외 지음 | 280쪽 | 값 15,000원

 누가, 학교폭력 해결을 가로막는가?
문재현 외 지음 | 312쪽 | 값 15,000원

▶ 남북이 하나 되는 두물머리 평화교육
분단 극복을 위한 치열한 배움과 실천을 만나다

 10년 후 통일
정동영 · 지승호 지음 | 328쪽 | 값 15,000원

 선생님, 통일이 뭐예요?
정경호 지음 | 252쪽 | 값 13,000원

 분단시대의 통일교육
성래운 지음 | 428쪽 | 값 18,000원

 김창환 교수의 DMZ 지리 이야기
김창환 지음 | 264쪽 | 값 15,000원

 한반도 평화교육 어떻게 할 것인가
이기범 외 지음 | 252쪽 | 값 15,000원

▶ 창의적인 협력 수업을 지향하는 삶이 있는 국어 교실
우리말 글을 배우며 세상을 배운다

 중학교 국어 수업 어떻게 할 것인가?
김미경 지음 | 340쪽 | 값 15,000원

 토론의 숲에서 나를 만나다
명혜정 엮음 | 312쪽 | 값 15,000원

 토닥토닥 토론해요
명혜정 · 이명선 · 조선미 엮음 | 288쪽 | 값 15,000원

 인문학의 숲을 거니는 토론 수업
순천국어교사모임 엮음 | 308쪽 | 값 15,000원

 어린이와 시
오인태 지음 | 192쪽 | 값 12,000원

 수업, 슬로리딩과 함께
박경숙 외 지음 | 268쪽 | 값 15,000원

 언어던
정은균 지음 | 268쪽 | 값 15,000원

 민촌 이기영 평전
이성렬 지음 | 508쪽 | 값 20,000원

참된 삶과 교육에 관한
생각 줍기